音楽の力と市民

協創の文化資本

本田洋一著

The power of music and citizens

Cultural capital of co-creation

水曜社

プロローグ

本書のテーマは、音楽の力です。人々の発達と創造的な活動を支援し、今日のわが国が直面する課題、グローバル化と少子高齢化、人口減少社会のもとで地域の創造的発展の可能性を探るという課題に対して、音楽の力が果たす役割です。

筆者は文化の創造性をエネルギーとする創造的地域づくりを主題として考察を進めています。前著『アートの力と地域イノベーション―芸術系大学と市民の創造的協働』では、検討の基本的視点として地域の創造的発展の基盤となる「地域の文化資本」と「発達と創造支援ネットワーク」という枠組みを提示し、東京、金沢、京都の芸術系大学の美術分野における地域連携の取り組み、市民と芸術系大学、自治体等との創造的協働の事例を考察しました。

音楽の力の本質は、人々がいだくよろこび、悲しみ、あこがれなどの豊かな情感を今生きる力として体感し、人々のつながり、人間の共同の力、社会的存在としての人間のエネルギーを実感できるというところにあります。ベートーヴェン『第九』の合唱におけるハーモニーが生み出す皆のこころが一体となる大きな感動は、歴史をつくっていく人間の大きな力を人々に体感させます。モーツァルト『レクイエム』の美しくこころにしみる旋律は、永遠の世界に旅立った親しい人々の記憶を思い起こさせ歌う人々の魂を涙で潤わせます。ジャズやロックのバンド演奏では、音楽の共通の土台のうえで演奏者の個性が自由に発揮され、力強いリズムとそこから生まれる魂のつながりと生のエネルギーが観客と共有されていきます。

音楽の力、とりわけ歌の力は、同じ芸術の分野のなかでも、美術や文学に比して、人々のこころ、感性に対し、よりストレートに働きかけ人々のこころを動かします。人間が生きること、息をすること、歌うことはほとんど一体のものです。歌が表現する多様な世界は人間のいのち、生のエネルギーに直結し、人々の情感を沸き立たせ多くの人々のこころを結びつけていきます。

ジャンケレヴィッチは、その著『音楽と筆舌に尽くせないもの』のなかで、音楽が持つ独自の力について、プラトンの言葉「音楽は魂の内部に侵入し、このうえなく激しく魂を捉える」を引用し、「音楽の力」について、「論理建てをする精神の指導部分ではなく、精神と肉体とを持った実存者の総体に訴える」と指摘しています[1]。

音楽の力は、人々のこころ、情感に働きかけ、生きるエネルギーを育みます。人々の生活感覚、人間と社会についての基本的なイメージと人々の共同への想い、情感を育み、動かす力となっていきます。

それは多くの芸術文化のなかでも音楽だけが持つ強さ、役割の大きさです。同時に危うさでもあります。音楽の力は、日々の暮らしの労苦をやわらげ、生きていくエネルギーを与えてくれます。それは平和や環境保全、人間の平等、国や民族の独立などさまざまな社会運動において人々のおもいを歌にして人々に働きかける共同の力を生み出してきました。他方で、戦争に人々を駆り立てる力ともなりました。ナチスは党大会をニュルンベルグで開催し「マイスタージンガー」の演奏で始めたといいます。

音楽の大きな力が、人々の競争や国々の対立をあおるのではなく、人々を結び、連携を生み出す条件はどこにあるのか。人々の豊かで多面的な発達を促進し、新たな文化と地域を創造していくエネルギーを生み出していくその基盤、条件はどこにあるのかを探ることが求められています。

本書では、こうした問題意識をふまえて、人々の多面的な発達と都市、地域の創造的発展の基盤となる音楽文化資本について「市民の音楽参加と創造の場」という視角を中心に考察していきます。

高齢化と人口減少社会への移行のもとで、人々が音楽の力を楽しみ、より充実し豊かな生を享受することが求められています。次世代を担うこどもたちや若者たちにこれまで蓄積されてきた音楽文化の伝統、音楽文化資本を引き継ぐこと、既存産業の衰退、縮小する地域において次の時代の新たな活力をどう生み出していくのかが重要な文化政策の課題となっています。さらに、グローバル化のもとでのコロナ禍は、あらためて、都市政策における過密、一極集中の是正と地域分散、人々のグローバルな連携の重要性を提起しています。

都市、地域の歴史的発展のなかで蓄積されてきた音楽文化資本、ここでの焦点である「市民の音楽参加と創造の場」と「参加と創造支援のネットワーク」のもとで多様な音楽文化活動が展開され、それらは人々の多面的な発達を促進し、自治体、芸術文化団体、経済団体等の市民の幅広いネットワー

[図表1]「市民の音楽参加と創造の場」と「参加と創造支援のネットワーク」

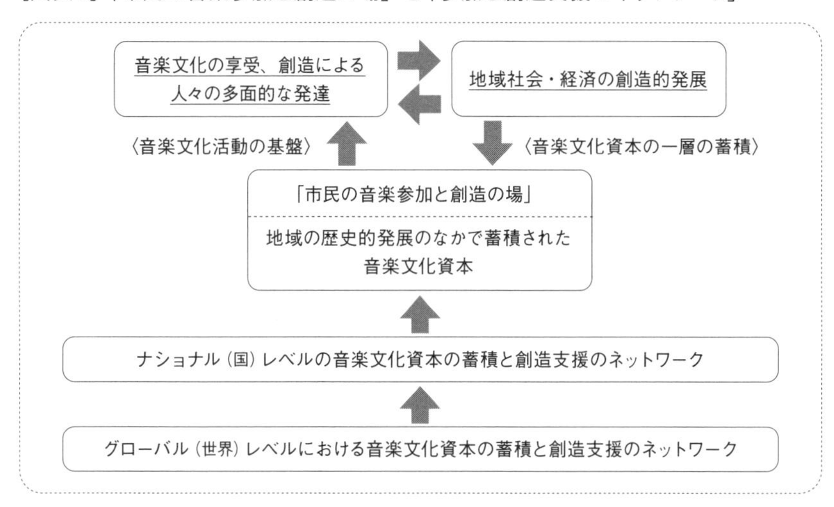

（出典）筆者作成

クと結びついて、地域社会、経済の創造的発展の土台を生み出していきます（図表１）[2]。

ここで取り上げ考察の対象とする「音楽文化資本」は幅広い概念です。本書では、「音楽文化資本」について、「１）音楽活動の担い手、２）音楽活動そのもの、その有形、無形の成果物、３）音楽活動の場となる建造物、施設、空間、４）音楽活動の担い手を育成、支援する機関、施設、事業、制度」を主な領域として把握し考察を行っています（図表２）[3]。

音楽文化の創造性を活かした地域創造の鍵は、地域に集積された音楽文化資本の蓄積を活かした、アーティスト、市民、事業者、公共団体などの連携、ネットワークによる協働の取り組みです。その柱となるのが、市民に等しく開かれ、音楽活動を通じて人々の対話と交流が行われる「市民の音楽参加と創造の場」の存在と、市民の活動を支援する「参加と創造支援のネットワーク」の働きです。

「市民の音楽参加と創造の場」は、歴史の営みのなかで蓄積されてきた音楽文化を人々が体感、享受する場です。同時に、それは新たな音楽文化が生み出される創造の場であるとともに、個性ある地域文化を生み出す、人々の地域への誇りの象徴の空間として継承され、発展、成熟してきました。

[図表2]「音楽文化資本」の領域

領　域	例　示
音楽活動の担い手	・市民 ・音楽家 （演奏者、作曲家、編曲家、作詞家、プロデューサー等） ・音楽団体 （オーケストラ、オペラ団、バレエ団、吹奏楽団等）
音楽活動そのもの、その有形、無形の成果物	・音楽活動そのもの ・有形、無形の成果物 （創作物、出版物、録音・録画媒体、記録、記憶等）
音楽活動の場となる建造物、施設、空間	・コンサートホール　・オペラハウス　・劇場 ・野外音楽堂　・ライブハウス　・クラブ ・多様なライブの場　・都市空間
音楽活動の担い手を育成、支援する機関、産業、事業、制度	・音楽大学、ミュージックスクール、塾等音楽教育機関 ・レコード産業事業者　・放送産業事業者 ・インターネット関連事業者　・著作権管理支援機関 ・音響、映像機器製造業、楽器製造業、楽器小売業 ・スポンサーシップ、メセナ事業者、団体 ・著作権制度

（出典）筆者作成

欧米において、劇場、ホール、オペラハウス、あるいは市（いち）や教会広場などの施設、都市空間は、音楽や演劇などの鑑賞の場であると同時に人々の社会的交流の場でした。近代社会の主役となった市民は、芸術体験の場、交流の場として、各都市においてオペラハウス、コンサートホール、劇場、広場などを都市のシンボル、中核施設として建設し、オーケストラ、オペラ等の音楽文化団体の活動を支えていきました。

21世紀におけるグローバルな情報化、技術革新のもとで、人々の音楽享受のスタイルは大きな変化の時を迎えています。音楽情報文化の世界的な情報ネットワークが進展し、時と場所に限定されない音楽享受が可能となっています。CDなど物的媒体による音楽享受スタイルは減少しています。またコロナ禍は、グローバル化の進展が生んだ逆境であり、人々の参加と活動の交流を妨げています。

そうした環境変化のもとでも、「市民の音楽参加と創造の場」、ライブの音楽空間は独自の特色と意義を有しています。「市民の音楽参加と創造の場」は、人々の交流、音楽の享受、相互学習、交流の場です。「参加と創造支援のネットワーク」の働きのもとで、市民の眼はひろがり、市民の発達と創造的な活動が促進され、未来への新しい視点が生み出されていきます。

その点で、「市民の音楽参加と創造の場」と「参加と創造支援のネットワーク」の発展は、市民がどのような地域を未来に向けて創造していくのかという地域自治の重要な政策分野にもつながっていきます。それは音楽文化活動が果たすパブリックな役割であり、そのあり方を考察していくことは文化政策、地域政策における重要な課題です[4]。

本書において、「市民の音楽参加と創造の場」と「参加と創造支援のネットワーク」という主題を支えるベースラインとなっているのが、音楽活動の舞台となっている大阪における多様な音楽文化資本です。本書においては、大阪市、近郊都市、大阪府域の総称として「大阪」という表現を用いています。

大阪は、古来、わが国における音楽、舞台芸術分野の中心地の1つでした。古代、中世、近世を通じて、大阪の寺院、市（いち）、劇場等の多様な文化空間を舞台として、雅楽、能 狂言、人形浄瑠璃、歌舞伎、邦楽等の伝統文化が発展し、大阪の都市の個性を育んできました。

近代日本においても、大阪は、わが国における西洋音楽文化との出会いの場として、オーケストラ、合唱、オペラ、ジャズ、フォーク、ロックなど多様な音楽文化を生み出す舞台となってきました。本書では、考察の事例として、大阪における西洋音楽文化の導入と音楽文化資本の蓄積を基盤とする今日における多様な音楽文化活動をとりあげ考察しています。

第1章「『サントリー1万人の第九』人々をむすぶ魔法の力 ── 世代をこえて市民が創造する合唱音楽空間」においては、1983年に開始されわが国のクラシック音楽分野を代表する市民参加のコンサートとして発展してきた「サントリー1万人の第九」公演の事例を取り上げています。世代と地域を超えた市民参加により、合唱音楽文化を受け継ぎ発展させていく取り組みとその基盤となっている大阪に蓄積された音楽文化資本を考察しています。

第2章「シンガーソングライターの活躍 ── アーティストと人々が創るライブの場」においては、大阪で活躍するシンガーソングライターの多彩で魅力ある音楽活動を取り上げています。ライブの場、楽器店、レコード、CD店などその活動の基盤となる音楽文化資本を探ることを通じて、人々がみずからの歌を創る活動の意義、若者と中高年世代を結ぶ音楽の場の特色を考察しています。

第３章「『音楽のある街』をめざす —— 大阪市大正区と高槻市の取り組み」においては、地域に蓄積された多様な音楽文化資本の特色を活かして市民、アーティスト、事業者、自治体等の協働により展開される音楽文化活動を取り上げその意義を考察しています。

第４章「音楽ホールと音楽文化団体との連携 —— 門真市民文化会館ルミエールホールの取り組み」においては、「みんなでつくる門真の第九」など公共ホールと地域音楽文化団体の連携の事例を通じて、地域の音楽文化資本の拠点としての音楽ホールの役割、音楽文化資本を活かした創造的な地域づくりの課題と展望を考察しています。

第５章「音楽文化資本の継承と地域創造 —— 大阪芸術大学の幅広いチャレンジ」においては、大阪芸術大学と地域自治体、市民の連携により歴史的文化資産を活かして地域の創造的発展を図る取り組みを考察し、その意義を考察しています。

第６章「『中之島をウィーンに』—— 都心を音楽文化創造の場に」においては、日本テレマン協会による「大阪市中央公会堂」での演奏会、「大阪クラシック」事業など、大阪都心部に集積する文化施設、都市空間を活用し、音楽文化活動の展開を通じて、魅力ある創造的都市空間の創造を図ろうとする試みを考察しています。

第７章と第８章では、第１章から第６章までの取り組みの共通の基盤である音楽文化産業の集積と都市空間の形成を歴史的、全体的に考察しています。第７章「大阪における音楽文化産業の発展」では、音楽文化資本の重要な構成要素である音楽文化産業について、20世紀の技術革新を基盤として発展した大阪における音楽文化産業の集積とその特徴を考察しています。

第８章「大都市圏大阪の形成と都市政策、文化政策の展開」においては、戦前期における近代都市大阪形成、戦後高度成長期における大阪大都市圏の発展について、多彩な音楽文化活動の基盤、都市文化空間の形成という視点から振り返り、都市政策、文化政策の展開とその特色を考察しています。

第９章「世界に開かれた音楽文化創造都市圏へ —— 成果・課題・展望」においては、各章の考察をふりかえり、創造的地域づくりをめざす活動における音楽の力の可能性、文化政策、地域創造の課題を考察し、発展方向を展望しています。

本書のまとめの段階で、「市民の音楽参加と創造の場」と多彩な音楽文化活動は大きな危機に直面しました。コロナ禍のもと本書で取り上げた取り組みのいくつかは、中止や延期、内容の見直しを余儀なくされました。同時に、そのなかで、あらためて、「市民の音楽参加と創造の場」が人々のくらし、充実した生の維持・発展と地域創造に持つ不可欠の大きな意義、その重要性が明らかになってきています。また、コロナ禍のもとで発展してきた情報ネットワークを通じる音楽文化活動の発信と享受への新たな試みは、次の世代の音楽文化創造の可能性を開きつつあります。

1824年ウィーンでの『第九』初演から200年の年に出版が可能となった本書の考察が、コロナ禍を克服した新しいライブの空間の復活、市民の音楽文化活動への参加と多彩な創造的な活動を源泉とする地域の創造的発展の探求にささやかでも寄与できることを願ってやみません。

注

1 Jankélévitch [1961] 参照。
2 中村 [2021] は東京のアートプロジェクトにおけるアーティストの創造的活動が人々と地域の創造力を生み出していく過程を興味深く考察しています。
3 近代社会の形成期において、アダム・スミスは近代社会が生み出す大きな富、生産力の源泉として、グローバルに広がる無数の働き手の労働の交換、結合、その基盤としての膨大な「ストック」の蓄積を指摘しました。人間発達と創造支援ネットワークの活動のもとで、人間発達と地域創造の基盤としての「ストック」という基本的洞察は現代においても私たちの考察の出発点として有効なものと考えることができます。本書においては、Throsby [2001] [2010]、池上 [2003]、佐々木 [1997] [2001/2012] 等の考察に学びつつ、都市、地域の創造的発展の源泉としての文化資本を活かした市民の多様な音楽文化活動の発展という視点から、「音楽文化資本」の主体的側面、客体的側面、制度的側面を総合的に把握し、考察を進めていきます。
4 文化経済学、創造都市論の展開のなかで注目されてきた大きな主題が、魅力ある都市、地域を生み出す「創造の場」、「創造的環境」の働きでした。ホールは、その著作『都市と文明』における考察の基礎的視点として、トルンクヴィスト等による「創造的環境（Creative milieu）」の概念をあげ、アテネ、フィレンツェ、パリ等歴史のなかで輝く芸術文化を生み出した各都市の考察を通じて、都市の創造性の基盤、知識、情報、能力、財政等の諸力と都市空間の結合が生み出す創造的環境を検討しています。佐々木 [1997] [2001/2012] は、金沢、ボローニャの都市研究をふまえて、創造都市の基盤として「創造の場」を位置づけました。これを受けて萩原 [2014] は、「創造の場」における創造的な活動を「個人－集団」、「内向－外向」という視点から考察し「アトリエ」「実験室」「劇場」「カフェ」という「創造の場」の４つの類型を考察し示唆的です。本書においては、先学の考察に学びつつ、音楽文化創造の基盤となる「創造的環境（Creative milieu）」について、「市民の音楽参加と創造の場」と「参加と創造支援のネットワーク」という視点から探求を試みています。

音楽の力と市民 —— 協創の文化資本　目次

第8章　大都市圏大阪の形成と都市政策、文化政策の展開

第9章　世界に開かれた音楽文化創造都市圏へ
——成果・課題・展望

第1章
「サントリー1万人の第九」人々をむすぶ魔法の力
――世代をこえて市民が創造する合唱音楽空間

本章では、クラシック音楽分野においてわが国を代表する市民参加のコンサートである「サントリー１万人の第九」公演を取り上げ、音楽活動を支える大阪の音楽文化基盤、市民の音楽参加と創造の場が果たす役割を考察していきます。

1.「サントリー1万人の第九」と1万人の合唱団

2023年（令和５年）12月３日、1983年の発足以来第41回を迎えた「サントリー１万人の第九」では、４年ぶりに会場を埋める１万人の合唱団が、佐渡裕氏指揮のオーケストラとともに大きな歌声を響かせました。合唱には、全国各地からのネットによる動画投稿が先進技術の活用により指揮者の生のテンポと同期されて加わり、ベートーヴェン交響曲第９番（通称「第九」、以下「第九」）を歌うスクリーンをうめつくす画像となりました。

コロナ禍のもと、全国各地の合唱活動も多くが中止、延期となり、人々が集い、歌う機会が閉ざされるというかつてない状況がもたらされました。そうしたなかでも、「サントリー１万人の第九」の取り組みにおいては、合唱参加者のエネルギーに応える指揮者、主催者の熱意は消えることなく、厳しい状況のなかでもリモートレッスン、動画投稿など情報ネットワークの可能性を最大限に活用した演奏への取り組みが行われてきました。

本章では、「大阪城国際文化スポーツホール」（通称「大阪城ホール」、以下「大阪城ホール」）を主舞台として40年に及ぶ活動を持続し続ける「サントリー

１万人の第九」事業をとりあげ、その活動を生み出し、支える音楽文化基盤を考察していきます。

1824年ウィーンで初演されたベートーヴェン「第九」がわが国において初演されたのは、1918年（大正７年）、徳島におけるドイツ兵捕虜の人々による演奏でした。日本人による日本初演は1924年（大正13年）東京音楽学校で、関西初演は1929年（昭和４年）大阪朝日会館における近衛秀麿指揮新交響楽団によるものでした。

関西の音楽家による初演は、1936年（昭和11年）、京都宝塚劇場、大阪朝日会館におけるメッテル指揮、京大学友会音楽部交響楽団による演奏です。この演奏には大阪音楽学校教員、学生、卒業生も参加しました（大阪音楽大学[1988] 参照）。

京都大学音楽部（オーケストラ）でメッテルに学び、当時大阪音楽学校の教員で演奏会に参加した朝比奈隆氏は、この演奏会について「自ら第１ヴァイオリンを弾き練習の助手もやった。長い厳しい練習も終わり、京都に続いて大阪朝日会館での演奏会も立錐の余地ない盛況で全国にラジオ中継された。最後の和音が消えた時、私はその場で声を上げて泣いた。（メッテル）先生は一言、『ああ、朝比奈さん泣きました』とつぶやかれた」と述べています（朝比奈[2000] 参照）。

幅広い市民の合唱参加による「第九」演奏は、全国各地において行われ、わが国は、世界の中でも最も活発に多数の市民の参加による「第九」演奏が取り組まれているといわれています[1]。そのなかで、わが国を代表する大きなコンサートが「サントリー１万人の第九」公演です。1983年（昭和58年）の第１回の公演以来40年あまりの歴史を有し、わが国クラシック音楽における最大級の市民参加型コンサートとなっています（図表1-1）。

毎年12月の第１日曜日に大阪城ホールにおいて、マエストロ佐渡裕氏を中心にオーケストラと会場を埋め尽くす１万人の大合唱団による演奏は、大きな感動を呼び起こします。合唱参加者に１年を締めくくり次の年への生きる意欲を呼び起こすコンサートとなっています。

公演には各回、特色あるゲストが招聘されます。2023年（令和５年）第41回には、EXILEのTAKAHIROさんがゲストで参加、「Choo Choo TRAIN」で会場が一体となりました。2022年（令和４年）には、ロックギタリスト布袋

[図表1-1] 国内における大規模な市民参加の『第九』公演

名称	会場	合唱団	オーケストラ
「サントリー1万人の第九」	大阪城ホール	1万人の第九合唱団	兵庫芸術文化センター管弦楽団
「国技館5000人の第九コンサート」	両国国技館	5,000人の合唱団	新日本フィルハーモニー交響楽団
「第九ひろしま」	広島サンプラザホール	第九ひろしま合唱団(2,000名)	広島交響楽団
とくしま"歓喜の歌"プロジェクト	アスティとくしま	世界に広がれ!とくしま"歓喜の歌"合唱団(2,000名)	とくしま国民文化祭記念管弦楽団

(出典) 各イベント資料により筆者作成

寅泰さん、ピアニスト角野隼斗さんがゲストとして参加、角野氏による『ラプソディー・イン・ブルー』、布袋氏とオーケストラの共演による「第九」第1楽章から第3楽章にインスパイアされた演奏は「クラシック」音楽の枠を広げ新しい「第九」演奏の可能性を広げました。

2020年(令和2年)は、無合唱団・無観客公演になりましたが2021年(令和3年)のショパンコンクールにおいて第2位となったピアニスト反田恭平さん、2019年(令和元年)には、山崎まさよしさん、雅楽の東儀秀樹さん、2018年(平成30年)には、佐渡氏の音楽の師バーンスタインの生誕100年にあたるのを記念してバリトン歌手ベンヤミン・アップルさんが参加、バーンスタインの『キャンディード』や『ウエストサイド物語』などの代表曲が演奏されました。また2017年には服部良一氏の曾孫にあたるヴァイオリニストの服部百音さん、指揮者の佐渡裕氏が小学校から中学校の時代に在籍しマエストロの音楽を育てた京都少年合唱団、立命館大学の音楽クラブ出身の個性的なバンド「くるり」がゲストとなり、毎回「サントリー1万人の第九」の音楽文化基盤が京阪神から全国へ、さらに世界へと広がり、クラシック音楽の新たな可能性を広げる舞台となっていることを象徴するような取り組みとなっています。

内外から集まる1万人の熱唱

「第九」の演奏において、不可欠の役割を果たすのが合唱団です。

「サントリー1万人の第九合唱団」の第1の特徴は、中高年世代がその主力となっていることです。「第九」公演合唱参加者の年齢別構成については公表されていませんが、過半数は中高年世代であり、練習には最高齢で90代の方から小学生まで幅広い年代が参加しています。2018年の公演においては、バスパートで参加した著者と同じ列に92歳の方がおられ、ともに肩を並べ歌うことができました。

合唱音楽の分野は、人々の音楽活動への参加のなかで、中高年齢層の参加比率が比較的高いジャンルです。[図表1-2] では、「社会生活基本調査」にもとづき「音楽活動参加率」として７分野（「音楽会などによるクラシック音楽鑑賞」「音楽会などによるポピュラー音楽・歌謡曲鑑賞」「CD・スマートフォンなどによる音楽鑑賞」「楽器の演奏」「邦楽（民謡，日本古来の音楽を含む）」「コーラス・声楽」「カラオケ」）への参加率をみています。

中高年世代の音楽文化活動で特徴的なことは、CD、スマートフォンなどによる音楽鑑賞では、若い世代に比べて比率が低いものの、音楽会によるクラシック音楽鑑賞ではその参加率には差はなく、コーラス、声楽などでは、むしろ中堅世代に比べて積極的な参加の動向が見られることです。合唱音楽の分野は受け身の享受ではなくクリエイティブ・エイジングに寄与する積極的な音楽文化活動への参加という点で大きな可能性を秘めていることがうかがえます。

同時に「サントリー１万人の第九」公演においては、若い世代の参加促進に向けて主催者においては、2019年に「U－25クラス」が開設されたほか、SNSの活用にむけて練習風景の写真撮影の許可、若手のゲストミュージシャンの起用などの取り組みが積極的に行われ、その効果があらわれてきています。

第２に、「１万人の第九合唱団」の大きな特徴の１つが合唱への全国さらに外国からの参加です。

１万人の合唱参加者は主催者が設営する各地域の練習会場参加者と合唱団単位で参加する者で構成されています。2016年の地域別、男女別の参加者の状況を見たのが [図表1-4] です。2016年の公演においては練習会場は全国43会場で開催され、2017年公演にはオーストリアからの合唱団も参加しました。

大阪地区の5,500名（65%）を中核としながら、東京、札幌、福岡など近年の全国への展開が目立っています。また男女別では、女声が74%、男声が26%で、合唱音楽分野における女性の比重の高さを示しています。

第３の特徴は、指揮者と合唱指導者の綿密な打ち合わせのもとに全国各地で行われる練習体制です。高音の持続、音程の飛躍、二重フーガなど合唱参加者にとってたやすくない名曲にふさわしい音楽演奏を実現するためのレベルの確保、音楽解釈の統一に向けて行われる練習は夏から12月の本番に向けて行われます。各回の練習は、基本２時間、発声指導、歌詞ドイツ語の指導、合唱指導で構成され、４か月間に初心者12回、経験者６回の練習に加え、最後に、指揮者の佐渡裕氏による全体練習が行われ、全体の統一が行われます。この指揮者による全体練習は「佐渡練」と呼ばれ、これを楽しみに参加しているという参加者も少なくありません。合唱練習をきっかけとした参加者の交流が盛んに行われ、遠方から大阪に集い、打ち上げや同窓会も開かれ参加者の活発な交流が行われています。

合唱参加者の思い

「公演」プログラムには合唱参加者の参加への思い、感想、意欲等が掲載されています。ここでは、2019年のプログラムをもとに、本書の問題意識をふまえて、合唱参加者の思い、「サントリー１万人の第九」参加の意義をみていきましょう。

- 家族での参加。世代を結ぶ人生のイベント

「サントリー１万人の第九」の合唱参加者で目立つのは、家族とともに参加という比率の高さです。[図表1-5] は、2019年公演参加者に、誰と参加しているかを尋ねた回答です。44%は「ひとり」での参加ですが、目立つのは「家族」での参加で32%となっています。

「１万人の第九合唱団」への参加が、世代を超えて家族を結び付けて共通の記憶となり、世代をこえて希望を共有していく〈人生イベント〉としての「サントリー１万人の第九」という姿がうかがえます。とくに高齢者にとって子ども、孫と一緒に参加することは大きな喜びです。

「おばあちゃんが毎年参加していて、第九をピアノで教えてもらって、歌詞を聴いて、興味が出ました」（10歳）

「反抗期の中学生の娘と同じ目標に向かって共に頑張ってみたいと門を叩きました。最初は嫌がっていましたが、徐々に歌う楽しさに触れて、今では私よりも張り切って

[図表1-2] 年代別音楽活動参加率

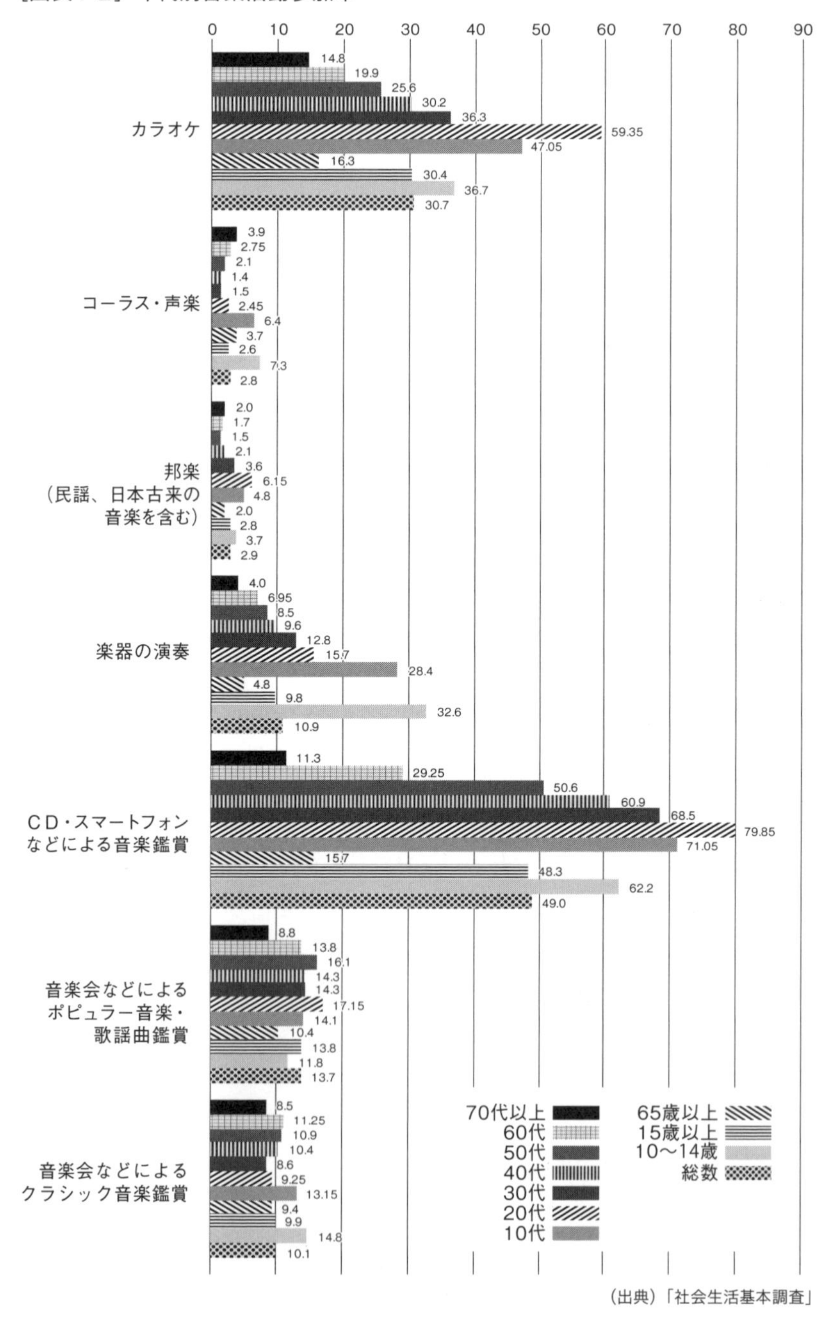

（出典）「社会生活基本調査」

[図表1-3]「サントリー1万人の第九」公演

©毎日放送／サントリー1万人の第九

[図表1-4]「サントリー1万人の第九」(2016年)
個別合唱参加者練習会場別・男女別構成

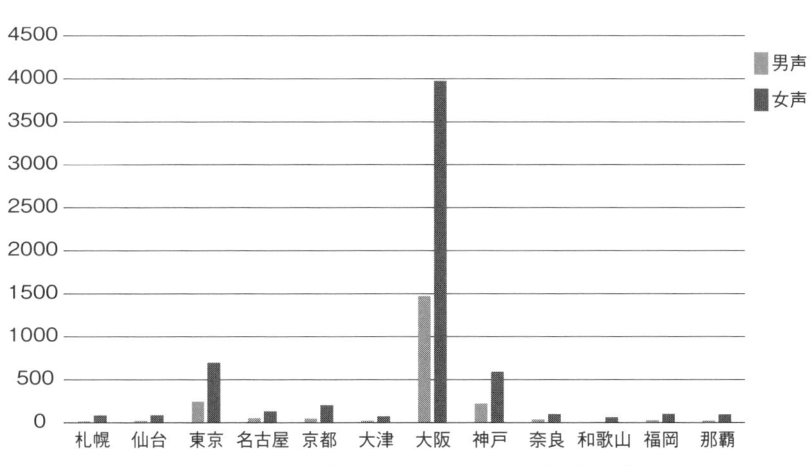

(出典)「サントリー1万人の第九」プログラム(2016年)にもとづき作成

[図表1-5]「サントリー1万人の第九」参加者の相手方の比率

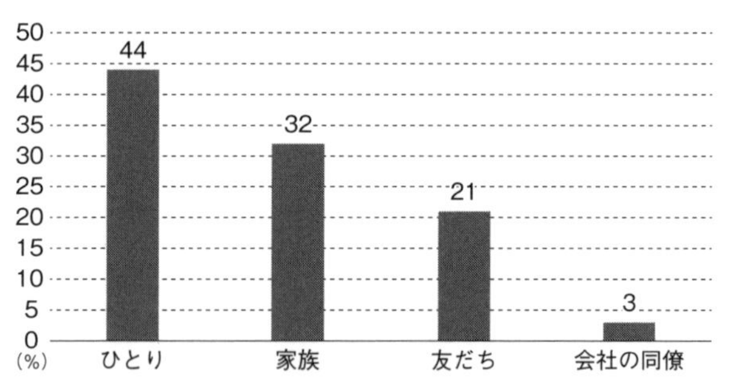

(出典)「サントリー1万人の第九」プログラム(2019年)にもとづき作成

家でも練習しています」(46歳)

「初参加は1989年、音大1年の時。黒のロングスカートを母が縫ってくれました。大切な宝物になりました」(49歳)

「10月は父の一周忌。大阪城ホールでいつも私を見つけてくれていた父のまなざしを感じながら歌います」(55歳)

「共に歌う娘と孫に叱咤激励されながら練習を重ねています。この充実感は宝物です」(82歳)

友人との参加では職場や同級生での参加できずなを深めるという声もめだちます。

「2000年のミレニアムに参加した感動を再び令和でも!と高校の同級生3人で応募しました」(47歳)

「子育てがひと段落した高校の頃の同級生女子で何かしたくて参加。案ずるより産むが易し!」(55歳)

• チャレンジの舞台

「サントリー1万人の第九」合唱への参加は、合唱初心者にとって必ずしも容易なものではありません。ドイツ語の原語の理解と暗譜、幅広い音域の発声、リズムの体得、二重フーガの難しさ、遠方からの練習会場への参加などさまざまな課題への挑戦となります。

「ドイツ語の歌詞を暗譜することに格闘中ですが、１万人の仲間と歌えるご縁に感謝して歌い切りたい」(20歳)

「初練習では声が出ないし、周りは上手で泣きたくなった。何とか泣かず帰らず本番を迎えたい」(55歳)

「学生時代は高い声が出ましたが、今はテノールの一番高いAの音が出ません。本番までに頑張ります」(68歳)

• 指揮者の魅力、合唱指導者への共感

「サントリー１万人の第九」合唱参加者の音楽への思いを結ぶのが指揮者佐渡裕氏と毎週の練習指導を担当する合唱指導者、ピアニストの方々です。

「佐渡さんの絵本『はじめてのオーケストラ』を読んで参加したら、とても楽しかった」(８歳)

「清原先生の第九愛、熱、ユーモアは想像を軽々と超えて、毎回嬉しくて嬉しくてたまりません」(60歳)

「マエストロ佐渡裕の熱い指揮を観て、第九に参加したいと思った。ハードルは高いが頑張ります」(60歳)

• 音楽と人生への広がる視野

合唱団への参加、オーケストラとの共演という体験は、参加者の音楽、そしてより広く人生への視野を広げていきます。

「ソプラノで初参加した時、身体の中から震えるような感動をした。第九をもっと深めたくて今年はアルトです」(34歳)

「41歳の時、課長になり、視野を広げようと思って参加。物事がポジテイブに捉えられるようになった」(43歳)

「左足マヒでバレエが踊れなくなったところ『１万人の第九』に出会った。新しい世界が始まった」(42歳)

「第九を作曲した頃の社会的、家庭的、肉体的なベートーヴェンの苦難を思うと、いつも涙が滲みます」(76歳)

「第九は、生命への賛歌だけでなく究極の『死者のためのミサ曲』であると思う」(79歳)

• つながりのネットワークが広がる

４か月間の練習への参加、１万人がそろう「サントリー１万人の第九」本番という共同の体験は、参加者のつながりを強め、公演後もそのつながりはさまざまなかたちで続いていきます。

「厳しくも楽しいレッスンでクラスの団結力が強くなり、その仲間とは今でも仲良し」(43歳)

「昨年はウィーンでも合唱参加ができ、第九仲間が広がり続けています。これこそ『兄弟』の証です」(43歳)

「この合唱で出会った方々とは、歌に限らずさまざまな活動でご一緒でき、人生がとても豊かになった」(51歳)

(出典)「サントリー1万人の第九プログラム」(2019年)

「サントリー１万人の第九」合唱への参加は、参加者１人ひとりの人生の大きなステージとなり、家族、友人とのつながりを強め、音楽と人生への視野を広げる大きな役割を果たしていることがうかがえます。

それでは、こうした幅広い合唱参加者を中心とする「第九」演奏を可能にしている音楽文化資本は大阪、関西においてどのように形成され、継承されてきたのか、その点を次にみていきましょう。

2.「サントリー1万人の第九」を支える音楽文化資本

1）拠点としての文化施設と音楽文化団体
――「大阪城ホール」の建設と「サントリー１万人の第九」の開始

「サントリー１万人の第九」の40年にのぼる取り組みの基盤となっているのは、市民と音楽専門家、音楽文化団体、地域自治体等との協働の取り組みを通じて大阪、関西圏に蓄積されてきた分厚い音楽文化資本です。指揮者、オーケストラ、合唱団体などの音楽家、音楽団体を中心として、放送事業、スポンサー体制、公演・音楽活動の場を整備し、音楽文化普及を担ってきた公共団体、民間文化団体の文化政策・文化事業などがそのネットワークを形成しています(図表1-6)。

[図表1-6]「サントリー1万人の第九」を支える音楽文化資本

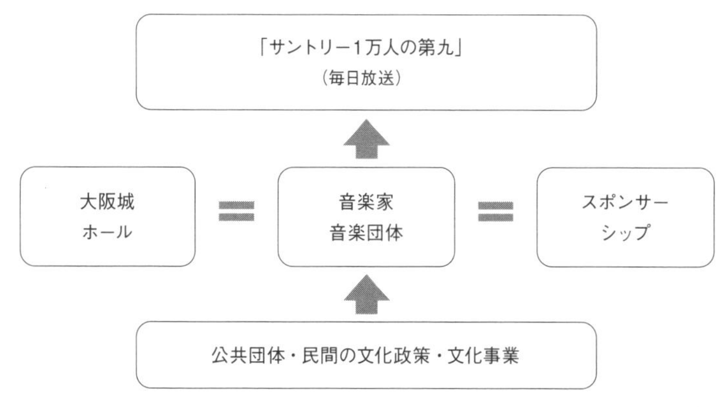

(出典)筆者作成

音楽ホール

「サントリー1万人の第九」の大きな特色の1つがその会場である「大阪城ホール」の開館との一体的なスタートです。第1回公演は1983年実施されましたが、事業発足のきっかけとなったのが「大阪城ホール」の建設でした(図表1-7)[2]。

「大阪城ホール」の開館のきっかけとなったのは1980年代における大阪府、市、経済団体における文化政策、共同の文化事業への取り組みでした。

1970年代から1980年代、大阪府においては、黒田知事、岸知事の府政を通じて、梅棹忠夫国立民族学博物館長を中心とした大阪文化振興研究会、大阪府文化問題懇話会などの場を中心として文化政策の検討が進められ、文化事業の展開の画期となりました。80年代には、70年万国博覧会に国の立場から関わった堺屋太一氏による「イベント」

[図表1-7] 大阪城ホール

(出典)株式会社大阪城ホールホームページ

主導型の文化事業提言を基調とする大阪府、大阪市、経済界の参画による文化事業の展開が企画されていきます。1982年（昭和57年）、府市経済界による共同の文化事業推進主体である「大阪21世紀協会」が設立され「大阪築城400年まつり」「御堂筋パレード」などの文化イベントが企画、展開されていきます[3]。

そのなかで1983年開催が企画された「大阪築城400年まつり」の拠点施設として立案された「大阪城ホール」の建設は急ピッチで進められ、1983年10月1日にオープンしました[4]。

マスメディア産業の大きな役割

大阪の特徴として戦前、戦後を通じてマスメディア産業、大阪を拠点とする新聞社、放送局による積極的な文化投資が進められたことがあげられます。

大阪において誕生した新聞社の文化活動においては東京に対する大阪の独自性の追求が意識されていました。1879年（明治12年）創刊の朝日新聞社は、1915年（大正3年）「全国中等学校優勝野球大会」を創設、音楽、美術等の分野でも多彩な文化事業を展開してきます。1876年（明治9年）創刊の大阪日報は1888年（明治21年）大阪毎日新聞と改題、選抜中等野球大会、日本音楽コンクールなどの文化事業を展開していきます。

また、放送の分野で、1925年（大正14年）開局したNHK大阪放送局においては、スポーツ中継やラジオ体操、相場報道、外国語講座などの分野で大阪が全国に先がけて取り組むという意気込みにあふれていました。1936年（昭和11年）、大阪市東区馬場町に大阪放送会館が建設されましたが、放送局のコールサイン（JOBK）についても大阪人に「ジャパンオーサカバンバチョウノカド」の略称と解され親しまれる文化拠点となりました。山田他［2005］は、こうした大阪放送局の積極的な取り組みを可能とした背景について、大阪経済界の運営への積極的姿勢と新聞社出身の優れた人材の活動などを指摘しています。

音楽の分野では、開局後すぐの1926年（大正15年）露西亜大歌劇団による「カルメン」が放送され、1927年（昭和2年）の宝塚歌劇団「モンパリ」放送、1929年（昭和4年）文楽座人形浄瑠璃など音楽各分野の放送がなされていきます。

さらに、「大阪ラジオオーケストラ」（のち大阪放送管弦楽団）が1933年（昭和

８年）に設立され、ペテルスブルグにおいてリムスキー・コルサコフ、グラズノフらに学び、ロシア革命の動乱のなかで当時ハルピン交響楽団の指揮者であったエマヌエル・メッテルが指揮者として招かれます。また合唱音楽の分野では「JOBK唱歌隊（女声合唱団）」（のち「大阪放送合唱団」）が1938年（昭和13年）設立され、大阪における音楽文化の担い手となっていきます。演劇の分野でも1940年（昭和15年）には「専属劇団員」の養成が開始され（のち「大阪放送劇団」）、1951年（昭和26年）には大阪放送児童劇団（のちNHK大阪児童劇団）が創設されました。[5]

民間放送の分野においても、戦後のテレビ放送の開始にともない朝日放送、毎日放送等が次々と開局し、活動を競い合っていきます。

新聞社、放送局等マスメディア産業の発展は、芸術文化団体の活動を支えるとともに、その発信する文化情報を通じて、市民の生活様式にも大きな影響を与え、近代都市の文化発展に欠かせない存在となっていきます。

「大阪城ホール」の開場にあたり、毎日放送は、「大阪城ホール」オープニングイベントとして「１万人の第九」事業の提案を行いました。毎日放送においては、オープニングイベントについて局内で多様な検討が行われ、そのなかでの１つの提案、合同オーケストラによる年末の「第九」公演が取り上げられます。

オーケストラ

音楽プロジェクトの中核となる指揮者については、大阪フィルハーモニー交響楽団指揮者の朝比奈隆氏の推薦により山本直純氏が決定されました。

「１万人の第九」事業の開始にあたって、オーケストラについては、当時大阪で活動していた２つのオーケストラ、1947年（昭和22年）「関西交響楽団」として設立された「大阪フィルハーモニー交響楽団」、1970年（昭和45年）「ヴィエール室内合奏団」としてスタートした「関西フィルハーモニー交響楽団」と、わが国で唯一の自治体直営オーケストラとして1956年（昭和31年）設立された「京都市交響楽団」による合同のオーケストラが形成されました。

大阪におけるオーケストラ、オペラ団、吹奏楽団、バレエ団など音楽文化団体においては、民間主導の形態で設立、運営されてきました。

1912年（明治45年、大正元年）に「大阪三越少年音楽隊」「大丸京都店少年音

楽隊」が設立され、1923年（大正12年）には、大阪の鰻の老舗「出雲屋」に少年音楽隊が結成され、軍楽隊や東京音楽学校出身者が指導にあたりました。服部良一氏は設立とともに入隊、隊では当初オーボエ、のちサキソフォンを担当し、バンド演奏に取り組むとともに、エマヌエル・メッテルに和声学、管弦楽法を学び、アメリカにおけるシンフォニック・ジャズの先達ガーシュインを目標として、演奏家、作曲家としてのキャリアを積み重ねていきます[6]。

オーケストラの分野では、「宝塚交響楽団」がヨーゼフ・ラスカの指揮で1926年（昭和元年）第１回定期演奏会を開催、大阪放送局においては1933年（昭和８年）「大阪ラジオオーケストラ（のち大阪放送管弦楽団）」が設立されます。こうしたオーケストラ活動の蓄積を背景として、戦後、1947年（昭和22年）メッテルに学んだ朝比奈隆氏を中心として「関西交響楽団（のち大阪フィルハーモニー交響楽団）」が設立されました。

大阪フィルハーモニー交響楽団は、朝日会館で第１回定期演奏会を開催、1960年（昭和35年）には大阪フィルハーモニー交響楽団に改称し、朝比奈隆氏指揮のもと大阪を代表するオーケストラとして発展してきました。定期演奏会、オペラ公演、海外公演、ベートーヴェン、ブルックナーの交響曲の録音等、大きな足跡を残してきています[7]。

「１万人第九」公演指揮者は、1999年（平成11年）、山本直純氏から佐渡裕氏に引き継がれ、オーケストラも、2002年（平成14年）、それまでの合同オケ方式から関西の大学からオーディションによって選ばれた独自のオーケストラとなり、さらに現在の兵庫芸術文化センター管弦楽団に至っています。

２）財政基盤――スポンサーシップ

音楽文化事業において不可欠の基盤となるのが安定した財政基盤です。イタリアにおけるオペラの発展過程を論じたヴァンは、オペラの幅広い普及、伝播を可能にした条件として「定期的な注文の存在」「確固たる財政基盤」「多数の聴衆の存在」をあげています[8]。

わが国における音楽文化、とくにクラシック音楽の分野における財政基盤の確保において大きな役割を果たしているのが、企業、文化財団による多様なサポート、スポンサーシップの基盤です。

コロナ禍のもと、芸術文化団体による活動は大きな制約を受けていますが、

[図表1-8] メセナ活動を実施する企業数・財団数・人口比の府県別の状況

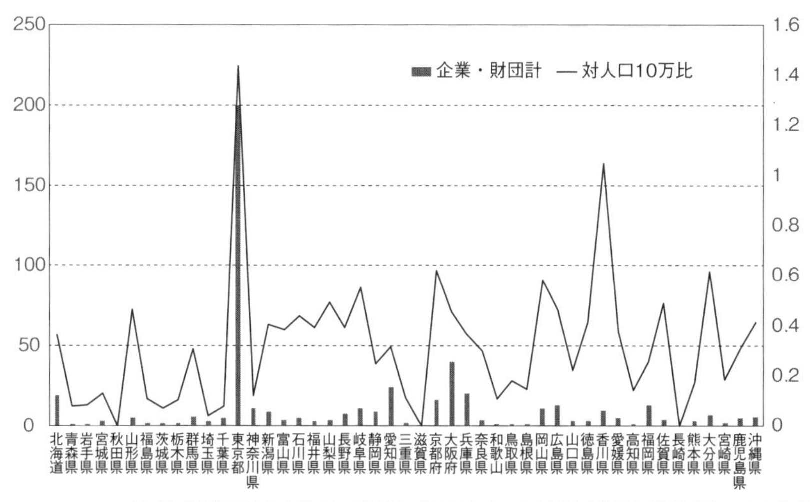

（出典）公益社団法人企業メセナ協議会『2021年度メセナ活動実態調査［報告書］』より作成

[図表1-9] メセナ活動の対象分野別比率

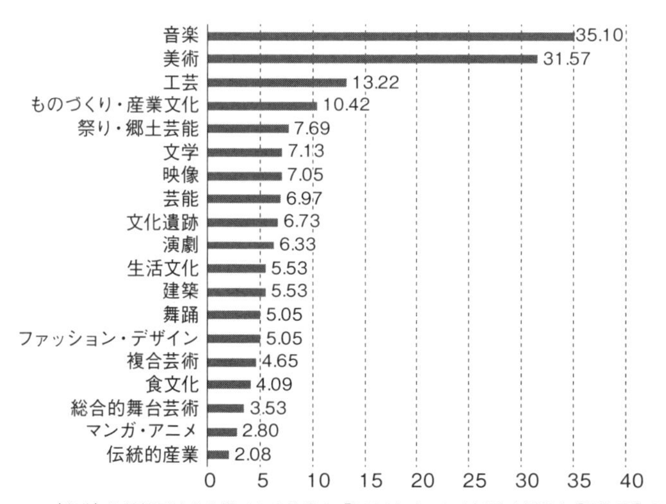

（出典）公益社団法人企業メセナ協議会『2021年度メセナ活動実態調査［報告書］』より作成

そのなかでも企業、文化財団によるサポートは比較的安定した展開を示しています。[図表1-8] は、公益社団法人企業メセナ協議会が各年実施しているメセナ活動実態調査によりメセナ活動を実施している企業、財団の状況を都

［図表1-10］ 音楽分野における細分野別状況

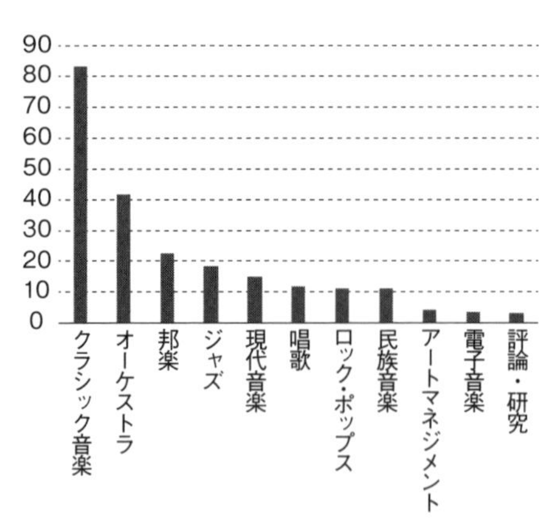

（出典）公益社団法人企業メセナ協議会『2021年度メセナ活動実態調査［報告書］』より作成

道府県別にみたものです。企業数、財団数では首都東京への圧倒的集積がうかがえますが、大阪、京阪神圏における一定の集積、人口比でみた厚みがうかがえます。[9]

また、企業、財団がサポートする分野別の実施件数比率をみたのが［図表1-9］です。音楽、美術分野の高い比重が特徴的です。

さらに、メセナ活動において大きな比重を占める音楽分野における詳しい分野別状況をみたのが［図表1-10］です。音楽分野におけるクラシック音楽分野、オーケストラ活動への比重の高さが特徴的です。

「１万人の第九」事業の発足にあたって、スポンサーについて、毎日放送よりかねてから積極的な文化事業を展開してきたサントリー株式会社（1983年当時）への事業提案がなされ、提案を受けたサントリーは快諾します。「サントリー１万人の第九」の大きな特徴の１つは、開始以降現在まで、サントリーを中心として、民間の力により公的支援にたよらず自主的な展開を継続してきたところです。

サントリーにおいて「サントリー１万人の第九」を担当するコーポレートコミュニケーション本部の富岡正樹部長（2017年当時）は、サントリーがスポンサーを引き受けた背景について、「やはり佐治敬三（当時のサントリー株式会社）社長の意向が決定的でした。社長は、自らも合唱に参加するなど、芸術文化の各分野のなかで音楽に特に強い思い入れがありました」と述べています。[10]

1983年（昭和58年）の第１回公演開始以降一貫したスポンサーであるサントリーホールディングス株式会社は、1899年（明治32年）に鳥井信治郎氏によりぶどう酒の製造販売を事業の中心とした「鳥井商店」として大阪で創業されたわが国を代表する飲料メーカーです。1907年（明治40年）には「赤玉ポートワイン」を発売、斬新なポスターなど優れた商品デザインを生み出してきました。戦後も、開高健氏、山口瞳氏などによるPR誌「洋酒天国」、柳原良平氏による「アンクルトリス」のデザインなど優れた文化力による宣伝活動が企業のイメージを高めていきます。

サントリーにおいては、芸術文化、学術、地域文化振興など多様な領域において活発な社会貢献活動が展開されています。1979年（昭和54年）設立された「公益財団法人サントリー文化財団」は、「サントリー学芸賞」「サントリー地域文化賞」等の学芸文化振興事業、地域文化振興事業を行い、わが国並びに世界の学術・文化の発展に寄与することを目的として、人文、社会科学の分野で大きな役割を果たしています。

芸術文化分野においては、「公益財団法人サントリー芸術財団」が、1969年（昭和44年）設立の鳥井音楽財団（のちのサントリー音楽財団）を受け継ぎ、音楽ホール、美術館の運営を通じて積極的な取り組みを行っています。

美術分野においては、1961年（昭和36年）「サントリー美術館」が東京丸の内（のち六本木）に開館、「生活の中の美」をテーマに絵画、陶磁、漆工、染織、ガラスなどの工芸分野を中心に活発な活動を展開しています。

音楽分野においては、「サントリーホール」が、東京都港区赤坂に1986年（昭和61年）開館、2,006席の大ホールは東京を代表するコンサート専用ホールとして内外の音楽家、オーケストラの活動の場となっています[11]。

「サントリー１万人の第九」開始以降も、「第九」への同社の思いは強く、2017年（平成29年）８月には、サントリーホール開館30周年を記念して、サントリーグループの従業員、家族ほか合唱団400名の参加による「第九」公演、「ONE SUNTORY みんなの第九 at サントリーホール」が開催されています。

「サントリー１万人の第九」事業における収入と支出の枠組みを見たのが［図表1-11］です。収入は、基本的に合唱参加者の負担金、プログラム、記録CD、DVD等の物品販売収入そしてスポンサーシップで構成されます。通常の演奏会においては、チケット販売収入が事業収入の多くを占めますが、本事業においては会場の大阪城ホールの座席のほとんどが合唱参加者で占められるため、観客席の数は限られた数になっています。

支出のうち、本事業における特徴的な経費が全国の会場における合唱練習経費です。各年８月から11月にかけて初心者向けの12回コース、経験者向

[図表1-11]「サントリー1万人の第九」事業における財政の基本的枠組み

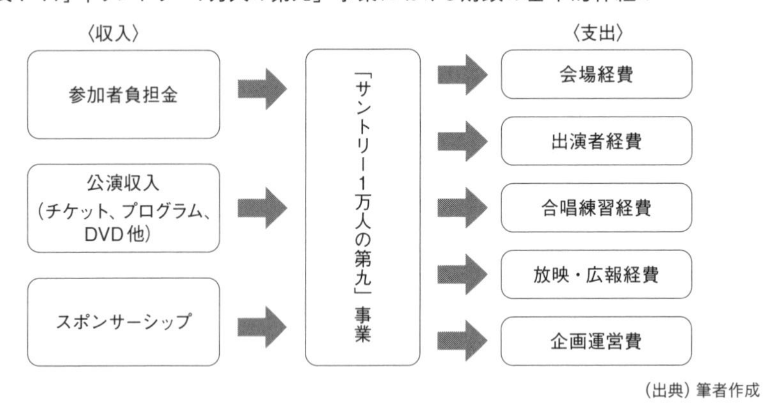

（出典）筆者作成

けの６回コースが全国約40か所の練習会場で実施されています。

3）幅広い市民の音楽参加

合唱音楽の幅広い基盤

第１回の合唱団については、「大阪フィル合唱団」等に加え、参加者が1983年６月から７月に公募され、7,318名、８歳から79歳までの応募があり、200名のオーケストラ、6,500名の合唱団、5,000名の観客による年末の第１回公演は大きな成功をおさめました。

第１回の公演は大きな反響を呼び起こし、以降各年の合唱団の公募においては、１万人の公募に対し各年およそ１万5,000名の応募があり、地域的にも、大阪以外、東京、札幌、福岡、沖縄などからの参加が増加するなどの発展を見せています。

合唱指導を第１回から担当し、合唱参加者に対して本番直前の最終の発声指導を行ってきた大阪府合唱連盟の清原浩斗氏は、「私は、第１回から合唱指導者を務めていますが、本コンサートへの参加のきっかけは、大阪音楽大学卒業後勤務していた大阪府立春日丘高等学校在職中に茨木市市制施行記念行事の合唱指導を担当したことです。第１回以降、今日に至るまで、数十人おられる合唱指導者の皆さんとともに、合唱参加者の指導にあたってきました」と語ります。

清原氏によれば第１回の参加者のうち、「第九」合唱の経験者は１割から

２割程度で未経験者が多数であったといいます。

第１回プログラムにより参加者の声を見ましょう。参加者のなかで第１回開催の時点で最多の46回の参加経験を有していた当時70歳の三口貴雄氏は「（昭和26年２月の「第九」合唱初参加以来、「第九」合唱経験のなかでは）朝比奈隆氏の指揮が印象的で650小節から654小節の部分”über Sternen muß er wohnen”では特に先生がベートーヴェンに見えました」と述べています。

「合唱の経験は全くなし。練習場で10歳も年上の人と友達になれたのがうれしい（テノール）」

「30年くらい前合唱部にいたんですよ。「第九」は長年の夢でした（ソプラノ）」

「音楽の教師をしている家内に誘われて。本当は私、カラオケの方が好きなんですが（バス）」

「OL ３年目、毎日同じことの繰り返しで何か変化がほしくなって。それに「第九」が大好きだからチャレンジしました（アルト）」

初心者からベテランまで幅広い合唱参加者が、指導者による夏から秋、各地域での３か月の練習のなかで、「第九」演奏が実現されました。

関西における合唱音楽文化基盤の形成においては大学における合唱団の活動が大きな役割を果たしました。1905年（明治38年）に同志社大学グリー・クラブが、1910年（明治43年）には関西学院大学グリー・クラブが公演を行い関西における地域、職場における合唱運動の指導者を多く生み出していきます[12]。

戦後いち早く1946年（昭和21年）に、朝日新聞社の支援のもと、関西合唱連盟が設立されました。同年11月には、第１回の関西合唱コンクールが23団体の出演で実施されています。さらに合唱団体の全国組織として、全日本合唱連盟が1948年（昭和23年）設立され、合唱コンクールの開催、指導者の育成等を通じて、職場、地域における合唱団の活動を支援していきます[13]。

合唱連盟の活動とならんで、戦後期において、大阪における「第九」合唱の取り組みにおいて大きな役割を果たしたのが、1950年代から60年代にかけて、市民、勤労者の鑑賞運動として発展した「労音」の取り組みでした。

1949年（昭和24年）発足した「大阪勤労者音楽協議会」（以下「大阪労音」）は急速な伸びを見せます。1949年11月の第１回例会の参加者約1,000名（うち

［図表1-12］1960年代における大阪フィルハーモニー演奏会に占める「大阪労音」公演比率

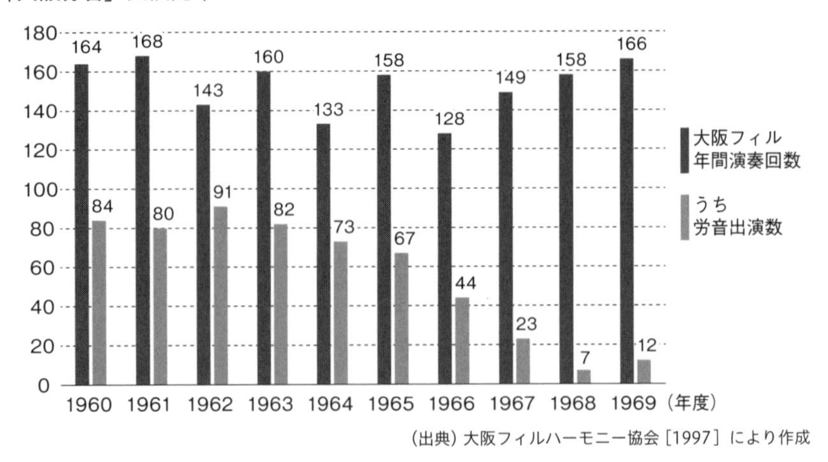

（出典）大阪フィルハーモニー協会［1997］により作成

会員数467名）でスタートした「大阪労音」は1960年代前半には15万人という巨大な組織に発展していきます[14]。当時の「大阪労音」の会員の構成をみると、出身地では、大阪圏に15歳以前から居住する人が61％、地方が39％と経済成長に伴う大阪への人口移動により大阪居住を始めた若い世代における音楽ニーズの高さを背景した状況がわかります[15]。

勤労者の鑑賞機会の拡大は、大阪におけるクラシック音楽活動の重要な基盤となっていきました。「大阪労音」の発足直後の1950年（昭和25年）1月の例会は大阪フィルの前身である関西交響楽団とヴァイオリニスト辻久子氏による演奏会が朝日会館で2,000名の観客を集め実施されています[16]。1960年代前半期において、大阪フィルハーモニー交響楽団の演奏会活動の大きな支えとなったのは「大阪労音」の例会活動でした。［図表1-12］は、1960年代における大阪フィル演奏会における「大阪労音」出演回数を見たものです。60年代前半においては、全体の演奏会回数に占める「大阪労音」における演奏回数の比率が、60年度51.2％、61年度47.6％、62年度 63.6％、63年度51.3％、64年度54.9％と高く、大阪のオーケストラを支えるその基盤の大きさを示しています。この比率は、60年代後半以降、急速に低下していきます[17]。

「労音」の活動の中から、鑑賞から参加へという動きが生まれてきます。1952年（昭和27年）には「労音合唱団」が発足し、約50名の団員による例会

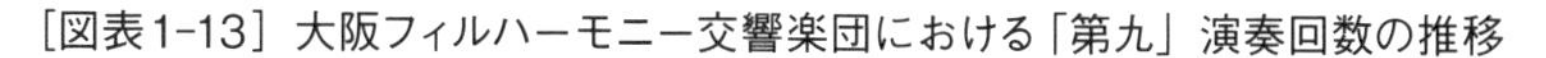
[図表1-13] 大阪フィルハーモニー交響楽団における「第九」演奏回数の推移

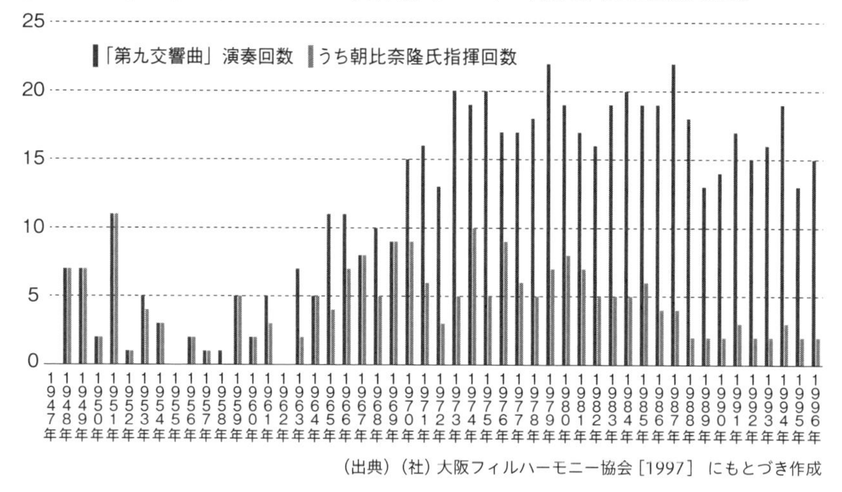

（出典）（社）大阪フィルハーモニー協会［1997］にもとづき作成

への出演が行われました（朝尾［1962］）。続いて音楽活動への参加の主要な場となったのが、「第九」演奏への参加でした。

労音例会として1963年（昭和38年）２月「第九」公演が企画され、1,000名の合唱団の公募に対し800名の参加があり成功をおさめます。この「第九」公演で合唱指導の中心的役割を果たしたのが桜井武雄氏でした[18]。「大阪労音フロイデ合唱団」が1962年（昭和37年）創立され、1964年（昭和39年）２月「第九」を初演、以降、オーケストラとの共演による「第九」が演奏されていきました。

この時期の「第九」を中心とする市民合唱活動の活発さは、大阪フィルハーモニー交響楽団の演奏回数にもあらわれています。［図表1-13］は大阪フィルにおける「第九」演奏回数とそのうち朝比奈隆氏指揮の回数の推移を見たものですが、1947年（昭和22年）から1996年（平成８年）の50年間で演奏回数は計581回に上っており、演奏回数に占める「第九」の重みと市民への「第九」の普及に果たした朝比奈隆氏の役割の大きさを示しています。

さらに、大阪における合唱音楽基盤の形成に大きな役割を果たしたのが、高度成長期、大阪大都市圏各都市における、経済成長による人口の急速な増加とそれに伴い増大する市民の文化へのニーズとそれに応える地域自治体による文化施設の整備と事業展開でした。

女性の音楽へのニーズを背景として地域における女性を中心とした合唱団体（「おかあさんコーラス」）の発展が合唱参加者の蓄積を生み出していきます[19]。また市民、文化団体による「親子劇場」「家庭・こども文庫」活動など手づくりの文化支援ネットワークの形成と活動が活発化し、各分野の文化団体の連携が進んでいきます[20]。

この大阪大都市圏各都市における市民の音楽文化活動の高まりを背景として、大阪における「第九」合唱など音楽文化基盤の形成に貢献した公共団体の文化事業として、1950年（昭和25年）から50年間にわたり、大阪府と各市町村の共同の取り組みとして進められた「大阪府民劇場」事業の存在があります[21]。

1950年、大西利夫氏（劇作家、評論家）と中村祐吉氏（府立中之島図書館館長）は、大阪府に対し「大阪府民劇場制度」の創設についての提言を行いました。この構想は、戦後の片山内閣における国立劇場構想を受けて、芸術文化の府民への普及、鑑賞機会の提供のために、大阪府における舞台芸術文化事業の積極的な展開を求めるものでした[22]。提言を受け、「大阪府民劇場」制度が開始され府民への鑑賞機会の提供が図られました。「サントリー１万人の第九」がスタートする1980年代までの「大阪府民劇場事業」の展開は、２つの時期にわかれます（図表１-14）。第１の時期は、1950年度（昭和25年度）の制度の発足から、1962年度（昭和37年度）までの期間で、この時期においては、舞台芸術団体の自主公演のうち、大阪府が、団体の申請を受け、府民劇場として指定し、助成金を交付することにより、入場料の低減と府民の参加機会の拡充を図ろうとするものでした。事業分野のうち、音楽分野の順位は第２位となっています。「巡回」の項は、その他の部門がいずれも朝日会館、毎日ホール、文楽座など大阪市内における劇場、ホールでの開催であったのに対して、府域市町村の希望に応じて日常の鑑賞機会の少ない地域の学校体育館等で、映画鑑賞会、人形浄瑠璃公演、オーケストラ公演等を実施し文化の普及を図ろうとするものでした[23]。

第２の時期は、1963年度（昭和38年度）以降の、市町村と連携した府による自主公演の時期です。府が各年約20公演程度を企画し、各分野芸術文化団体、市町村と連携して、各地域で公演を企画、推進し、府民に無料で鑑賞機会の提供を図ろうとするものでした。そのなかでは音楽分野は最も多数と

[図表1-14]「大阪府民劇場」事業の公演分野

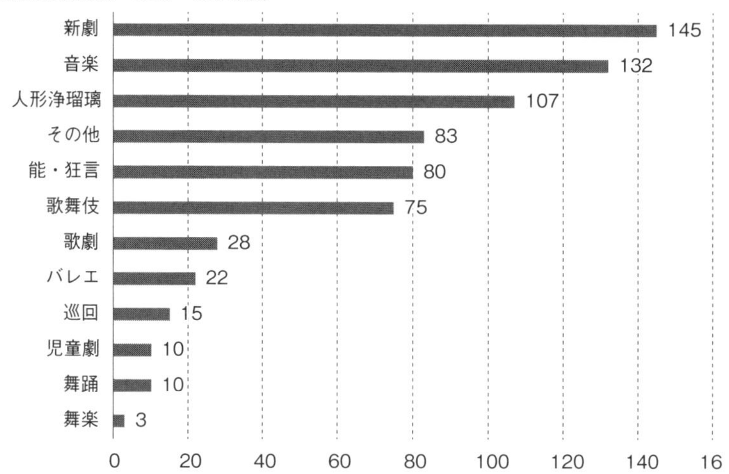

(自主公演制度期　1963〜1989年度)

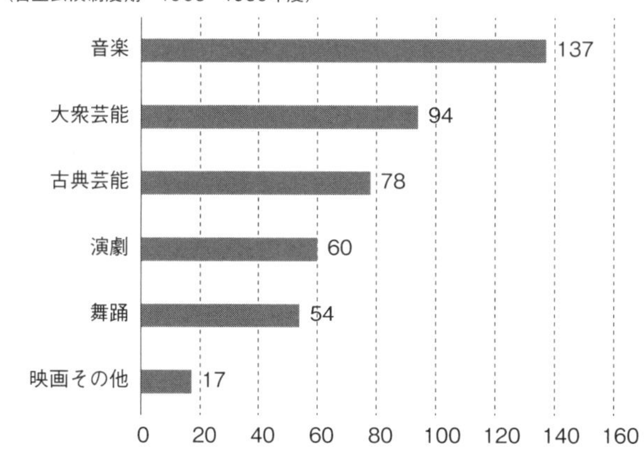

(出典) 大阪府企画部教育文化課[1968]ほかにもとづき作成

なっています。

なかでも1970年代における府域の各自治体での市民合唱団が参加する「第九」公演事業の増加は合唱音楽基盤の形成に大きな役割を果たしました。

朝比奈隆氏指揮の大阪フィルハーモニー交響楽団による「第九」公演には地域の市民により結成された合唱団が参加し、1971年(昭和46年)の堺市での最初の公演以降、豊中、東大阪、高槻、泉大津、枚方、池田、箕面、茨木などの各市で実施されていきました。

府民劇場事業は府と市町村文化施設（市民会館等）との共同事業として行われたことにより、公演企画や集客等の芸術文化事業実施ノウハウが市町村において蓄積されるきっかけとなり、市町村における自主的文化事業体制の充実に貢献しました。特に、「第九」公演については、府民劇場での公演がきっかけとなり、以降地域独自での市民参加の合唱団の形成と継続的な「第九」公演の展開につながっていきます[24]。

このような幅広い主体が参画による音楽文化事業の展開、「第九」演奏経験の積み重ねのなかで、地域の合唱愛好者の増加、合唱団体の発展がもたらされ、「１万人の『第九』合唱団」の基盤、合唱参加者の幅広い層が形成されていきました。

成果と展望

40年間に及ぶ「サントリー１万人の第九」の取り組みは大きな成果をあげてきました。

第１に、市民の音楽参加と創造という視点からみたとき、本事業は、１万人以上の世代、地域、職業、内外を超えた合唱参加者が参加、交流するわが国の唯一の音楽活動の場として大きな役割を果たしています。クラシック音楽愛好者の高齢化が進むなかで、本事業においては、若者層の参加も増え、次世代への継承が進んでいます。

１万人が参加する「第九」合唱という大きな音楽イベントは、職場や家族、地域の音楽団体など多様なネットワークを形成して、音楽愛好者、参加者の幅を広げてきました。情報技術の発展のなかで、音楽享受の幅がかつてないほど広がる一方で、直接的な触れ合いを求める人々のニーズも高まりを見せています。そのなかで、合唱音楽は、最も身近な楽器である「声」を活かして、１人ではできない音楽享受と創造の喜びを体感できる場としてかけがえない役割を果たしています[25]。

この取り組みの不可欠の基盤となったのは、会場である「大阪城ホール」をはじめとする大阪における公共、民間の文化施設群でした。文化活動の基盤形成においては、発表の場だけではなく、練習の場等の場の確保が大きな役割を果たしています。各地域における練習の場の多くは、自治体文化事業のなかで整備されてきた公共ホール等の文化施設です。それとともに、大阪都心部においては「大阪倶楽部」など民間の力により整備された文化施設も大きな役割を果たしてきました。

第2は、人々の音楽文化活動をサポートする参加・創造支援のネットワークの蓄積と発展です。市民の音楽分野への参加、演奏技術支援において不可欠の役割を果たす合唱指導者については、大阪における戦前期以来の音楽専門家、団体における合唱指導者の幅広いネットワークの形成が重要な役割を果たしてきました。「合唱連盟」、「フロイデ合唱団」、音楽大学等の音楽分野の専門団体、機関において形成、蓄積されてきた指導者が各地域における合唱団体、「第九」演奏指導の中心となり、参加する市民の音楽活動を支援していきます。本事業においては、次の世代を担う音楽指導者の形成も進んでおり、大阪における音楽文化の貴重な基盤となっています。

また、大阪府、市町村による地域の文化施設を活用した音楽、舞台芸術鑑賞事業は、地域における合唱音楽愛好者を育て、「第九」演奏の欠かせない基盤を形成してきました。各地域の「第九」公演、さらに、徳島や広島などでの「第九」公演にも合唱団員として参加するメンバーも多く、地域から全国につながる「第九」のネットワークが形成されています。

支援ネットワークにおいて重要な役割を果たすのが、事業財源を担う支援システムです。「サントリー1万人の第九」事業においては、事業財源は、参加者負担金、事業収入、サントリーを中心とするスポンサーシップにより担われ、基本的に自立した運営が可能となっています。

「第九」公演への市民の参加は、広くオーケストラ公演、クラシック音楽への愛好者、参加者を増やし、音楽文化団体の発展に寄与してきました。ボーモル等が示したように、オーケストラ等音楽、舞台芸術団体は、労働節約型革新の困難という制約から絶えず構造的な所得不足に直面しています。そのもとでは、観客の増加への努力と、音楽の社会的便益への人々の理解の普及と公共的支援の充実が求められています。大阪における「サントリー1万人の第九」公演の40年をこす事業の継続は、大阪の文化的都市格の向上、音楽人材の育成等の大きな役割を果たしてきました。

コロナ禍のもとで、他の音楽文化事業と同じく、本事業も大きな影響を被りました。例年それぞれの練習会場で実施される合唱練習は中止され、配信を通じた練習教材の活用による各人での練習体制がつくられ、本番の会場でのオーケストラ演奏にあわせて、各参加者の映像、音声が編集、統合され、「大阪城ホール」の現場ではライブと配信が融合した、かつてない「第九」演奏が実施されました。

この苦難の時期に培われた音楽配信ネットワーク技術は、将来の世界を結ぶ百万人の人々が参加する「第九」への大きな可能性を育てています。

40年間にわたりさまざまな課題を乗り越えてきた「サントリー1万人の第九」の取り組みは、世代、性別、地域、職業、内外を超えた幅広い交流を実現、人々の音楽文化分野を中心とした多面的な発達を促進し、都市文化創造の基盤となる文化資本の蓄積と拡大再生産を可能にしているという点で、大きな先駆性と可能性を有しています。

注

1 「第九」合唱への市民の参加についてドイツと日本の特徴を考察した矢羽々［2018］［2022］参照。
2 「1万人の第九」公演の発足について、大谷［1992］、サントリーオールド1万人の「第九」実行委員会［1983］、大谷［1992］、毎日新聞社［2016］参照。
3 大阪文化振興研究会［1974］［1975］、大阪府文化問題懇話会［1981］［1983］、本田［2005］参照。「大阪21世紀計画」の取り組みは、1981年4月に実施された、大阪府、大阪市、大阪商工会議所、関西経済連合会、万国博記念協会のトップによる「五者会談」における「大阪築城400年まつり」の開催合意を受けて、「まつり」を最初の山場として、21世紀に向けて大阪の経済、国際、文化等の新たな都市機能充実を図ろうとする「大阪21世紀計画」の検討とその推進組織として「大阪21世紀協会」の設立準備が進められました。「計画」は82年2月に策定され、「協会」が82年4月に発足しました（財団法人大阪21世紀協会［1982］参照）。
4 「大阪城ホール」建設の過程で特徴的なことは、施設構想からオープンまでの期間が実質2年強というこの規模の施設としてのスピードの速さという点です。「本来なら基本設計に1年、実施設計に2年、施工に1年の計4年を要する計画」が時間との闘いのなかで2年に圧縮できたとされています（財団法人大阪城ホール［1994］参照）。この背景には、当時の大阪において、行政、経済界の総力をあげた取り組みとしての「大阪21世紀計画」の推進という要請が存在していました。1983年9月、総工費106億円、延床面積3万6,200平方メートル、収容人員1万6,000人のホールが完成し、以降、音楽、スポーツ、展示会等の大規模イベント会場として活用されていきます。
5 NHK大阪放送局・70年史編集委員会編［1995］、NHK大阪放送局編［1983］参照。筆者は1950年代後半小学生時代に大阪放送児童劇団に所属し、当時のラジオ人気番組「お父さんはお人好し」や草創期のテレビドラマに出演していました。東京に負けない良い番組を創ろうというディレクター、スタッフの意気込みと、ラジオ公開収録での観客の熱い応援が記憶に残っています。
6 服部［1993］、菊池［2013］参照。
7 大阪フィルハーモニー協会［1997］参照。
8 Van［2000］参照。
9 企業のメセナ活動について伊木［2016］参照。
10 2017年ヒアリング。
11 「サントリーホール」建設のきっかけとなったのは、1982年（昭和57年）朝日放送による「ザ・シンフォニーホール」の開館を受けて、芥川也寸志氏をはじめとする音楽界からの東京にもクラシック音楽専用のホールをという強い要望であったといいます（松永［2019］参照）。

12 全日本合唱連盟［1967］、昭和期の合唱音楽の動向について、長木［2010］、戸ノ下［2011］参照。
13 全日本合唱連盟［1967］参照。
14 朝尾［1962］参照。発足時に朝日会館が果たした役割について長崎［2013］参照。戦前期から高度成長期における大阪のクラシック音楽文化状況について杉本［2019］参照。
15 佐々木編［1965］参照。
16 朝尾［1962］参照。石田他［2007］は1950年代に創作・既作を含めて関西地域がオペラの公演をリードした背景として大阪労音と大阪労演の果たした役割を論じています。
17 大阪フィルハーモニー協会［1997］参照。
18 1963年２月の例会後、会員参加の合唱団の設立への機運が起こり、桜井武雄氏を中心として、63年３月２つの合唱団が設立されました（佐々木編［1965］）。桜井氏は1953年には京都でショスタコーヴィッチのオラトリオ「森の歌」のわが国初演を行うなど関西の合唱運動の指導者として活躍していました。
19 全日本合唱連盟参加団体数は、1948年発足時の200団体から、「１万人の第九」開始年の1983年に2,616団体、2010年5,225団体と伸びていきますが、そのなかで、「おかあさんコーラス」団体数は、1983年640団体（24％）、2010年1,566団体（30％）とその比重を増大させています（戸ノ下［2011］参照）。
20 大阪における1970年代以降の地域文化団体の活動について、大阪文化団体連合会編［1979～2008］参照。
21「大阪府民劇場」制度について本田［2005］参照。
22「府民劇場」制度提案者の１人中村祐吉氏は、「昭和22年に文楽行幸のあった際、お供してみえた片山首相が『国ではいま国立劇場を建てる計画をしている。大阪でも東西呼応してやって貰えぬか』と、当時の赤間知事や私どもにすすめられたのが濫觴です。そこで、昭和25年に故大西利夫氏と私の名で『大阪府文化振興案（私案）』を知事に提出、採択され、その年の４月29日に、はやくも府民劇場の発会式が中之島の朝日会館で行われました」と回想しています（大阪府企画部府民文化室［1981］）。片山内閣における「国立劇場」構想については、「（昭和22年）総理大臣の委嘱によって、河竹繁俊、田村道美、森岩雄、藤原義江、土方与志ら30人からなる演劇文化委員会が発足した。同委員会の国立劇場に関する答申の内容は国会に上程される運びとなり、建設の機運も熟し、ようやく結実するかに見えたが、翌23年２月、片山内閣の瓦解によって、また、画餅に帰してしまった」（国立劇場［1976］）とされています。
23 制度発足の年、1950年度（昭和25年度）における「巡回公演」では、「映画」60か所、「松竹花形歌舞伎」11か所、「文楽人形浄瑠璃」８か所、「走るオーケストラ」13か所が実施されています（大阪府企画部教育文化課［1968］参照）。
24 府民劇場制度の提唱者であり、府民劇場運営審議会会長であった中村祐吉氏は、「ベートーベンの『第９シンフォニー』は、昭和47年度以降、年末恒例として定着してきており（中略）公演が終わった後も引き続いて地域の合唱グループのリーダーとして、あるいは自らの手で第９の公演を続けている地域が生まれるなど、府民劇場公演が契機となって、地域文化の向上に大きな効果をもたらしている」と述べています（大阪府企画部府民文化室［1981］）。
25 関西における近代西洋音楽の導入、オーケストラの創成期において指導的役割を果たし、朝比奈隆氏をはじめわが国の音楽家を育てたメッテルは、朝比奈氏によれば、つねづね、「批評家の力がなければ健全な芸術は育たない。大学から批評家、演奏家、聴衆をおくりだして、日本の国民音楽をつくる」と語っていたといいます（中丸［2008/2012］）。音楽演奏の専門家の育成と聴衆の音楽文化享受、創造力の発達支援を一体的に把握するという点で示唆的です。

第２章 シンガーソングライターの活躍

── アーティストと人々が創るライブの場

本章では、20世紀音楽文化の大きな特徴の１つとして「歌とバンドの時代」をみる視点から、大阪で活躍するシンガーソングライターの多彩で魅力ある音楽活動を取り上げ、その活動の基盤となる音楽文化資本、市民の音楽参加と創造の場の特色を探ります。人々がみずからのこころに根ざして歌を創る活動の意義、音楽活動の場であるライブの空間の特色を考察していきます。

1. 20世紀音楽文化の特色

20世紀は、西洋音楽の歴史のなかでの大きな転機の時代となりました。第１次世界大戦、ロシア革命、ナチスの台頭、第２次世界大戦という動乱を経て、世界経済、政治の中心はヨーロッパからアメリカへと移り、芸術文化、学術の面でも大きなシフトが生じます。

移民の国、資本主義発展の先端を行くアメリカを中心とするグローバルな経済、社会の発展は、20世紀の音楽文化の分野に大きな影響を及ぼしました。その主な特徴として３つの点、第１に技術革新の進展と音楽文化産業の飛躍的発展、第２に、音楽創造におけるグローバルな多様性の発展、第３に、市民、民衆の音楽活動参加を基盤とした歌とバンドの時代の到来、シンガーソングライタースタイルの発展、をあげることができます。ここでは、第３の特徴を中心にみていきます（年表参照）。

20世紀音楽の大きな特徴の１つが、人々が自ら歌をつくり歌うシンガーソングライタースタイルの誕生と発展、歌とバンドの時代の到来です。

19世紀、音楽享受の主体が教会、貴族から市民に移るなかで、「音楽参加と創造の場」の中核として、各都市において音楽ホールの建設が進められました。そこでの演奏会の中心はオーケストラと指揮者でした。その編成は古典派における２管編成からロマン派における３管、４管編成へと巨大化していき、マーラー『交響曲第８番「千人」』の初演（1910年、ミュンヘン）において頂点に達します。またコンサートにおける演奏曲においても、同時代に創造されたコンテンポラリーな作品に対して先達の作品が「古典」として演奏される比率が高まっていきました。

20世紀における音楽文化においては、「クラシック」音楽分野が音楽文化の発展のなかで重要な分野として展開されるとともに、他方でジャズ、R＆B、ロック、フォークなど多様な分野で、より小規模なミュージシャンの密接な相互の交流、協働を可能にする音楽創造のスタイル、同時代、コンテンポラリーな創造と享受のスタイルが多彩に発展していきます。

ドイツの音楽史家ベッカーは、1926年刊行のその著『西洋音楽史』において、西洋音楽の15、16世紀以降400年間の音楽史を振り返り、これまでの「和声的器楽」の展開は「極限」に達していると位置づけ、新たな音楽の方向をそこからの「還元的な運動」、「歌」のシンプルな表現への方向ではないかと論じました。[1] この視点は20世紀音楽の１つの方向、「歌とバンドの時代」への展望を的確に予言していたと考えられます。

20世紀音楽の特徴の１つであるシンガーソングライターの音楽スタイルは、アメリカで生み出された新たな音楽スタイルを中心に発展してきました。19世紀末から20世紀アメリカ南部において、ギターを手に、歌い手の生活の思いを歌うブルース音楽を源流として、弾き語りのスタイルは、フォークミュージック、ロックの分野を主に多様に発展してきました。[2]

ミシシッピー河沿岸の、綿花栽培に従事する黒人の厳しい生活のなかから、労働歌やゴスペルの伝統をうけて生まれたブルース音楽は、シカゴ等大都市に広がり、アパラチア山地を中心とする白人によって担われたカントリーミュージック等と影響しあうなかからアメリカの新しい音楽文化が創造されていきました。

さらに、これらの新しい音楽文化の創造は、20世紀における通信分野の画期的な技術開発（ラジオ、レコード、通信ネットワーク等）とあいまってグローバルな音楽普及につながっていきました。

アメリカにおける新しい音楽スタイルの創造は、20世紀において、ヨーロッパを追い越したアメリカの社会経済の発展、技術革新、生活スタイルの変化と一体のものでした。

シンガーソングライタースタイルの大きな特徴の1つが、歌い手、個々のシンガーによる創造的な活動の成果であるとともに、人々の共同体、生活し暮らす民衆のなかで育まれてきた音楽の伝統にも深く根ざしているという点です[3]。

ウディ・ガスリー、ピート・シーガーなど、新たなフォークミュージックの担い手となったシンガーにおいては、歌詞、メロディにおける民衆の生活、アメリカのアイデンティティへの志向がありました。

民衆の伝統の探求活動は、20世紀初頭以降の国民経済の発展、グローバルな大国への道を歩み始めたという自負を背景として、アメリカの「ルーツ」の探求という問題意識から進められたアパラチア山脈周辺地域の民俗音楽の収集と楽譜の編集を起源に持つといわれています[4]。1928年には、アメリカ議会図書館に「アメリカンフォークソングアーカイブ」が開設され、ローマックス父子をはじめとして録音機材を持った専門家が、各地域を取材し、民衆のなかに息づく各分野の歌を収集、記録、録音保存していきました[5]。

こうした民衆のアイデンティティの探求と1950年代、リズム＆ブルース、ジャズ、カントリーミュージックなど多様な音楽文化創造の融合のなかから生まれた新しい音楽スタイルは、1956年のプレスリー「ハートブレイクホテル」の大ヒット[6]、さらにイギリスにおける1962年ビートルズのデビューにより世界に普及し、20世紀音楽シーンの主流となっていきます。

ロック、フォークミュージックの発展のなかで、ボブ・ディランやビートルズの音楽スタイルは、自ら歌を創り、ソロあるいはギター、ベース、ドラムスを基本とする比較的小編成のバンドの形態で演奏するというシンガーソングライタースタイルの典型を生み出していきました。私たちが20世紀の音楽シーンを振り返るとき、1950年代から60年代、ほぼ世紀の半ばにおいて、音楽シーンの基本スタイルの風景の感覚が、それまでの分厚い音の世界からシンプルで力強いリズムを基盤とする風通しの良い世界へと大きく変化するのを体感します。

この新しい音楽スタイルにおいては、リズム、ベース、メロディの３つの役割を果たし「小さなオーケストラ」とされるギターが主役となり新しい音楽スタイルの世界を開いていきます[7]。

シンガーソングライタースタイルにおいては、詩と音楽がこれまでにない新しいスタイルで結合し、音楽世界を生み出していきました。ミュージシャンが生きる「私」の世界、「社会」の世界それぞれに歌の視野が広がり、これまでにない歌の世界が生み出されていきます。その代表が、ボブ・ディランでありビートルズでした。

音楽と詩の「新結合」は、バッハの『受難曲』、ベートーヴェン『第九』、ワーグナーにおける「楽劇」などそれぞれの時代の節目において、新しい音楽世界を切り開いてきました。20世紀における詩と音楽の結合による新たな音楽創造においては、市民の幅広い音楽参加を背景として、アーティスト自らの生活、自己の生活実感に根ざした詩の創造を通じて人間と社会の真実の探求、新たな表現を模索する取り組みが特徴的です。

わが国の音楽シーンにおいても、1970年代以降、世界の音楽シーンの影響のもとに、自己の生活に根ざして人間と社会の真実の探求と表現を模索する歌詞、メロディの創造への取り組みは、現代に至るアーティストの音楽創造のスタイルに大きな影響を与え続けています[8]。

1960年代以降、ロック音楽の分野におけるビートルズ、フォークミュージックの分野におけるピート・シーガー、ボブ・ディラン、サイモン＆ガーファンクルなどの活躍はわが国の学生など若い世代にも大きな影響を与え、新しい音楽シーンが生み出されていきます。

東京とならんでフォークミュージックの拠点となったのが大阪、京阪神圏でした[9]。60年代以降多くの歌い手が生まれ、中之島の市公会堂、天王寺音楽堂、京都の円山公園音楽堂などではフォークフェスティバルが開催され、市公会堂でのフォーク集会では、コンサート終了後も観客の熱気は収まらず、会場の外でも熱気ある演奏が続けられました。

関西圏におけるフォークミュージックへの思いの特徴の１つが、この時代の状況、アメリカにおけるベトナム反戦運動や人種差別に反対する公民権運動をはじめとする社会変革の動き、それと連携するピート・シーガーやジョーン・バエズなどの歌い手の音楽活動とその感性、情念への共感でした。

高石友也氏とともにフォークミュージックの担い手となった中川五郎氏は、フォークミュージックとの出会いについて、「1964年、ぼくが中学3年生のときピート・シーガーの『We shall Overcome』に出会ってからは、・・・何がうたわれているか—ことば、ことばのうしろにあるもの—そんな聞き方をするようになりました」。

「(彼の来日公演で『腰まで泥まみれ』を聞いて)これをきいてぼくは絶対にうたわなければならないとその日のうちに訳詞をつくり練習し、2週間後・・・第1回フォーク・キャンプ・コンサートで『腰まで泥まみれ』をうたった」と述べています(高石、岡林、中川[1969])。音楽活動のなかから、高石事務所によるインディーズレーベル「URCレコード」の発足など自らの音楽創造の個性を活かした新たな音楽流通のスタイルを求める取り組みが生み出されていきます[10]。

1969年から71年に岐阜県中津川で開催された「全日本フォークジャンボリー」には関西から岡林信康、高田渡、五つの赤い風船、中川五郎、高石友也各氏が参加、さらに、70年には六文銭、71年には吉田拓郎氏が参加、わが国におけるフォークミュージックの全国的な展開の画期となりましたが、このイベントは「中津川労音」の担い手を中心とする企画によるものでした[11]。メンバーであった笠木透氏は、ウディ・ガスリーがアメリカに生きる人々と大地を歌った『This land is your land』を思わせる、わが国の山河を歌う『わが大地の歌』を作詞し、フォークミュージックの1つの典型が生み出されていきます。

社会と人々の生活への強い関心のなかで発展したシンガーソングライタースタイルは、1970年以降、「いまはもうながすぎるコンツェルトなどきいているときではない…けがにんでせかいはうまっている」(『うた』」作詞山内清、作曲中川五郎)の音楽世界から、「人ごみに流されて変わっていく私」(『卒業写真』作詞、作曲荒井由美)の音楽世界へと、政治の季節から「私」の世界へと重心を移しつつ、人々のより幅広い世界、くらしを歌う、山下達郎、荒井由美、中島みゆき各氏、はっぴいえんど、ティン・パン・アレーなど新たな担い手によるニューミュージック、ポップス音楽、さらにロック音楽の分野での多彩なバンド活動の新たな発展が始まっていきます。新たな音楽の展開は、高度成長のなかで大きく変貌した都市の光景、感覚と深く結びついていました[12]。

こうした社会の動向と音楽シーンを取り巻く環境の変化のなかでも、ミュージシャンの自らの思いを託した詩とメロディの創造を通じて表現していくというシンガーソングライターの基本スタイルはわが国の音楽文化に定着して今日に至っています。

2. シンガーソングライターの音楽活動—ヒサ絵さん
——こころを結ぶ再生への祈り

大阪に蓄積された多様で幅広い音楽文化資本、「参加と創造の場」は、多くの特色あるシンガーソングライターの音楽活動の基盤となってきました。

歌は、詩（歌詞）と音楽の３つの要素（メロディー、ハーモニー、リズム）の結びつきから生まれます。ここでは、多彩なシンガーソングライターの音楽活動のなかから、特色ある詩（歌詞）の創造という視点からヒサ絵（ヒサエ）さん、リズムとダンスという視点からMISSIW（ミッシュ）さんという２人のシンガーソングライターの音楽活動を取り上げその特色をみていきます。

ヒサ絵さんの音楽活動は、シンガーソングライタースタイルの原点である自らの生活に根ざした新しい言葉、詞の創造とそれにもとづく新しい音楽世界を生み出していきます。またMISSIWさんの生み出す楽曲は、今日のポップスの大きな特徴であるダンスと一体となったエネルギーにあふれ魅力あるステージを展開しています。

２人のシンガーの音楽の個性、特色は異なりますが、その演奏活動は若者から中高年世代まで幅広い年代の人々のこころを結び、生きる力をはげますとともに、参加と創造の多様な場、空間づくりにも積極的に取り組み、魅力ある音楽創造の場を生み出しているという点で共通のものがあります。

人々の足をとめ、こころをゆさぶるそのよく響く声。ヒサ絵さんは、大阪を中心として近年ではその活動の輪が名古屋、東京、横浜、北海道、広島と広がり活躍するシンガーソングライターです。

子どものころから歌が好きだったというヒサ絵さんは2009年（平成21年）にデビュー、大阪での演奏を活動の中心として東京、全国へと活躍の舞台は広がっています。

ヒサ絵さんの音楽活動の特色は、第１に、ひとの心を深くうつ自らの作詞作曲による歌の魅力、第２に、多様な音楽の場を自らプロデュースし、人々を結んでいくネットワークの力にあります。

幅広い歌の世界の創造と人々の共感

ヒサ絵さんのライブに初めて参加した者に最も印象的なことは、彼女の歌の世界の幅広さ、切実さと歌に聞き入る聴衆のひたむきな姿勢です。

ヒサ絵さんの歌の魅力の土台にあるのが彼女の幅広い感性のアンテナから生まれる歌詞の世界の広さ、聴き手のこころに触れ合う領域の幅広さです。歌が取り上げる世界は、音楽の師との思い出、届かぬ恋、母への想い、認知症の家族への想いなど幅広く、彼女の歌の世界は聴き手のこころと響きあうことを通じて人々のこころを惹きつけます。その歌の魅力をより高めているのが、ギタリスト、キタオヒ◇ユキ（ヒロユキ）氏の豊かな響きとキレの良いリズムのギターによるサポートです。

ヒサ絵さんの歌の創造の原点の１つとなったのは彼女を音楽の世界に導いた音楽事務所の社長との出会いとその死による別れでした。その方は40代後半という人生の半ばで倒れ、ヒサ絵さんは人生の残酷さ、不条理に直面します。

彼女の代表曲の１つである『祈り』のなかで「ねぇ　どうして世界は笑わないのだろう　ねぇ　矛盾にも世界は美しいのだろう」と表現される、この人生の美しさ、かけがえのなさと同時に存在する運命の残酷さ、不条理性という主題は、多くのヒサ絵さんの創作曲に、くりかえし形を変えつつ表現されていきます。

ヒサ絵さんは、ライブの場でしばしば、自分を音楽の世界に導いてくれた音楽の師との別れが自分の創作の原点ということを口にし、また、それにゆかりの場所を大切にしています。その１つの場所が、東大阪市の東部、生駒山系の高台日下にある池端の桜並木です。この場所は、彼女を音楽の道に導いた師との最後の花見の思い出の場であったそうです（図表2-1）。

ヒサ絵さんの歌は、この自らの「痛み」をふまえて、より幅広い人々の多様な現実、そこでの人々のこころへの共感を広げることを通じて、その歌の世界を広げていきます。

『祈り』の世界、人々が世界の不条理に直面しながら魂の交流と再生を求めていく姿は、多くの曲に形を変えてあらわれます。

[図表2-1] ヒサ絵さんライブ光景（東大阪市日下）

（出典）筆者撮影

若い2人の短い共同の生活風景を歌った『愛の物音』のなかで歌われる「君といた時間」「私のはしゃぐ声」、また、『ひだまりのなかで』のなかでの「少し汚れたものを抱いて　ひだまりに泣く」などのさりげない言葉、あるいは『夕焼けグッバイ』での夕焼けに染まる歩道橋の情景が、それぞれの聴き手のそれぞれの体験と情感と響きあい胸に迫ります。

この矛盾の生、人生のただなかでヒサ絵さんの歌は響きます。解決のない矛盾を生きるなかで、その歌は生きることの苦しみや悔いを浄化し美しい思い出にと変えていきます。苦しみそのものはなくすことはできませんが、この人生をそれでも生きていく力をその歌は人々に与えてくれるのです。

詩の世界の広がりと新しい音楽創造

シンガーソングライターの音楽活動の大きな特徴の１つが、音楽の創造における詩の果たす大きな役割です。1960年代の新しい音楽創造の担い手となったボブ・ディランやビートルズにおいて、新しい世界を示す歌詞と曲の創造は一体のものでした。

ヒサ絵さんの音楽創造の大きな特徴の１つが、幅広い人々の生活と世界への関心に基づいた新しい詩の創造とそれにもとづく曲づくりです。ヒサ絵さんは曲づくりにあたって「歌詞の言葉をなめるように」歌うということを常々語ります。曲づくりとは、ある１つの世界、１つのイメージに対して作曲者が感じる情感を、旋律、和声、リズム、それぞれの視点から、１つの作品世界の中に具現化しようとする試みです。ヒサ絵さんの幅広い世界を歌う新しい歌詞、新しい情感が新たなメロディを生み出し、多様で魅力ある曲の創造につながっていきます。

『わすれもの』は、ヒサ絵さんがライブでしばしば歌う曲の１つですが、そこでは母親との関係が歌われています。家を出るとき口うるさい母に反発し駅に向かうと傘を持って母親が追いかけてきます。反発しながら電車のなかで痩せた母の背中を思い出し歌う「雑音に埋もれながら電車のなか悪く思った」という反省。この肉親とのアンビバレントな思いを巧みに表現する歌詞も多くの聴き手が共感する世界です。母や家族の当時は気恥ずかしく邪険に対応した心遣いが、いまとなってみると、その大事さ、かけがえのなさに改めて気づかされ、もっと丁寧に対応すれば良かったという後悔、悔やみは多くの人々に共感の輪を広げます。

また、『忘れてもいいよ』では、認知症を持つ家族への心遣いが歌われます。言葉が通じず、自分を忘れてしまった家族、しかしかつて自らを慈しんでくれたその手は変わらずにここにある、そのつらい現実に直面した悲しみを歌う歌は、ライブ会場でこの曲に出会った聴き手のこころに響き、その足を止めます。

このヒサ絵さんの歌づくり、歌詞と楽想の創造の過程を考えるとき、思い起こされるのが、磯山雅氏によるバッハ『マタイ受難曲』における詩との関わりという視点からみたバッハにおける楽想の創造の独自性への指摘です。

そこで磯山氏は、当時の主流であった作曲技法、歌詞の１つひとつの言葉（「喜び」「幸運」等）が生み出す「情念」（アフェクト）からそれに呼応する楽想を生み出していくという作曲技法をバッハは超えて、より幅広い歌詞のつながり、意味連関の広がりから楽想を創造していったという特色を指摘しています（磯山［2019］参照）[13]。

この指摘は、ヒサ絵さんにおける詩と楽想の創造の過程の特色、言葉そのものが示す情景だけではなく、その背景にあるより深いひととひととの結びつきもふまえた楽想の創造という特色とも響きあっているように思われます。

ヒサ絵さんの『祈り』や『忘れてもいいよ』に代表される曲を、静かに、時には目をつぶり、歌の世界に共感し、涙を流して聴き、こころが結ばれていく参加者のすがたを見るとき思い起こされるのが、ベートーヴェン『交響曲第９番』第４楽章のシラーの詩の一節です。“Alle Menschen werden Brüder, wo dein sanfter Flügel weilt（あなたの優しい翼のもとですべての人々は兄弟となる）”は、ヒサ絵さんのライブの雰囲気を象徴する１つの言葉といいうると思われます。

交流の場と音楽創造の場のプロデュース

ヒサ絵さんのライブ活動のもう１つの特色が、多様な音楽と交流の場の設定、個性あるライブの場を選び、プロデュースする企画力にあります。

地域のなかの多様な空間がヒサ絵さんの音楽の享受の場となり、人と人が結びつき、その試みが地域の新たな魅力を引き出すことにつながっていきます。

特徴的なライブの空間の１つが、枚方市の「圓養寺」でのライブです。

「圓養寺」は枚方市の京阪光善寺駅から徒歩５分のお寺。本堂の空間でライブが行われます。良く響く空間で、夏にはセミの声や夕立の音が混じり季節感あふれる会場です。ここでも、ライブと前後して、「カレーライス」やお菓子、大晦日の年越しライブでは「ぜんざい」「豚汁」がふるまわれ、懇談。ライブの後は、近隣の方々に続き除夜の鐘を突かせていただき、アーティストとともにファンが１年を締めくくる良き思い出となります。

ライブの場としてはおそらく最も少ない定員（10名弱）の空間が、東大阪市布施の日本茶のお店「萬緑園」です。お店の店頭の空間と居間でのライブ。玉露、玄米茶など色々なお茶の飲み方を教えていただき、飲み比べながら店の季節の手料理をいただくというお茶会にヒサ絵さんの歌もという贅沢な催しです。時には、ファンがオープニングアクトとして歌うなど、親密な空間のなかで、こころと身体の両面を癒す場となっています。

同じく布施の珈琲店「時代屋」もしばしばファンが集う場です。ヒサ絵さん手作りのおにぎり、カレーを食べながらのファンミーティング、サポートのキタオヒ◇ユキ氏によるギター教室などが行われます。

ヒサ絵さんのライブ企画の場に共通するのは、地域の多様な資源を活かした手づくり感であり、人々の密接な交流を体感できる場の創造という点です。その機会にあわせて、彼女のネットワークのなかでのひととの出会いをより幅広くつないでいくという彼女の音楽創造の姿勢が基礎におかれています。

2019年、10周年を記念した初の東京銀座でのワンマンライブを成功裏に終えたヒサ絵さんは、2020年をさらなるステップアップの年として位置づけていましたが、コロナウイルスの感染拡大は、多くのライブなどイベントの中止、延期をもたらしました。

そうした厳しい環境のなかでも、新しい試みとして毎週のネット配信「ツイキャス」を活用した「ヒサラジ」の試み、梅田や名古屋など新たな場所でのライブの実施と配信、キタオヒ◇ユキ氏との新ユニット「23°喫茶」の結成と新アルバムの制作などの積極的な取り組みを通じて、首都圏でのワンマンライブの開催や広島平和公園でのライブなどヒサ絵さんの音楽活動は活発に引き続き展開され、多くの聴き手に感動を与え、人々の生きる力を励ましています。

（参照：https://hisae.net/）

3. シンガーソングライターの音楽活動─MISSIW(ミッシュ)さん
── 生きるエネルギーを生むステージ

MISSIWさんのステージを観る者は、すぐにそのパワフルな歌とダンスに惹きつけられます。ダンスビートの力強いリズムに乗った歌とステージをフルに使ったダンスの迫力は、聴き手を彼女の音楽の世界に巻き込んでいきます。

MISSIWさんの音楽活動の特色は、第1に、自らの作詞作曲によるリズミカルでパワーあふれる曲の魅力、第2に、ライブの場での迫力あるダンスと一体になった観客の参加、第3に、多様な音楽の場、ライブ公演を自らプロデュースしていく企画力、多様な音楽家、事業者とのネットワークの力にあります。

パワフルな歌とダンスの力

MISSIWさんは、2009年（平成21年）のデビュー以来のキャリアを有し、東京を拠点としつつ、大阪、関西をはじめ全国にその活動の幅を広げているダンス・ポップ系シンガーソングライターです。

彼女は、当初、音楽の分野では作詞家をめざしていたといいます。

「3歳のときからバレエを習い、中学生の頃から作詞家になりたいと思っていました。自らの詩、歌詞を聴いてもらいたいという思いから、自分でメロディをつくることに発展し、さらに人々を惹きつけるためにはダンスも必要というかたちで私の音楽の世界が広がっていきました」と語ります。

MISSIWさんは好きなアーティストとして、わが国では安室奈美恵さん、

MISIAさん、中島美嘉さん、海外ではビヨンセ(Beyoncé)、アヴリィル・ラヴィーン(Avril Lavigne)などをあげています。彼女たちのパワーあるリズム、こころに響く声、エネルギーあふれるダンスなどが、MISSIWさんの音楽にも受け継がれているのを感じます。クラシック音楽ではチャイコフスキーやショパンに惹かれるといいます。

MISSIWさんの音楽創造は、ひたむきなこころを歌う歌詞、バラード系のメロディを軸とするファーストアルバム『Love Gradation』から2013年リリースのセカンドアルバム『Infinity』へと発展していきました。

デビューのきっかけについて、「レコードレーベルのアーティスト募集があり、その時に作っていた楽曲のデモを出したところプロデューサーの眼にとまりCDリリースが決定しました」とMISSIWさんは語ります。

セカンドアルバムではパワフルなビートと力強いメロディに乗せて歌詞を力強く訴える彼女のスタイルが確立されていきます。セカンドアルバムに収録された『Generation』『Destiny love』などの曲は、現在も最近の曲とあわせて彼女のライブの主要なレパートリーになっています。

セカンドアルバムで確立されたMISSIWさんの音楽世界は、2016年の『KIZUNA』さらに2018年の『ZERO』、2019年の『Revolution』へと、新たな展開、世界の広がりを示します。そこでは、愛する人との別れの悲しみ、この人生を生きることへの強い意志、新しい世界へのチャレンジ、聴き手へのはげましが訴えられます。『KIZUNA』での曲作りの新たな世界への広がり、そのきっかけとなったのは、MISSIWさんによれば愛する母親との突然の死による別れでした。

『KIZUNA』では、親しい人との痛切な別れが「時は無情に過ぎ去る　もしも願いが叶うのなら逢いたいよ」と強い願いを呼び起こします。愛する人との「KIZUNA」は何があっても消えず、「僕のなかで生き続けている」と聴き手のこころに呼びかけます。

『ZERO』では、その生きることの大事さ、かけがえのなさが、より普遍的なかたちをとって聴き手に呼びかけられます。この人生を精一杯生きよう、「この世に生まれてきたこと、必ず意味があるから」「キミが生きた証をありのまま残せばいいのさ」。おそらく若い世代よりも中高年の世代に言葉がより響く歌詞となっています。こころからこころへの強い呼びかけが、パワーあるリズムとメロディ、こぶしの連打のようなダンスの迫力と一体となって聴く人のこころを励まし人々を勇気づける歌です。燃えるエネルギーがあふれる歌とダンスが中高年世代の生きる力を励まします。

さらに、『Revolution』においては、与えられた人生を生きるより積極的な姿勢が強く打ち出され、「夢と現実の境界線」を超えていく新しい人生へのチャレンジが訴えられます。2021年（令和３年）の『MISSIW MANIA』では、これまでの曲にダンス・ポップの新たなアレンジが行われて収録されています。

こうしたMISSIWさんの音楽世界の展開のなかで、その重要な特色の１つが、迫力あるリズムを土台とする曲づくりと、演奏の場でそれと一体となって発揮される彼女のエネルギーに満ちたダンスの力です。

作曲家伊福部昭氏は、音楽の原初の姿においては、音楽の３つの要素（メロディー、ハーモニー、リズム）のうち、リズム（律動）が最も根幹にあると指摘していますが（伊福部［1951/2016］）、人々のこころ、情感の根源にあって人々を駆り立てるリズムの力をMISSIWさんのライブは強く感じさせます。

西洋音楽は、それぞれの時代において、リズムの力と強く結びついて発展してきました。身体とこころを動かすリズムの力は、ベートーヴェンの『交響曲第７番』や19世紀末ニューオーリンズにおけるマーチングバンドの心動かすリズムの力を受け継いだジャズの創生など、それぞれの時代に音楽の力を新たに蘇らせる源泉となってきました。

20世紀はダンスの歴史において大きな発展の時代となりました。19世紀の宮廷、劇場におけるバレエの伝統が受け継がれつつ、20世紀初頭活躍した「変化する自然の生命を踊る」イサドラ・ダンカンや、1913年のロシアバレエ団による『春の祭典』の初演はダンスの世界を大きく広げ、モダンダンス、タンゴ、ディスコ、ヒップホップなど多様なダンススタイルが発展し、人々の生活実感、生活リズムに即した音楽創造のスタイルを生み出し、現代の音楽に大きな影響を与えています[14]。

わが国における近年のポピュラー音楽シーンにおいても、「ヒップホップ」の流行、1983年の映画『フラッシュダンス』のヒットによるブレイクダンスの普及などを受けて、多くのアーティストにおける演奏活動での歌と一体となったダンス表現が一般的になっています。また、電子情報機器の発展を背景としたDAW（Digital Audio Workstation）の活用は多様なリズムを活かし強調した魅力ある楽曲を生み出しています。

今日のポピュラー音楽におけるリズムとダンスの力を強調する音楽創造の流れのなかで、3歳からバレエを習ったというMISSIWさんのステージの動きのなかには、ライブのどの瞬間、瞬間においてもその瞬間の音楽のリズムが凝縮されているのが感じられます。ステージ上のMISSIWさんの動きにあわせ、フロアに集う観客がリズムに乗って音楽に参加し身体を動かすなかで、人々のこころのエネルギーが高まり、互いの一体感が強まっていきます。

[図表2-2] MISSIWさんライブ光景（大阪京橋）

（撮影）デジさん

リズムの力は、若者だけではなく、中高年世代にとっても、ライブに参加するなかで、その生きる力、エネルギーの充実につながっていきます。MISSIWさんのライブでは聴き手がその曲に参画していくという視点から、歌に先立って、ダンスの振りつけの練習指導がいつも行われています。リズムに乗った動きを通じて、聴き手を歌の世界に導き音楽の力を体感してもらうという強い思いが伝わってきます。

歌にあわせて身体を動かすことを通じて音楽と一体となり、歌い手と観客のこころが結ばれていきます。歌とダンスという人間の生きること、活動にもっとも密接した活動が人々のこころをひらき生きるエネルギーを高めていきます。

参加と音楽創造の場をつくる

MISSIWさんの音楽活動のもう1つの特色が音楽仲間をコーディネートし、新たなライブの場を生み出していくライブの企画者、音楽プロデューサーとしての活発な活動です。

MISSIW企画によるライブは、東京六本木のライブハウスや東京タワー大展望club333はじめ各地のライブハウスを場として行われてきました。

MISSIWさんは、音楽分野についての幅広い知識、経験と仲間のアーティストから慕われる包容力ある人柄の魅力によって若手から中堅まで出演する個性的なミュージシャンの選定、出演交渉、広報などライブ企画を行うとともに、自身、メインの出演メンバーとして活躍しています。

また、その幅広い音楽性は、地域おこしと音楽の関わりの分野でも発揮され、愛媛県の特産品を広報する役割を担って子どもたちにもアピールする楽曲、愛媛の食育ソング『ガブッといっちゃって！』を創作、各地で開催される愛媛物産展でも広報を担っています。

コロナウイルスの感染拡大は、各地域のライブ会場でのイベントの大幅な中止、延期をもたらしましたが、新たな地域でのライブの開催など次年度への展望を積極的に語り活動を展開しています。

2021年（令和３年）の12周年記念ライブでは『Eternal』が歌われました。力強いリズムに乗せて「絶望は希望のうらがえし・・・かけがえのないいのち・・・君のこころを守りつづける」と歌う曲は、コロナ禍のもとでも、つながりのなかで未来に向かって歩もうという彼女の音楽創造への思いを象徴したものとなっています。さらに2023年（令和５年）には、新曲『Unknown－キミの世界はまだ終わらない』が制作、発表されました。

歌とダンスの力で人々に生きる力とよろこびを伝え、励まし、人々を幅広く結びつけていくその音楽の魅力と音楽活動のエネルギーは広がりを増しています。

（参照：https://www.missiw.com/）

4. 音楽活動の特色

シンガーソングライターの今日の音楽活動について、その特色として３つの点、第１に、演奏の場、ライブの空間が演奏者にとっての協働と創造の場となっていること、第２に、ライブの場は、参加する聴衆にとってアーティスト、聴衆の仲間などとの交流と新たな音楽体験の場となっていること、第３に演奏の場、空間が施設内にとどまらず、都市空間へより多様性をもった広がりを示していることがあげられます。

アーティストの協働と創造の場としてのライブの場

第１の特色は、演奏の場、ライブの空間がアーティスト、演奏者の協働と創造の場として、新たな音楽文化が創造されていく働きです。

シンガーソングライターの演奏においては、作詞家、作曲家としての作業から生み出される楽曲に、ライブの場における参加ミュージシャンによる相互作用のなかから新たな要素が加わり、一体となって新たな音楽創造がなされる場合が多くみられます。ジャズ演奏においては、しばしばコード進行のみが記載された楽譜に基づいて、ピアノやベース、ギターなどがそれぞれのフレーズをアレンジし、インプロビゼーションが進行していきます。

麻倉［2021］は、東京銀座に立地するスタジオ「音響ハウス」の事例考察において、スタジオという空間に、アーティスト、作詞、作曲家、エンジニア、ディレクターなど多彩なプロが集うなかで、「思いもしなかった核融合現象」が起きることを論じ、松任谷正隆氏の発言を引用しています。

「うちで打ち込み（DAWを活用した作編曲活動：筆者）をやっている間は、奇跡は自分のなかでしか起こらない。でもここ（スタジオ）では・・・バックとのセッションでも、歌入れでも起こる。自分の枠を飛び出したいと思ったら、スタジオに行きなさい」。

先にみたヒサ絵さんの場合では、ライブの基本形態は彼女単独のギター弾き語り、もしくはそれにサポートギターのキタオヒ◇ユキ氏が加わるスタイルですが、ライブの場、CD制作の場では、時によりピアノとのジョイント、チェロ、ヴァイオリン、フルート、ベース、サックス、ドラムス演者の参加など多様な演奏形態が試みられています。

MISSIWさんのライブにおいても、基本形は制作された音源による歌唱ですが、バンドライブなどでは、ギター、ベース、ドラムス、ピアノなどが加わった形態により、より迫力ある低音、力強いリズムが生み出され、彼女の歌とダンスの魅力を一層高めていきます。

この多様な共演者の構成は、アレンジの多様性、演奏者によるインプロビゼーションを生み出し、楽曲が持つ魅力がより多様に展開され観客へのアピールが一層強まっていきます。

観客とアーティストの協働が生み出す音楽空間

第２に、シンガーソングライターのライブ音楽活動におけるアーティストの音楽活動とファンとの強いつながりについて。ライブ音楽の場においては、マスコミュニケーションを通じた受け身の鑑賞と異なり、アーティストとファンがともに音楽空間を創造していく協働への志向が特徴的です。

アーティストの演奏において、その曲ごとの適時のオリジナルのかけ声、ウエーブ、手の振り、ジャンプ等のアクションによる演奏支援は、ブルースやゴスペル、遡れば『マタイ受難曲』等におけるソロと合唱とのコールアンドレスポンスの現代における再生であり、演奏者と観客の音楽の共同体の確立ということができます。

その他の活動も次のように多様ですが、その基本にあるのはライブ等の場でのアーティストとの交流、ファンとしての共同性を相互に確認する活動として捉えることができます。

- ファンミーティングなどによるアーティストとの交流
- クリエイティブ・ファンディングなどを通じたアーティストの楽曲制作、CD、MV制作などの創造的な活動支援
- 「ツイキャス」「YouTube」などソーシャルメディアの活用によるファンとの情報交流、「お茶爆」などによるサポート、活動支援
- 「推し」のアーティストの名前を含めた「チーム○○」「○○○隊」「○○宣伝部」などファングループ名と鉢巻き、Ｔシャツ、サイリウム等の統一

インディーズ分野においては、アーティスト自身による企画ライブとして、自らのオリジナル曲を収録したCDの発売を記念し普及を図る「デビュー○周年記念ライブ」「レコ発記念ライブ」や「バースディ記念ライブ」などが多く活動の節目のライブとして行われますが、それらの場において、ファンの多様な形態での参画を通じて、アーティストとの一体感、他のファンとの連帯感、自らの音楽創造への参画の実感が体感されていきます。

観客にとって、ライブハウス、ライブ空間をつうじた生の音楽の場への参画という形態が魅力あるものとして受けとめられています。日々のライブの場で、聴き手は、ファンとしての一体性を体感し、楽曲の鑑賞、享受への参加

を通じて、デジタルな音楽鑑賞では享受できない音楽体験とアーティストとファンとのつながりを創造していきます。

こうしたライブの場、空間における参画意識、充実感が、デジタル化による情報財としての進化、享受形態の発展のもとで、LPレコード、ターンテーブルなどかつてのアナログ媒体への志向、音質へのこだわりとともに、それと並行して、私的空間での受け身の享受から、参加の音楽空間へのニーズ、ライブ空間へのニーズが高まりを見せているその背景となっています。

グローバル化のもとでの欧米の音楽市場の動向を検討したチムックは、2014年においては、「ビルボード」誌のトップ10アーティストは収入の80%をコンサートから得ており、またドイツの音楽市場では、1985年に「レコード市場」が2,850百万ユーロ、「ライブ市場」が2,450百万ユーロであったものが、2014年には「レコード市場」が1,477百万ユーロと大きく減少し、他方「ライブ市場」は2,800百万ユーロと増加し、両者の比重は逆転したと指摘しています[15]。

わが国においても音楽創造との直接の触れ合い、体験、参加へのニーズが高まっています。中高年世代における合唱等への参加、若い世代におけるバンド活動、吹奏楽など参加する音楽活動の活発化、ミュージシャンの演奏を身近な生の空間で楽しむライブの場が発展しています。

こうした直接的に音楽と触れ合う体験へのニーズの高まりは、音楽コンサート参加者の増加につながっており、[図表2-3] に見られるようにコンサート入場料収入は、2010年代で1,500億円代から2019年の4,237億円へと大幅な伸びを示し、うち8割強がポピュラー分野となっています。

2020年（令和2年）以降の「新型コロナウイルス」の世界的な感染拡大は、ライブの場における音楽活動に大きな影響をもたらしました。劇場、ホール、ライブハウス等の活動は、停止、縮小を余儀なくされ、市場規模が8割以上の落ち込みを示しアーティスト、音楽団体の活動は大きなダメージを受けています。こうしたなかで、音楽家、音楽団体においては、情報通信技術を活用し、配信を通じて市民に音楽鑑賞機会を提供する取り組みが行われつつあります。これらの試みは、市民の音楽鑑賞機会とアーティストの就業機会を確保するうえで貴重な取り組みとなっています。

今後の展望はまだまだ不透明ですが、2023年（令和5年）の実績では「ライ

［図表2-3］ わが国におけるコンサート入場料収入の動向（2010年代以降）（億円）

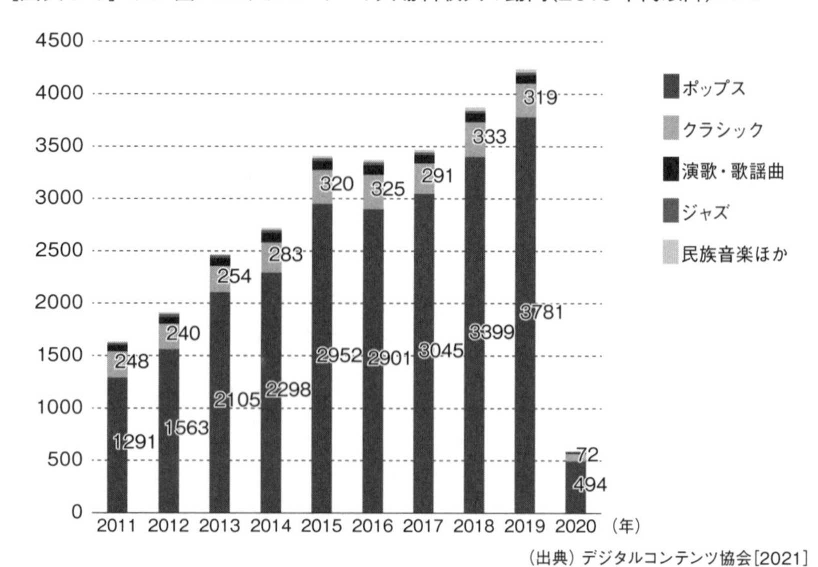

（出典）デジタルコンテンツ協会［2021］

ブの場、空間」の復活の傾向が見られ、ここでみた一方での通信ネットワーク技術の進展による情報配信を通じた音楽鑑賞機会の飛躍的拡大、他方でのライブと音楽活動への参加志向の増大の並行的発展という２つの大きな方向は変わらないものと考えられます[16]。

アーティストと観客のつながりの強さは、とくにインディーズ系アーティストの持続的な音楽創造的な活動の追及にも大きな役割を果たしています。インディーズ系における活動の自立性、自由度の高さは、反面で、安定した収益確保、生活基盤、音楽活動基盤の弱さにつながり、アルバイト、家族の支援への依存など、中長期的な音楽活動の安定性への課題を有していますが、最近の特徴であるクリエイティブ・ファンディングの活用などを通じたアーティストのCD、MV制作等の創造的な活動支援の動きの広まりはアーティストの持続的な創造的な活動を支援していくうえで効果を発揮しています。

演奏の場、空間の多様な広がり

第３に、演奏の場、空間の多様な広がりについて。ライブの場、空間は、近年アーティスト、地域づくり活動、自治体などのプロデュースにより個々の店舗、ハウスからより広い地域の多様な場、空間へと広がりを見せています。ヒサ絵さんの取り組みでは、お寺やお茶のお店など地域の特色ある文化資産が活かされ特色あるライブの場を生み出していました。

今日、ライブの音楽空間、モラスキーの述べた、演奏者と聴衆が一体となる「生きた創造の共同体」という音楽の場は、地域の都市空間という「面」へ、パブリックな地域空間へと広がりを見せています。ライブの場は、ライブハウスや飲食店、ホールなどからより幅広い都市空間のなかでの市民の音楽参加と創造の場への広がりを見せはじめています。大阪においても、一方でコロナ禍のもとで従来のライブハウスの閉店など「縮小」の状況がみられるとともに、他方では、梅田、道頓堀などで新たなライブの場が開始されるなどの広がりを見せています[17]。

5. シンガーソングライターを支える都市文化空間、音楽文化資本の集積

シンガーソングライターの音楽活動は、自ら作詞作曲し、歌うミュージシャンとして、その演奏スタイルは多様ですが、ギター、ピアノなどの弾き語り、これにベース、ドラムス、管楽器等が加わったバンドが一般的な演奏形態です。近年は「Cubase」などDAW (Digital Audio Workstation) により制作された「音源」を活用した演奏の形態も多く見られます。

音楽活動の参加と創造の場は、メジャーな場面でのマスコミや大規模ホールでの活動、ライブハウス、飲食店、ストリート、屋外音楽イベントなど多様です。

その音楽活動は、楽器店、レコードショップ、楽譜店、放送局等の音楽文化関連産業、音楽文化基盤と聴衆も参加する創造支援ネットワークによって支えられています。そのなかで若者が楽器演奏に親しむ最初の機会として学校教育における吹奏楽、バンド活動は大きな役割を果たしています。

フォーク、ロック、ジャズなどポピュラー音楽の分野における音楽文化活動の基盤となっているのが、音楽ホール、ライブハウス、楽器店、ミュージックスクールなど音楽文化資本の地域への集積が生み出す音楽文化都市空間です。そこでは、音楽家、音楽文化関連産業間での情報共有、多様な専門

スタッフの活動が活発な音楽活動を支えています[18]。

ここでは、大阪においてポピュラー音楽分野の多様な音楽文化資本が蓄積されてきた大阪の「ミナミ」地域の姿をみていきます。

1）「ミナミ」―「道頓堀」を軸とする音楽文化都市空間の形成

大阪の「ミナミ」地域は、江戸期以来、演劇、音楽の分野を中心として多様な文化資本が蓄積されてきた都市文化空間です。その特徴の１つが大阪を代表する水系、「道頓堀」を軸として形成されてきた点です[19]。

「水系」は都市の自然基盤として都市の文化的環境の形成に大きな役割を果たしています。パリにおけるセーヌ川、ウィーンにおけるドナウ川など、文学、美術、音楽などの分野で都市の文化創造の源泉として大きな役割を果たしてきました。

「道頓堀」は、1612年（慶長17年）安井道頓により開墾され、豊臣期大坂城の外堀としての機能を持った東横堀川と西横堀川を結び市内を一巡する水系の要となり、以降大阪の商業、水上運輸の軸となり、その沿岸には、歌舞伎、文楽、演芸等劇場が集積しました。左岸には芝居小屋が集積し最盛期には12の劇場が活動していたとされています[20]。1703年（元禄16年）竹本座で上演された近松門左衛門「曽根崎心中」は、わが国における文楽、浄瑠璃の発展の出発点となりました。

道頓堀界隈は、近代以降、伝統音楽の基盤のうえに、近代西洋音楽の発祥地としても発展していきます。江戸末期、明治期以降には「浪速座」「中座」「角座」「弁天座」「朝日座」の「道頓堀五座」が軒を並べて賑わい、1920年（大正９年）の道頓堀南岸には、江戸期以来の伝統を持つ劇場に加えて、芝居茶屋、鰻、寿司、麺類など大阪の食文化を代表する名店、喫茶、カフェ、楽器店などが店を連ねていました（橋爪［2003］）。

1923年（大正12年）には「松竹座」が開館し、歌舞伎、文楽、新派、新国劇、歌劇団、映画など多様な舞台芸術、音楽の拠点として、府民の娯楽の中心エリアとなっていきました[21]。楽曲では、1928年（昭和３年）には「道頓堀行進曲」が大ヒット、ニットーレコードから発売され、「松竹座」を本拠地とした「OSK日本歌劇団」（1922年設立）により1930年（昭和５年）上演された「春のおどり」で演奏された「桜咲く国」（岸本水府作詞、松本四郎作曲）は、戦

[図表2-4] 本章でみる「ミナミ」地域の音楽文化拠点の立地

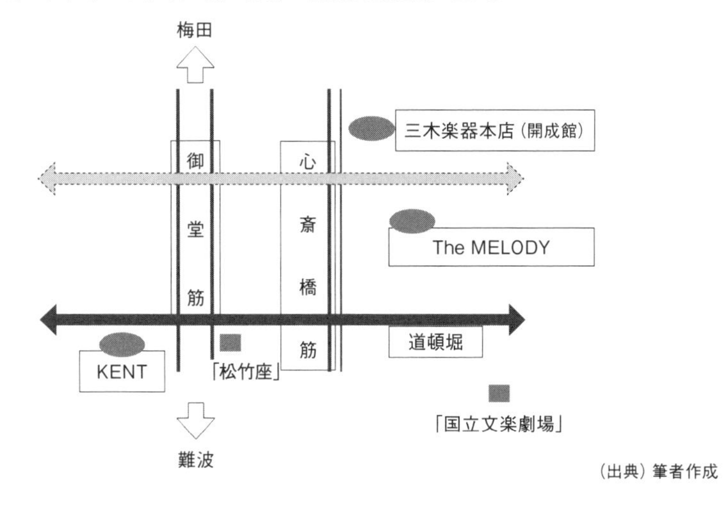

(出典) 筆者作成

前期大阪の春を象徴する音楽となり親しまれました。[22]

鰻の名店「いづもや」が、近隣に立地する今井楽器店から購入した楽器により、1923年(大正12年)創設した「出雲屋少年音楽隊」の1期生メンバーとして音楽活動を開始した服部良一氏は、のちNHK大阪放送局のオーケストラに参加、演奏と並行して、メッテルに和声学、管弦楽法などを学びましたが、「道頓堀周辺を、ニューオーリンズのようだと思った一時期がある」と回想しています。氏が自らの音楽の目標としていたのがガーシュインでした。

「ぼくは、かねがね、ジャズを大交響楽団で演奏することを夢見ていた。メッテル先生の厳しい指導にたえて、懸命に和声学や管弦楽法を勉強したのも、いずれはジャズといわゆるクラシックを融合させるシンフォニック・ジャズを作曲したいという野心があったからだ。・・・この理想に早くから挑み、成功しつつあるのが、アメリカのガーシュインだったのである」(服部[1993])。

新しい音楽スタイルを通じて服部が目指したのはわが国の歴史的文化をふまえたジャズの創造でした。1939年、服部は国民の音楽としてのジャズを強調し、「ジャズはアメリカ一人のものではなく、全世界人のものであると云いたい。ジャズは其の国の民衆が作り上げた音楽である」と論じています。[23]

「道頓堀」を軸とする「ミナミ」には、多様な音楽団体、ライブハウス、楽器店、レコード、CD店、スタジオなどが集積し、大阪の個性豊かなポピュラー音楽発展の基盤となり現代に至っています[24]。

2）生の音楽参加と創造の場

シンガーソングライターの活動の場は、数万の観客が集うドームや音楽ホール、店舗やストリートにおけるフリーライブ等多様ですが、その主な活動の場の１つとなっているのがライブハウスなどアーティストの生の演奏と観客が一体となるライブの音楽空間です。

照明、音響の設備が完備した常設の舞台を有して観客は飲食しつつ音楽を楽しむ大規模なクラブ（「ビルボード大阪」など）、ファンがスタンディングで数時間を熱狂するハウス、小規模で生の歌や楽器演奏を楽しむ場などその形態は多様です。

「ライブハウス」という言葉は、1970年前後から使われ始めたといわれていますが、その形態は多様でも、老若男女が演奏者との交流のなかで身近に音楽演奏を楽しむ空間という特徴は共通しています。わが国の戦後のジャズ史を考察したアメリカの研究者モラスキーは、「ライブハウス」という言葉は和製英語であるが、演奏者と聴衆が一体となる「生きた創造の共同体」という音楽の場の本質を見事に表現していると評価しています[25]。

［図表2-5］は全国におけるライブハウスの立地をみたものです。経済センサス基礎調査において「ライブハウス」は分類上「興行場」に位置づけられていますが、実態として関連する産業分野はより幅広く「飲食店」等にまたがっています。ここでは「NTTタウンページ」から集計しました。店数では首都圏、特に東京都、京阪神圏、福岡県への集積、人口比では沖縄県、東京都の高さが特徴的です。

大阪においては、大阪市中央部、北区、中央区など都心部への集積が特徴的です（図表2-6）。

大阪における「ライブハウス」の運営、音楽活動、経営の状況について、筆者が実施したアンケート調査[26]からいくつかの特徴的な点をみましょう。

演奏分野では、ロック系を主にリズム＆ブルース系、ジャズ系をはじめ多様な音楽ジャンルが取り上げられています（図表2-7）。

「ライブハウス」の個性を生み出す鍵となるのが、ライブ企画、出演アーティストの選定です。その主体については、「店のオーナー、マネージャー」

［図表2-5］全国府県ライブハウスの立地状況（店数、人口10万人比）

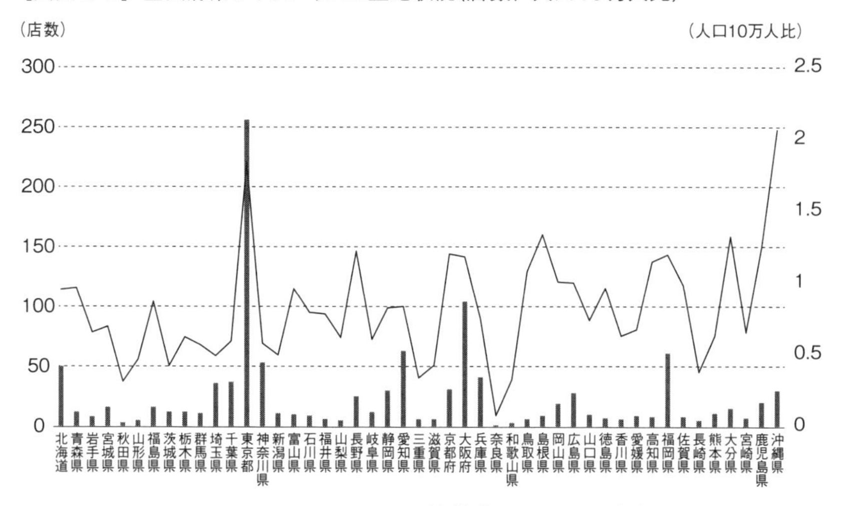

（出典）「NTTタウンページ」（2021年）にもとづき作成

［図表2-6］大阪市各区における「ライブハウス」「音楽学校」「音楽事務所」の集積

「ライブハウス」大阪市計	78	「音楽学校」大阪市計	74	「音楽事務所」大阪市計	120
大阪市 中央区	27	大阪市 北区	17	大阪市 北区	41
大阪市 北区	22	大阪市 西区	7	大阪市 西区	24
大阪市 浪速区	7	大阪市 天王寺区	7	大阪市 中央区	24
大阪市 西区	5	大阪市 淀川区	6	大阪市 浪速区	12
大阪市 生野区	3	大阪市 阿倍野区	6	大阪市 阿倍野区	3

（出典）「NTTタウンページ」（2021年）にもとづき作成

95.5%、「出演アーティスト」68.2%、「観客」9.1%、「その他」（イベンター、制作会社）13.6%となっており、「ライブハウス」の運営、音楽創造の方向についてのハウスオーナー、マネージャーの主体性がうかがえます。

厳しい経営環境のなかでも、「ライブハウス」の果たす役割について、自由意見において、「ライブハウスは音楽文化の根幹。未来のスターの発掘育成の責務がある」「アーティスト、お客、スタッフ全員が楽しむ環境をつくり、大阪の音楽シーンを盛り上げていく」「YouTube等手軽に音楽が聴ける時代だが、特に若い子たちに生の音の感覚やそこでしか味わえない空気感を体験

[図表2-7]「ライブハウス」における主な音楽分野(重複回答)

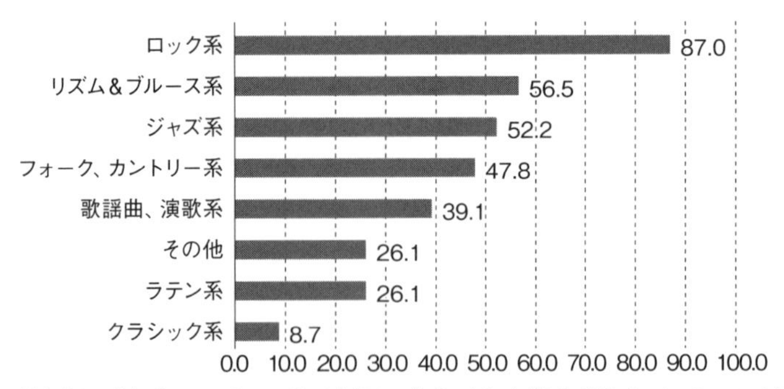

(注)「その他」:「ワールドミュージック」「ラップ」「アイドル」「クラブ系」「ソウル&ファンク」

(出典) 筆者作成

してほしい」「ライブハウスに行ったことのない人が多い。色々な人に生の音楽を楽しんでもらえる空間を作りたい」などの意見が見られ、音楽文化の拠点としてのライブハウス運営への高い意欲が見られます。

人々の音楽文化への参加、また創造の場として大きな役割を果たしてきた「ライブハウス」の運営において、新型コロナウイルス感染の拡大は、閉店、営業時間の短縮、観客数の制限、環境対策コストの増大など大きな影響を与えています(日本ポピュラー音楽学会[2020]参照)。

しかし、こうした厳しい環境の下においても、同学会がライブの観客に対して実施したアンケート結果(「2020年度第一回オンライン例会ライブゴアーに対する意識調査(中間発表)」2020年12月)によれば、多くの回答者が、「ライブハウス」の魅力として「間近で見る」「アーティストを支える」「技術向上を確認する」というアーティストとの一体性、距離感の近さへの魅力、「盛り上がる」「ストレス発散」という観客相互の連帯感を回答し、コロナ禍が克服されライブが復活したら「今まで以上に精力的にライブに行く」とする回答者が3割に上るなど、ライブ活動への積極的な支持が示されています。

3)「CELLAR BAR KENT」―ライブの空間

大阪ミナミに立地する「CELLAR BAR KENT」は、御堂筋から西に入り、道頓堀南のビルの地下1階に位置し、木の感覚を基調にした落ち着いた雰囲気のもと美味しい飲み物、食べ物を味わいながら音楽を身近に楽しむことが

［図表2-8］「KENT」店内光景

（提供）「KENT」

できる魅力的なライブの空間です。

「KENT」はマスター岡田昇さんの父親が創業して30年、2011年（平成23年）からライブの場としての活動を開始しました。

岡田さんは、大学で軽音楽部に所属し、そのドラム演奏者としての経験を活かして、ライブの場をつくろうとしました。最初は軽音の先輩からミュージシャンを紹介してもらい徐々に評判が高まり、ネットワークが広がっていきました。

「KENT」のライブの場としての評価が高まった背景として、地下鉄、私鉄の駅に近接しアーティスト、お客様の双方に便利が良く、地下にあるためドラムスの演奏ができること、音響も良く、客数30名程度と手ごろの広さであることなどがあるのではとマスターは指摘します。歌やギターなど他の楽器の音を消さない音量の微妙さが求められるこの空間で演奏することはドラマーとしても恰好の修行の場となるといいます。

ライブの場においては、時に会場使用料としてチケット収入のうち一定割合の徴収やノルマが設定される場合がありますが、「KENT」においてはなく、店の収入はお客様のドリンク代等の収入となっています。

マスターは、店の運営方針について、「音楽分野については特に限定せず、ベテラン、若手を問いません。アーティストの負担をできるだけ減らせるよう、会場使用料も取らず、曲目も自由にやってもらっています。ただバータイムにおいては、雰囲気に配慮した演奏をお願いしています」と語ります。

こうした音楽家の演奏しやすい場の運営のもとで、コロナ以前は、ほぼ毎日ライブが開催され、マスター主催の演奏会も月１回開催されていました。コロナ禍はライブ回数の減少をもたらしましたが、マスターは今後のライブの場の方向、展望について、積極的に語ります。

「うちの店は女性に好評で、雰囲気が良いという評判です。海外からのお客、とくに欧米からのお客様にも好評です。ふらっとドアを開けたら音楽をやっているという雰囲気にニューヨークの雰囲気を感じるそうです。そんな雰囲気を出すため、うちでは特に『本日の演奏者だれそれ』というような掲示も出していません。

今後の展望については、2025年（令和７年）の万博くらいから、大阪を訪れるお客様も徐々に芸術、アートなど文化を求めてお越しになる方々が増えていくのではないかと感じています。そんななかで、店としてミナミの文化的地域の伝統を活かして、文化の魅力で観光の拠点となるようやっていきたいと思っています。そういう点で、御堂筋の歩道が広がるとかの動きは歓迎です。まち全体が文化の雰囲気をもっと高めて出してほしいと思っています」。

ライブの空間は厳しい環境のもとにありますが、意欲的なオーナー、マネージャーの活動、観客が生の音の感覚やそこでしか味わえない空気感を感じられる場への強いニーズは、地域の文化資本を活かし、新しい時代のもとで充実させていく魅力的な音楽創造の場、空間として新たな発展への可能性を示しています。

4）「The MELODY」―世代を結ぶ音楽交流と創造の場

レコード店、CDショップは、若者が音楽に最初に接し、その楽しみを知り、さらに自ら音楽活動を始めてからも、内外の新しい歩みに触れ自らの活動を広げていくうえでの不可欠の音楽文化基盤です。ジャズのブルーノートレーベルを全点揃えていたリヴァプールのレコード店「NEMS」にはビートルズのメンバーが常に立ち寄り最新の曲を熱心に聴いていたといわれています[27]。

ここでは、心斎橋筋商店街の二筋東、三休橋筋鰻谷に立地するCDショップ「The MELODY」の活動をみていきます。同店は、開店以来、40数年にわたり、海外のポピュラーミュージックの動向をいち早く紹介するレコード、CD店として著名な存在です。店には右手にCD棚、左手にカウンターがありますが、入った客のまず眼に入るのが、壁面に飾られた多くの写真、海外アーティストとマスター森本徹氏が親しく写った写真の展示です。

マスターの森本徹氏は大阪出身、ポピュラー音楽ファンでFEN（アメリカ軍極東放送網）が聴けるとの思いから上京し、東京の桑沢デザイン研究所[28]に学び、ハワイ音楽やジャズ、とくにAORの分野に詳しく、1980年代から

［図表2-9］「The MELODY」のライブ活動

・ライブ日程（2023年）

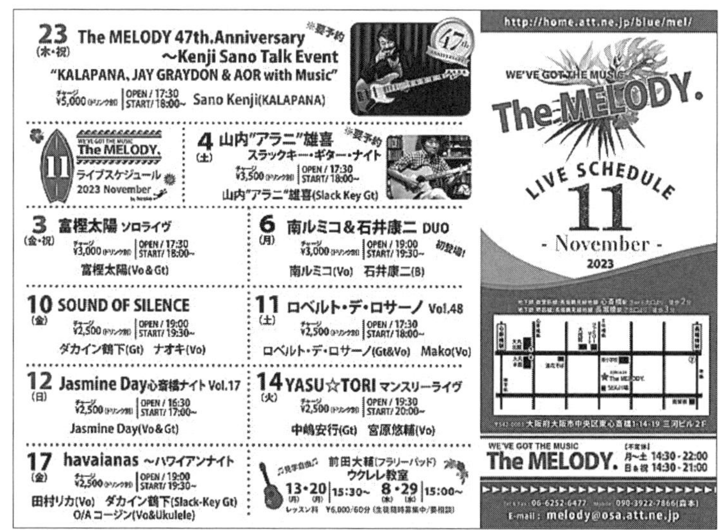

「POPEYE」などの雑誌で音楽とライフスタイルの魅力を紹介してきました[29]。

美味しいハワイ珈琲を飲みながらジャズシンガーとして著名なマリーナ・ショウとの交友など、大阪を訪れる内外のアーティストやコンサート、演奏についての豊富な経験談を聞くのは客にとっての楽しい時間です。同店には、大阪を訪れるミュージシャンのほか、70年代からフォークシーンを撮影してきた写真家、タウン誌編集者など音楽文化に関心を持つ多くの人々が訪れ、交流の場となっています[30]。

[図表2-10]「The MELODY」店内

（資料・写真提供）The MELODY

・ライブクルーズ

（写真）筆者撮影

同店の特徴の1つに、マスターのプロデュースによるライブ公演の開催があります(図表2-9)。各月、フォークミュージック、ジャズ、ハワイ音楽、ラテンなどを含む幅広い分野のシンガーとファンが店の身近な空間で集い交流する場となっています。

また「The MELODY」では、夏季における水の都大阪を楽しむクルーズでのライブ企画が実施されています。大阪においても、近年の「水都」復活をめざす取り組みのなかで、大川、東横堀川、道頓堀川などの水系を巡る水上ツアーが活発になっていますが、「The MELODY」の水上ライブ企画は、アーティストが乗船し、観客は飲み物を楽しみつつ、夕風に吹かれて音楽を楽しむところにその特徴があります。毎回の企画は満員となり、かつて京大坂をつないだ「三十石船」の船着き場天満八軒屋浜から出航し、中之島、桜ノ宮へとゆっくりと回遊し、夜景を楽しんでいきます。

マスターの森本氏によれば、「The MELODY」はあくまでCD店であり、ライブは、音楽経験を活かして10年ほど前から始めた店のコンテンツの１つであるといいます。都心の立地を活かし、若い世代の演奏の場を提供したい、またマスター旧知の各ジャンルのベテランアーティスト、ベース弾き語りの天野SHO氏、シンガー平田王子さんをはじめとするアーティストに声をかけ、商業ベースとは違う空間で魅力を発揮してもらうとともに、新進のシンガーに発表と交流の場を提供するという姿勢はかわりません。

「とくに若い世代のアーティストには、力量ある奏者とのつながりをつくることで、先達が生み出した音楽の魅力、財産を受け継いでもらい、その音楽パワーをより高め、深めてもらいたいということがライブを企画する際の重要なコンセプトになっています」と森本氏は語ります。

「ある若手アーティストが、ここでのライブをやるなかで、ギターの技術が確実にレベルアップしていったのを見たのはうれしかったです」とも語ります。

森本氏は、ライブスペースで一番大事なのは、やはりマスターが自分の音楽ポリシーをはっきりと持って、個性ある場、空間をつくっていくことであり、「The MELODY」は、これからも、音楽界とのつながりを活かして大阪の特色ある音楽の拠点として頑張っていきたいとしています。

「The MELODY」は、マスターの持つ幅広い音楽人脈、音楽経験を活かして、いろいろな音楽分野のアーティストを出会わせ、その拠点、ライブの場で音楽の新しい響きを生み出すネットワークの「ハブ」の役割を果たしています。

５）「三木楽器」―音楽文化情報の交流、発信の場

音楽活動の欠かせない基盤が楽器です。西洋音楽の発展のなかで、各時代の音楽の発展の基盤として、楽器は多様な展開をとげてきました[31]。

私たちは、おおむね、その時代の音楽文化の発展の基盤となった楽器の歴史的展開を、中世以降の教会音楽における合唱、オルガン、近世バロック期以降のヴァイオリンなど弦楽器の発展、19世紀におけるピアノの飛躍的発展、オーケストラの確立というかたちでたどることができます。

この視角からみたとき、20世紀音楽の1つの特徴として楽器としてのギターの普及と発展をあげることができます。ギターは音楽のグローバルな展開、ロック、フォークミュージックの分野を中心として、シンガーソングライタースタイルの発展と一体の楽器として20世紀音楽を代表する楽器として発展してきました。[32,33]

さらに、楽器の分野において、20世紀後半とくに21世紀初頭以降の大きなイノベーションの要因は、コンピューター、情報ネットワーク機器の進展です。DAWの活用は、音楽創造の過程、作曲、編曲、録音、編集等の作業のフローを一貫した形式で行うことを可能にし、多様なリズムセクション、音色の導入を可能にするなど、楽曲の制作、演奏、音楽配信などでも基本のツールとなって、市民の自らの手による音楽創造とグローバルな発信を可能にする技術基盤として音楽創造の場と音楽普及のあり方にも大きな影響を与えつつあります。

その大きな転換の時代において、楽器普及の担い手である楽器店は大きな役割を果たしてきました。ここでは、心斎橋筋に立地し大阪における伝統ある楽器店である三木楽器の取り組みを取り上げみていきます。

三木楽器は長い伝統を持っています。1825年（文政7年）書籍商「河内屋佐助」として創業された同社の音楽事業は、1888年（明治21年）、四代目三木佐助氏とヤマハ創業者山葉寅楠氏との出会いをきっかけとした三木佐助書店楽器部の創設から始まります。

山葉オルガンの販売から始まった楽器商の活動には、翌1889年（明治22年）鈴木バイオリン、1902年（明治35年）にはピアノが加わりました。[34] 1921年（大正10年）にはスタインウェイの総代理店となるなど幅広い楽器販売事業が展開されていきます。また並行して楽譜、音楽書籍の出版にも積極的に取り組み、なかでも、1900年（明治33年）出版の『鉄道唱歌』や1925年（大正14年）の声楽書『コールユーブンゲン』は大ヒットとなり、三木楽器の活動は、わが国における西洋音楽文化の普及に欠かせない役割を果たしてきました。[35]

1899年（明治32年）には心斎橋筋の現本社地に移転、同地には1925年（大正14年）「三木ホール」が開館されます。「三木ホール」では150名収容のホールを活用したコンサート、レコード鑑賞会、講演会が多彩に開催され、講演会では、山田耕筰氏による「作曲講座」が開催され熱心な生徒が集まり、ま

［図表2-11］三木楽器本店

（写真提供）三木楽器

た戦前期大阪を代表する作曲家、ヴァイオリニスト貴志康一氏による演奏会が開催されるなどなど大阪の音楽普及の拠点として活動してきました（図表2-11）。

三木楽器が立地する心斎橋筋と道頓堀を軸として、堀江、難波、天王寺など、大阪の「ミナミ」の地域には、楽器店、レコードショップ、ライブハウス、ミュージックスクールなど音楽関連産業が集積し、大阪の音楽文化の1つの拠点地域として発展してきました。

三木楽器の多様な音楽事業のなかで特色ある活動として、若者の音楽へのチャレンジを支援し、軽音楽バンドを楽しむ高校、中学生の大きな目標となっている「スニーカーエイジ」（高校・中学校軽音楽クラブコンテスト We are Sneaker Ages）事業が展開されています。

同事業は、1979年（昭和54年）天王寺に立地する三木楽器「アポロ店」の事業としてスタートしました。「アポロビル」は、JR天王寺駅、近鉄阿部野橋駅に近接し映画館を含む商業ビル（村野東吾設計）として若者で賑わっています。すぐ北側の天王寺公園内に設置されていた天王寺野外音楽堂では、フォーク音楽を主とする音楽祭典『春一番』が1971年（昭和46年）から1979年（昭和54年）まで開催され（現在は服部緑地公園で開催）、南大阪エリアの音楽拠点となっていました。

第1回のコンテストには9校の応募があり、800名の「大阪郵便貯金会館」（当時）が満員となります。90年代には、三木楽器のLM（ライトミュージック）楽器を主たる品目とする梅田店の開館を機に参加校を増やす呼びかけが行われ、産経新聞、大阪芸術大学もスポンサーに加わり、小説、テレビドラマでも取り上げられるなど、大きな反響をよんでいきます。事業の主催は三木楽器、産経新聞社、特別協賛に大阪芸術大学が加わり、大会の運営は三木楽器と学生ボランテイアにより行われています。

楽器店など地域に立地する音楽関連産業の果たす役割について、梅田[2001]は、ワールドワイドにアーティストと商品を提供する「グローバル・ジュークボックス」としての世界市場の役割を指摘するBurnett[1996]の考察を受けて、生産と消費を結び地域の個性ある音楽シーンを生み出していく「ローカル・ジュークボックス」としてその意義を強調しています。

三木楽器の音楽普及活動は、楽器の普及、音楽教室、演奏活動の支援、マスコミ、芸術系大学等支援機関との連携という点において、地域における音楽文化の参加、創造支援ネットワークの拠点の1つの典型ということができます。

(注)

1 Bekker[1926]参照。
2 三井、小出共編[1995]、中村[1999]、大和田[2011]参照。
3 音楽文化創造の長い歴史を通じて、その土台となっていたのは人々の生活世界を基盤とする歌、合唱の音楽世界でした。磯山[2019]はキリスト教の文化を基盤とする民衆の歌、コラールを基盤としたバッハにおける最高の達成として『マタイ受難曲』の世界を考察しています。そこでのコラールは「人々に共通のものとして受け継がれた共同体の財産であった」という指摘は、ピート・シーガーの「伝えられてきた古いメロディは皆の共同の建物」という指摘と時を隔てて響き合っています。また、ビートルズやローリング・ストーンズの音楽創造の基盤となったイギリスにおける民衆の共同の音楽世界であるバラッドの伝統について茂木[1996]参照。
4 大和田[2011]参照。
5「テキサス州の民俗学者ジョン・A・ローマックスは、・・・1930年代から1940年代にかけて、息子のアラン、妻とともに、南部全域に録音機を運び、農場や牧場、校庭や教会、ナイトクラブ、刑務所を訪問し、カウボーイバラード、仕事の歌、宗教的な歌、ブルース他の多くの形態を記録しました。彼らは、大きなレパートリーを持つ伝統的な歌手を見つけ、面倒な録音のために歌うように説得するための不思議議なコツを持つたゆまぬコレクターでした」（“An Illustrated Guide”、Library of

CongressAmericanFolklifeCenter：https://www.loc.gov/folklife/guide/folkmusicandsong.html)、Cohen [2005] 参照。

6 大和田 [2011] は、プレスリーについて、「中世ヨーロッパにまでさかのぼるバラッドの伝統と、アフリカや南米大陸経由でもたらされた黒人文化の系譜。この二つの文化の融合を象徴するのがエルヴィス」と述べています。

7 ギターの原型はアラビアの楽器「ウード」といわれています。アジア大陸の弦楽器文化は東西へ波及し、東方では中国における「三弦」、さらに沖縄の「三線（サンシン）」、本土における「三味線」へと変化、発展し、それぞれの音楽文化を形成してきました（金城 [2006] 参照）。

8 20世紀ポピュラー音楽の発展を概観した中村 [1999] は、1964年（昭和39年）当時、ボブ・ディランとジョン・レノンは「同一人物」ではないかという雑誌の投稿記事が存在したというエピソードを紹介し、フォークソングの理念にロックのエネルギーを吹き込むディランの試みと、ロックの商業化に対する抵抗として歌詞に社会の真実をと模索するレノンの音楽創造への姿勢の共通性を指摘しています。

9 関西におけるフォークミュージックの発展に寄与した要因の１つとして「大阪労音」の活動があげられます。その「例会」では1964年雪村いづみ公演で初めてアメリカのフォークミュージックが取り上げられ、以降ジョーン・バエズ、ピート・シーガーなどが出演していきます（村元 [2016]、佐々木 [1965] 参照）。糸川 [2006] からは「春一番」など70年前後の関西のフォークシーンのエネルギーが生き生きと伝わってきます。

10 前田、平原編 [1993] 参照。

11 前田、平原編 [1993] 参照。

12 70年代後半以降のポップス音楽の主流となった新たな音楽の特徴（ハーモニーにおけるメジャーブンスコード（△７）、テンションノートの活用、シンコペーションを活かしたリズム等）、また音楽創造の背景となった東京渋谷を中心とする都市東京の創造的雰囲気について牧村、藤井、柴 [2017]、牧村、泉 [2021] 参照。

13 ワーグナーにおける総合芸術としての「楽劇」について、音楽史家ゲックは「母」である音楽、「父」である詩による新たな世界の創造の過程として位置づけています（Geck [2012] 参照）。

14 20世紀における多様なダンス分野の発展についてRaynolds,McCormick [2003] 参照。

15 Tschmuck [2017] 参照。

16 音楽を中心としたライブ・エンターテインメントを主催する全国のプロモーターで構成される一般社団法人コンサートプロモーターズ協会（ACPC）調査によれば、2023年（令和５年）の全国ライブ公演数、動員数、総売上高は、コロナ前の2019年（平成31年、令和元年）を上回ったものの、地域としては関東、東海、関西圏、３地域のみが上回っており、全国的な回復には至っていないとされています（「ACPC基礎調査（2023年通年）」参照）。

17 ライブの場の都市空間への広がりの傾向は他都市においても活発です。名古屋市において2007年（平成19年）から開催されている「栄ミナミ音楽祭」は、栄ミナミエリアの活性化と交流を目的として行われる音楽イベントです。公園、百貨店、店舗、民間ビル前、高架下など多彩な場でライブが開催され、2019年（令和元年）５月のイベントでは800組以上のアーティストが２日間全国から集い歌う大イベントとなり街全体が音楽に包まれました。

18 増淵 [2010] は東京への音楽コンテンツ産業の一極集中を指摘しつつ、大阪、福岡等各都市におけるその音楽文化基盤の状況、各都市の特徴を考察しています。また牧村、藤井、柴 [2017] は70～80年代の新たな音楽文化の創造の拠点となった東京渋谷における音楽学校、ライブハウス等多様な音楽文化基盤を考察しています。

19 大阪三郷における水系ネットワークの形成について横山 [2011] 参照。

20 「道頓堀五座の風景」（関西大学大阪都市遺産研究センターホームページ：http://www.kansai-u.ac.jp/OSAKA-toshi/）参照、大阪市史編纂所 [2003] 参照。

21 相良 [2012] によれば、1919年（大正８年）７月松竹合名会社により大阪府の援助のもとに行われた「職工労働者」への鑑賞機会提供における興行は「浪速座」中村鴈治郎一座、「中座」実川延若一座、「角座」曾我廼家十郎一座、「弁天座」新国劇一座でした。

22 「OSK日本歌劇団」について岡本 [2012] 参照。田辺 [1998/2000] は「桜咲く国」の作詞家岸本水府とその生きた戦前期大阪の雰囲気を生き生きと描いています。

23 細川［2020］参照。そこでは、ジャズ音楽のわが国への普及が、都市化による中産階級の成長、都市的ライフスタイル、新たな複製技術の普及等と一体的に進行した過程が注目されています。

24 吉本［2023］参照。

25 モラスキー［2005］参照。

26 調査は、2018年3月実施。調査対象：大阪府域ライブハウス136店。有効回答率17.9％。対象店舗については宮入［2008］をふまえ、「NTTタウンページ」ウェブサイト、「Yellowspan」（http://www.yellowspan.com/livehouse/）2018年3月時点データを筆者情報により補足。

27 中山［2014］参照。

28 桑沢デザイン研究所は東京渋谷に立地。その卒業生は、渋谷を中心とするポップミュージックと連携、作品のアートデザインを多く手がけています（牧村、藤井、柴［2017］参照）。

29 AOR（Adult Oriented Rock）は、1980年代に発展した都会風の音楽ムーブメントであり、音楽だけでなくファッションなども含めた新たなライフスタイルの提案でもありました。わが国では雑誌「POPEYE」において海外の潮流が幅広く紹介され、森本氏は3年間、同誌で海外レコードの紹介を行っています。

30 江［2017］参照。

31 マックス・ウェーバーにおける西洋音楽文化の独自性を他の諸文明と比較した考察は、平均律に基づく自由な転調を可能とする音組織の検討、「合理性」を有するその体系の検討ののち、音楽演奏の基盤としての楽器の考察に移り、ヴァイオリン等弦楽器、ピアノ、オルガンの考察の導入部分までで中断しています（Weber［1921］参照）。

32 19世紀後半におけるオーケストラ音楽の世界におけるギターの位置づけ、比重は、ベルリオーズ著、リヒャルト・シュトラウス増補の『管弦楽法』（原著1864年、増補版1905年）における「ギター」の項からうかがうことができます。オーケストラを構成する約60種の楽器を論じる全550ページ（日本語版）の浩瀚な著作で、最もページを割かれた楽器ヴァイオリンの70ページに対し、ギターの項は7ページ、「ギターはスペインとイタリアを除いてあまり見かけなくなってしまった。・・・作曲家たちは、教会、劇場、演奏会では、ギターをほとんど使おうとはしない。ギターの音が弱々しく、他の楽器や普通の声量で歌われる多声部の声楽曲との組み合わせを困難にしていることが、その原因であることは間違いない。しかし、そのメランコリックで夢見るような音は、より頻繁に使われるべきである」と論じられています。

33 ギターの歴史についてPäffgen［1988］参照。20世紀における技術革新と連携したレス・ポール、フェンダーなどによる新しい楽器の創造、エレクトリック・ギターの発展についてTolinski［2016］参照。その序文でカルロス・サンタナは「（本書は）自らの指先で壮大なキャンバス上にギターのトーンや色彩やテクスチャーや奏法を描き出し、広く世界へ向けて発信して普遍化させることにより、我々の意識に革命を起こし、ギターという楽器の文化的な重要性を高めたアーティストたちが主役」と述べています。

34 Nettl［1985］は、西洋音楽の各国、地域への導入、受容においてその態様を規定する大きな要因として、移民、都市化、産業化をあげていますが、その視点からわが国における特色の1つとして工業発展を基盤としたいち早いピアノの国産化を指摘しています。わが国におけるピアノ製造業の発展について田中［2021］参照。

35 三木楽器株式会社社史編纂委員会監修、田中編著［2015］参照。

第3章

「音楽のある街」をめざす

――大阪市大正区と高槻市の取り組み

本章においては、地域に蓄積された多様な音楽文化資本の特色を活かし、アーティスト、市民、事業者、自治体等の協働により大阪市大正区と高槻市において展開される「音楽のある街」をめざす取り組みを取り上げその意義を考察しています。

1. 沖縄音楽文化と「第九」の伝統―大阪市大正区

1）ものづくりの街に息づく音楽文化資本

大阪市大正区は人口6万7,000人の大阪市の行政区で、市の西部、大阪湾に面する木津川と尻無川、大阪湾の水系にかこまれた「アイランド」です。大阪市内の多くの水系が東横堀川と道頓堀川をのぞいて埋め立てられてしまった今日、かつての「水の都」、都市と水系の景観のなごりを残す都市空間となっています。[1]

大正区においては江戸時代において新田開発が進められ、明治、大正期以降は、海と川に囲まれた立地条件を活かし、大阪における近代工業の中心地域の1つとして、紡績業、造船業、鉄鋼業など幅広い分野の製造業が立地し、ものづくりの街として発展してきました。

1883年（明治16年）、渋沢栄一氏、藤田伝三郎氏らによって設立された大阪紡績は、日本で初めて蒸気機関による紡績機をイギリスから輸入し、工場を大正区三軒屋の地に開設しました。その後大阪には明治20年代多くの紡績会社が設立され、大阪はわが国の綿工業の中心地として発展していきます。[2] 各

［図表3-1］大阪市大正区の都市文化空間

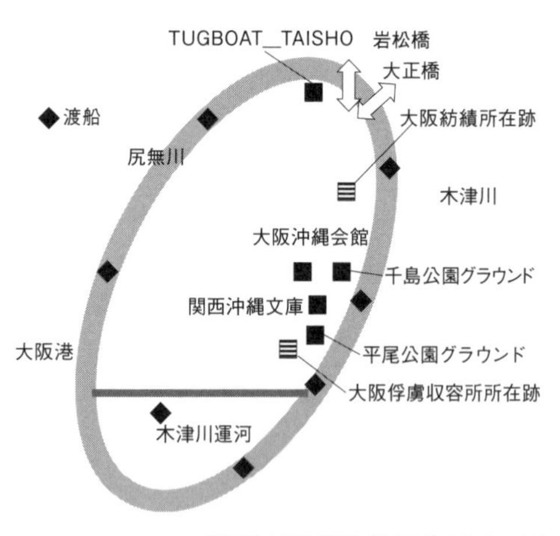

（出典）大正区役所『大正ガイドブック』（平成19年）ほかをもとに作成

（渡船）

（出典）筆者撮影

分野の製造業の発展とともに、大阪の工場で働く労働者は各地から移住し、大正区には沖縄からの移住者が多く居住し、「エイサー」などの沖縄の豊かな音楽文化、食文化が地域に根付き、沖縄音楽を専門とするレコード会社、丸福レコードも活躍していました（第7章参照）。

また、第1次世界大戦当時、1914年（大正3年）から17年（大正6年）まで、区には大戦のドイツ兵捕虜を収容する「俘虜収容所」が開設され、ドイツ兵捕虜760名が生活していました[3]。わが国におけるベートーヴェン「第九」の演奏については、徳島における100年前、1918年（大正7年）の初演が有名ですが、その指揮を行ったヘルマン・ハンゼンやわが国で初めてバウムクーヘンを製造したカール・ユーハイムも大正区の施設に収容されていました。

大正区においては、この産業と文化の歴史的資産をふまえて、まちづくりの目標として「みんなで決めて、みんなで動き、活力を生み出す『住み心地の良いまち』へ」をかかげ、文化の分野では、区の重点の取り組みとして、「音楽があふれるまち大正」を目標としたまちづくりがかかげられています。

「第九」のゆかりを活かした取り組みとして「大正区民合唱団『大正フロイデ』」の活動があります。合唱団は2006年（平成18年）に発足し、第1回の演奏会は千島体育館で開催され、ドイツ総領事も参加し大きな成功を収めまし

［図表3-2］「平尾亥開公園」収容所跡記念碑

（出典）筆者撮影

た。旧収容所跡を含む「平尾亥開公園」では記念碑が立てられ、ドイツを代表する菩提樹の植樹が行われるなど、「第九」の伝統は国際交流と文化の継承の基盤となっています。

ここでは、大正区における次の世代への音楽文化資本の伝承と発展という視点にたった取り組みとして、沖縄音楽文化の伝統を受け継ぐ「エイサー祭り」と次世代のミュージシャンの育成に向けた「T-1ライブグランプリ」をはじめ音楽文化の取り組みについてみていきます。

2）「エイサー祭り」—沖縄音楽文化の祭り

「エイサー祭り」は、毎年夏、8月下旬、9月上旬に開催される沖縄音楽の大きな行事です。

沖縄は古来東アジアの海の貿易圏のほぼ中心に位置し、15世紀に成立した琉球王国においては、日本本土、中国、朝鮮、東南アジア等との音楽文化交流のなかで独自の音楽文化を発展させてきました。沖縄音楽を特徴づける「琉球音階（ドミファソシド）」はインドネシア、ポリネシア、中国等にひろがる地域の音階との共通性が指摘されています[4]。

明治、大正期以降、大阪における近代産業の発展にともなって、沖縄航路が発着する港に近いという立地条件から、大正区には多くの沖縄の人々が働く場を求め訪れ、移住してきました[5]。

異なる生活、労働環境のもとで、故郷の音楽は大きななぐさめとなり、毎年夏に実施されるのが「エイサー祭り」です。「エイサー」は、旧盆の時期に行われる先祖供養の踊りとして沖縄の村々で伝統の演目が取り組まれていましたが、戦後、1956年、コザ市において開始された「全島エイサーコンクール」をきっかけとして、各地域の団体が競い伝統の演目に新たな創作も加わり多様な発展をとげ、三線、歌、太鼓(大太鼓、締太鼓、パーランクー)、踊りによるリズム豊かな総合演舞として人々の心をとらえ、現在では全国で数多くの団体が活動しています[6]。

2019年(令和元年)の夏、大正区の２つの公園においては２つの「エイサー」の催し、８月25日には、大正沖縄県人会が開催する「第７回RIVER大正エイサー祭」(平尾公園)が、９月８日には、がじまるの会・エイサーまつり実行委員会主催の「第45回エイサー祭り」(千島公園)が開催されました。それぞれの会場となった公園では舞台、演舞が行われる空間を囲んで、高齢者向けのテント、飲食物や物品を販売するテント、売店が並び、公園にあふれる人々は腰をおろし、飲み、くつろぎながら出場する団体の踊り、歌を楽しみ、応援します。

まつりには、地元大正区だけではなく、沖縄や東京、愛知、滋賀、京都など他地域の音楽団体、琉球大学や名桜大学など大学の団体、沖縄音楽ミュージシャンも参加し、それぞれの特色を活かした演舞、歌、演奏が披露されます。団体の入場や演舞には、観客から歓迎とはげましの指笛やかけ声がとび、会場が一体となって、演奏を楽しみます。

まつりを実施する目標について、2013年(平成25年)に開始された「RIVER大正エイサー祭」の主催者である大正沖縄県人会会長の仲村隆男会長は、「われわれの音楽文化を子どもたちに引き継ぎたいとの思いがあります」と語ります。毎週夜、大阪沖縄会館で開かれる「エイサー」の講習会には、子どもたち数十名が参加し、名護市地域の手踊りの伝統に太鼓が加わった振り付けを先輩から習い、世代を超えて受け継がれてきた音楽文化を体得し、祭りに参加しその成果を披露します。

［図表3-3］エイサー祭り

・第7回RIVER大正エイサー祭

・第45回エイサー祭り

（出典）筆者撮影（2019年）

また、2024年（令和6年）で第50回を迎えた「エイサー祭り」は、1975年（昭和50年）1月結成された「関西沖縄青少年の集いがじゅまるの会」（のち「関西沖縄の集いがじまるの会」）の主催により、同年9月に第1回が開催されました。

主催者の一員として取り組む関西沖縄文庫の金城馨（かなぐすく・きんじょう・

かおる）代表は開始にあたっての思いについて、「大阪に来た沖縄人にとって、沖縄の音楽文化、歌三線、舞踊、芝居、エイサーは、日々の苦しい仕事、生活のなかでの『いやし』でした。当時、沖縄の青年が苦しい生活のなかで自殺するという悲しい事件があり、我々は、『エイサー』に取り組むことを通じて日々の我々の思いを打ち出していこうという思いがありました」と語っています。

関西沖縄文庫では、常設の「沖縄文庫」を設置し公開しています。「沖縄文庫」には数千点の沖縄に関する文献、資料が収集、保存、公開され、沖縄文化の学習、交流の場として年間を通じて活動しています。

金城代表は、今後の「エイサー祭り」の方向について、「わたしはいま『異和共生』という言葉を使っています。『エイサー祭り』が『すきま』を自覚し、それぞれが自立する文化のコミュニケーションをうながす場として発展させたいと思っています」と語ります[7]。

コロナ禍のもと、エイサーの祭りも2020、21年と開催中止を余儀なくされましたが、2022年（令和４年）８月「第８回RIVER大正エイサー祭」が３年ぶりに開催され多くの人々で賑わいました。2023年には２つの「エイサー祭」が復活。大正区という地域に根付く沖縄音楽文化の伝統を子どもたちの世代に引き継ぐともに「まつり」の場での市民との沖縄音楽文化の交流を通じて、それぞれの文化の背景、生活に根ざした人々の思いへの共感の場、創造への取り組みが進んでいます。

3）「T-1ライブグランプリ」―若手ミュージシャン育成の場

2009年（平成21年）その第１回が開催された「T-1ライブグランプリ」の取り組みは、大阪市大正区役所、音楽専門家、区民が協働でオーディションを実施し若手ミュージシャンを育てようとするコンクール、大正区を市民の音楽参加と創造の場として発展させる取り組みとして定着、発展してきました。

「T-1ライブグランプリ」事業においては、そのねらいとして、区の施設を活用して、若手ミュージシャンに演奏の場、機会を提供し、音楽あふれる地域を創造することを目標として事業企画が進められました。グランプリを受賞したアーティストは区から「大正区音楽振興大使」として任命されます（図表3-4、3-5）。

グランプリ事業は、各年春の時期の出演者の公募から始まります。公募はおおむね35歳までの若手ミュージシャンを対象としています。競争倍率２倍程度の応募のなかから区役所職員による音源審査により選出された予選出場者（各８名）は６月に実施される予選第１回、９月の予選第２回において演奏を行い、参加した観客と音楽プロデューサー、ライブハウス経営者などの審査員の評価によりファイナルへの通過者（６名）が選出され、12月の「ファイナル」を迎えます。参加資格は、特に大正区民には限定されておらず、各年、各地域で活躍するソロ、バンドなどの若手シンガーが出場し競いあいます。

2017年のT-1ライブグランプリ、第９代「大正区音楽振興大使」を選ぶファイナルは、12月17日、大阪市大正区民ホールで開催されました。各予選を勝ち抜いた６組のアーティストによる演奏が行われ、参加の観客の投票と審査員による審査により「音楽振興大使」が選定されます。その結果、「第９代音楽振興大使」には、ダンスバンド「パレス」が選定され、「第８代音楽振興大使」であった「andRE」から次の１年間の音楽振興大使としての役割が引き継がれました。

［図表3-4］大正区「T-1ライブグランプリ」ポスター

（出典）大正区役所

ファイナルには、各アーティストのファン、地域住民など約400名が参加し熱気あふれるイベントとなり、各アーティストの演奏は、ケーブルテレビ局で録画放映されました。区が行った2018年（平成30年）の「ファイナル」来場者へのアンケートによれば、来場者の住所は「大正区内」43％、「大阪市内」29％、「その他」20％となっているなど、本イベントは大正区内の人々だけではなく市内外の広い関心を集めており、「音楽のまち

[図表3-5] 歴代「大正区音楽振興大使」

年 次	アーティスト	備 考
2009年 (初代)	羽地直子 (ハネチナオコ)	大正区在住のシンガー。エレクトーン、ピアノ弾き語り
2010年 (第2代)	Protostar (プロトスター)	関西を中心に活躍する5人組バンド
2011年 (第3代)	rüüa (ルア)	ボーカル、ギターの2人ユニット
2012年 (第4代)	音夢食堂 (オトムショクドウ)	福岡、福島出身の2人が大阪で結成したアコースチックユニット
2013年 (第5代)	佐野仁美 (サノヒトミ)	ピアノ弾き語りシンガーソングライターとして大阪を中心に活躍
2014年 (第6代)	瀬戸山智之助 (セトヤマトモノスケ)	京都を拠点に、関西、名古屋、東京などで活動
2015年 (第7代)	ヒサ絵 (ヒサエ)	大阪、東京、名古屋等幅広く活動するシンガーソングライター
2016年 (第8代)	andRE (アンドレ)	シンガーソングライター。Naoya(ナオヤ)、キタオヒ◇ユキのデュオ
2017年 (第9代)	パレス	ダンサー4名が跳ね踊る8名体制の新感覚ダンスバンド
2018年 (第10代)	山口真衣花 (ヤマグチマイカ)	大阪出身、多様な音楽に親しみ10歳の頃からシンガーをめざす
2019年 (第11代) 2020年 (第12代)	Honey GOLD (ハニーゴールド)	老若男女問わず楽しめるエンターテイナー、3人組音楽ユニット

(出典) 大正区、各シンガーWEB資料より作成

大正」の情報発信に効果を上げています。

本事業の特色の第1は、事業が市民と自治体の協働により行われていることです。予算(約90万円)の制約のなかで、イベントの運営については、各年、司会、音響、セッティング、受付、会場整理、撮影、チラシ配布などの業務について幅広いボランティアの参加のもとに事業が実施されています。

第2の特色は、12月のファイナルで選出された「音楽振興大使」が、任期の1年間を通じて、大正区内外で開催される多くの住民の催しに出演、自らの音楽活動を広めるとともに、音楽を通じた区民等の交流に貢献していることです。[図表3-6] は、2017年において、「音楽振興大使」が参加した大正区、他都市における主な音楽事業です。

これらイベントにおいて、「音楽振興大使」の参加は地域の人々に歓迎され、喜ばれています。ミュージシャンにとっても自らの演奏機会を増やし、音楽

媒体（CD等）の普及を図るうえで大きな効果をもっています。また、これらイベント以外にも地域の多様な場での活動が行われ、音楽のまち大正区の実現に貢献しています[8]。

本事業はコロナ禍のもと中断しましたが、その集大成として2022年３月、初代のほか４組の歴代音楽振興大使の参加する「T-1ライブファイナル」が開催され、13年にわたる「T-1ライブグランプリ」に幕をおろしました。

「T-1」はこの「T-1ライブファイナル」を持って終了となりましたが、音楽振興大使は、引き続き音楽の力で大正区を盛り上げていくこととなります。

[図表3-6]「音楽振興大使」が参加した音楽イベント(2017年)（大正区、*他区、他都市）

月日	イベント名
1月　9日	大正区成人の日つどい
2月 23日	ランチタイムコンサート
4月　9日	岸和田お城まつり*
6月 25日	T-1ライブグランプリ予選第1回
8月 22日	関西ウォーカーTV出演
8月 26日	泉尾商店街夏祭り
8月 27日	River大正エイサー祭（平尾）
8月 28日	中之島なつまつり*
9月 24日	T-1ライブグランプリ予選第2回
10月 15日	大正区民まつり演奏会
10月 15日	ほっとねっとベイコムTV出演@大正区民まつり
10月 29日	天保山まつり*
11月 26日	大阪マラソン「ランナー盛り上げ隊！」
12月	ほっとねっとベイコム
12月 17日	T-1ライブグランプリファイナル

（出典）大正区資料にもとづき作成

4）水辺空間の活用による賑わいづくり

大正区においては、大正区と西区の間を流れる尻無川の水辺空間を活用し、カフェ、フードホール、台船レストラン、ライブステージ等の多様な賑わいの空間を持つ複合施設「TUGBOAT_TAISHO」（タグボート大正）が2020年（令和２年）１月開設されるなど、地域の魅力、音楽分野の蓄積を活かした新しい大正区の魅力づくりの取り組みが進んでいます[9]。

とくに夕べの光のなか水辺空間に半ば浮かぶ「TUGBOAT_TAISHO」の姿と施設空間は魅力的です（図表3-7）。

この施設を運営する株式会社RETOWNのゼネラルマネージャー中岡麻緒さんは、「TUGBOAT_TAISHO」開設のねらいについて、「私たちの会社は中之島地域など各地で魅力あるまちづくりに取り組んでいます。今回、区の募集に応じてこの施設を構想した背景には、大正区の持つ『ものづくりの街』

『沖縄文化の伝統』という魅力がありました。なにより大きな魅力がその水辺空間、アイランドシティという立地です。地域の多様な魅力をアップデートして水辺の空間で表現し、たくさんの方々にアピールし楽しんでいただきたいという思いが取り組みの原点になっています。“TAGBOAT”と“TAISHO”の文字をつなぐ“_”に私たちの思いが表現されています」と語ります。

施設の開設にあたって、同社はその集客目標を年間60万人と掲げました。おりしもコロナ禍がわが国を覆った時期と重なりましたが、月平均の集客数は2～3万人となり、成果をあげています。

［図表3-7］「TUGBOAT_TAISHO」

（出典）筆者撮影

（写真提供：「TUGBOAT_TAISHO」）

たそがれの刻、施設を訪れると、川にうかぶイタリアンレストランや沖縄料理店の賑わい、ライブの場でのリズムにのった歌声があふれ、人々を惹きつけています。

今後の展望について。中岡さんは、「もっとたくさんの方々に来ていただくために現在、宿泊機能、ホテルを計画中です。USJや真向いの大阪ドームなどにお越しになる大家族の方々も宿泊可能な場としてぜひ利用していただきたいと考えています」と語ります。

大正区は、江戸期の新田開発以来、大阪の水辺のフロンティアとして時代を切り開いてきました。地域に蓄積された多様な音楽文化資本の特色を活かし、アーティスト、市民、事業者、自治体等の協働による取り組みは大きな可能性を持っています。

2.「高槻ジャズストリート」—レジェンドから若者への音楽文化の継承

音楽があふれる５月の高槻

大阪府高槻市は、大阪北部、人口35万人の中核市です。山陽道と淀川という水陸の交通路の要衝として、江戸期には大阪における３つの城（大坂城、高槻城、岸和田城）の所在地の１つとして発展してきました。近代においては、JR、阪急電鉄の２つの鉄道路線を軸として住宅地開発が進み人口が急増し、また国道、高速道路沿線には工場、倉庫等が集積しています。

「高槻ジャズストリート」は、1999年（平成11年）開始され20数年の歴史を有し、毎年５月の連休に、高槻市のJR、阪急のターミナル駅周辺を中心として、文化ホール、小中学校、喫茶店等店舗、商店街等の幅広い都市施設、都市空間数十か所を活用し、ジャズ音楽を中心として都市空間全体を開かれた音楽の場として展開される音楽イベントです[10]。

2022年（令和４年）５月、コロナ禍を経て３年振りに開催されたイベントには、市民、来訪者が街に集い賑わいがよみがえりました。３日、４日の２日間、市内50会場及び巡回バスが会場となり、725組にのぼるバンドによる公演が実施されました。

2023年（令和５年）５月には、市内60か所の会場で開催され、アメリカの代

[図表3-8] 高槻ジャズストリート会場図(2024年)

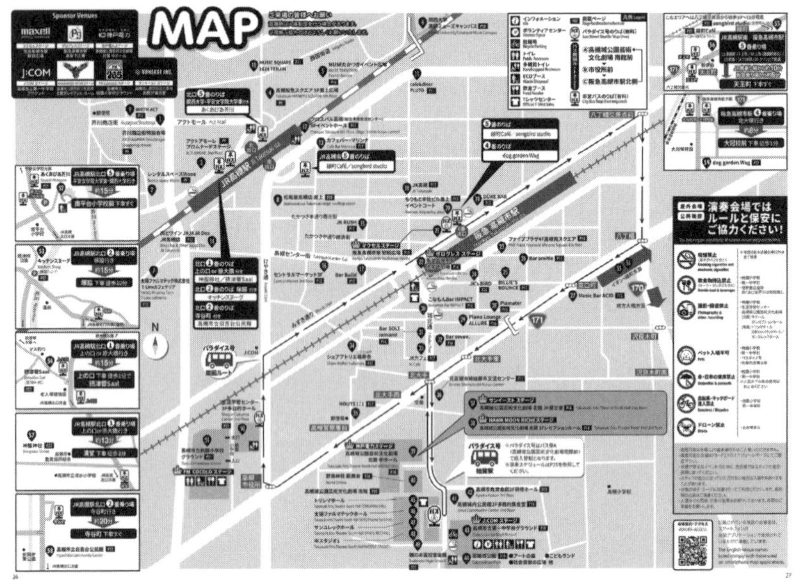

(出典)「高槻ジャズストリート」パンフレット

表的なジャズフェスティバルの１つであるデトロイトからバンドメンバーが初めて参加し、公演は大きな人気を呼びました。

また、市による歴史的文化拠点として高槻城城跡公園の整備が進み、公園には新たな音楽、舞台芸術拠点として新ホールが活動を開始し、人々の参加で賑わっています(図表3-8、3-9)。いずれの会場も聴衆であふれ、大きな賑わいとなっています。「ジャズストリート」の公演は、高槻市の音楽、舞台芸術の拠点である高槻城公園芸術文化劇場、喫茶、飲食店、神社能舞台、学校校舎、運動場、鉄道高架下広場、駅前広場、借り上げバス等多様なスペースで開催され、市民が音楽を楽しみ、交流する市民の音楽参加と創造の場を生み出しています。

市民、来訪者は、駅の案内所等でガイドパンフレットを受け取り、それぞれの好みで、街の多くの会場を回遊していきます。中学校グラウンド会場では、子連れの家族がゆっくりと弁当を広げ、人気アーティストが出演する店や会場には長い行列ができます。バス会場では、市内の各会場を巡りながら車内で演奏が行われ楽しい音楽空間となります。駅周辺の商店街は人であふ

[図表3-9]「高槻ジャズストリート」会場風景

（出典）筆者撮影

れ、とくに「城北商店街」から高槻城公園芸術文化劇場へ向かう道筋は人波がとぎれません。

商店街と街の活性化をめざして発足

1990年代以降、低成長時代への移行のもとで都市、地域の商業の拠点である商店街は困難な課題に直面しています。広域的な大規模商業拠点の郊外進出や消費者の消費行動の変化、若年人口の減少などのもとで、とくに都市の中心部における商業拠点、商店街では空き店舗が増加し、「シャッター通り」の発生は地域社会の空洞化を招き、地域商業の活性化が都市政策における重要な課題となっています。

中小企業庁の「令和３年度商店街実態調査」によれば、全国商店街における「空き店舗」数の平均は5.49店舗、空き店舗率は13.59％となり、商店街の「現状の景況について」の設問に対する各商店街の回答においても、「衰退している」がトップの36.5％、次いで「衰退の恐れがある」が30.7％を占め、各商店街の実情をふまえた地域での取り組みが求められています（図表3-10）。

高槻市においても都市の商業拠点である商店街は同様の課題を抱えていました。「高槻ジャズストリート」創設の提唱者であり、現在も運営の中心的な役割を担う喫茶店「JK」経営者北川潤一郎氏は、イベントが発足した1999年当時の商店街の状況について、「イベントの発足の年1999年はこの店『JK』の開店と同年です。20年前の当時、バブルのあとで商店街は低迷し、ゴールデンウィークでも開店しているのは、当店とマクドナルドなど２、３店という状況でした。なんとか、まちを活性化したい、高槻に人を来てもらうためになにかできないかと模索していました」と語っています。

こうしたなかで、城北商店街では、「音楽」にその活路を見出そうとする取り組みがスタートしました。北川氏は、「当時、喫茶店には、現在『ジャズストリート』の代表であるベーシスト蓑輪裕之氏など、何人かのミュージシャンが来店していました。彼らとの対話のなかで、店が立地する『城北商店街』にちなんだ名前『ジャズストリート』というアイデアがうかびました」と語ります。

[図表3-10] 商店街の現在の景況について

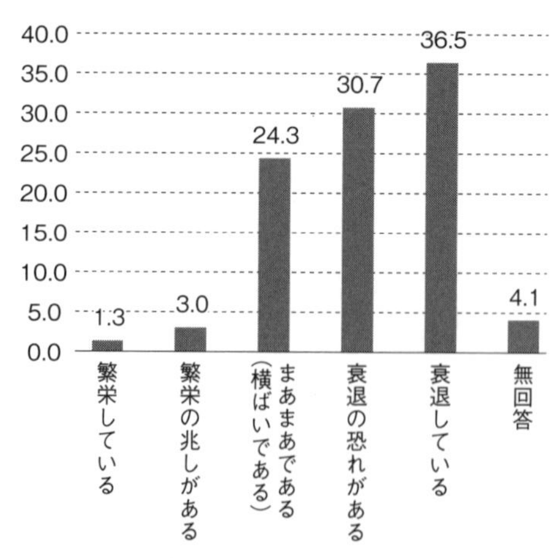

（出典）中小企業庁「令和３年度商店街実態調査」にもとづき作成

音楽が生きる街づくりという北川氏の発想の原点には、若い日のニューヨークでの経験がありました。

「音楽のまちをつくりたいという発想の原点には、20代のころバーテンをやっていたニューヨークハーレムでの経験がありました。まちなかの広場で小学生が音楽をやり、店のピアノを４、５歳の子が弾いていました。ブロス・タウンゼントさんというジャズミュージシャンが取り組んでいた麻薬防止のプロジェクトへの参加を、アパートの家主にすすめられ加わりました。最初は手伝いにきているという思いでしたが、仲間からボランティアならもっと一生懸命やれといわれたとき、目が不自由なタウンゼントさんが皆の手をつないで『愛が見える』と語ったことが記憶に残っています。彼は2003年に亡くなりましたが、その人脈が穐吉敏子さんをはじめトッププレイヤーを高槻に呼ぶつながりになっています」と語ります。

「ジャズストリート」のスタートにあたっての大きな課題が、音楽イベントとしての全体企画と参加アーティストの確保でした。北川氏とともに創設メンバーの１人である高槻市在住のジャズプレイヤー、ベーシストである蓑輪氏は、学生の頃からジャズに親しみながら、名古屋芸術大学に進み、その後ドイツに留学、シュツットガルト、デュッセルドルフでモダンコントラバス奏法を学び、帰国後は演奏活動ともに、高槻にミュージックスクールを開設、若手を育成し、ライブの場「ビリーズバウンス」を運営しています。

蓑輪氏は、企画にあたっての目標を音楽の専門家としての立場から語ります。「企画のコンセプトの柱は、地域の若者、子どもたちに身近な場でまずジャズの素晴らしさを知ってもらうというところに置きました。市内のいろいろな場でまず音楽に親しんでもらう場をつくっていくという視点から企画していきました」。

この視点から、「ジャズストリート」では、蓑輪氏の音楽分野でのネットワークを活かして、日野皓正氏らのトッププレイヤー、「アロージャズオーケストラ」の首席奏者を主にしたジャズバンド、小編成トリオ、「JK」に出入りする若手プレイヤー、学校バンドなど幅広い出演者の企画が組まれていきました。

レジェンドから次の世代への音楽文化の継承

スタートした「ジャズストリート」はトッププレイヤーの演奏が聴けると大きな反響を呼び、数万人の聴衆が参加する大きな音楽イベントとなっていきました。

その企画運営の柱について、蓑輪氏は、「次の世代にジャズの魅力を伝えていくということが一番大事ではという思いから、各年の招聘プレイヤーには、ピアニストのローランド・ハナ、バリー・ハリス、サックス奏者のスコット・ハミルトンなどジャズの歴史を担ってきたレジェンドを招くという方針でお願いしてきました。彼らにはできる限り、若手との共演や、セミナーの機会を設け、その音楽を次の世代に学んでもらっています」と語っています。

この視点から、毎年の「ジャズストリート」企画の大きな柱の1つが、次の世代、青少年が身近な場で音楽に親しむとともに、音楽の技、スピリッツを伝える継承の場づくりです。

その1つに青少年の音楽環境づくりのための「スクールジャズコンテスト」の開催があります。1位となったグループには、本番で、トップアーティストとの共演の場が設定されます。

また、次世代の育成、音楽文化普及に向けたベテランによるクリニックの開催も人気を呼んでいます。2019年（令和元年）には、サックス奏者のスコット・ハミルトン氏による「インプロビゼーションクリニック」、ボーカリストのグレタ・マタッサさんによる「ヴォーカル＆スキャットクリニック」が開催されました。 2022年（令和4年）には、マンハッタン・ジャズ・クインテットのリーダーであるデヴィッド・マシューズ氏による「アンサンブルクリニック」、ジャズフェスティバルを取材するフォトグラファー常盤武彦氏による「フォト＆トークセッション」が開催されています。2023年（令和5年）にはデトロイトからの代表によるアンサンブルクリニックが実施されました。

事業の企画検討でも若者の参加が重視されています。演者の送迎、期間中のサポートを学生たちのチームが担い、車中で演奏が聴けるユニークな「ライブバス」のアイデアも女子高校生が発案し、高槻市バスの協力でバスが借り上げられスタートしました。

二十数年間のイベントの実施を通じて、北川氏は、商店街の空き店舗が減り、地域に大きな刺激を与え、秋の「食の文化祭」、もちつきイベントなど地域イベントも増えているとして、今後の展望として、高槻市内での広がりを進め、さらに各地のジャズ音楽の取り組みとのネットワークを広げていきたいと語ります。高槻市内の富田駅前を中心に「富田ジャズストリート」が同日開催され、阪急沿線の街茨木や池田にもジャズイベントが広がりをみせています。

一商店街の手づくりの活動から始まった「高槻ジャズストリート」の試み

は、市内の都市空間を音楽空間に変え、数万人が参加し楽しむ市民の春の音楽イベントとして定着しています。開催当初から「ジャズストリート」事業を応援し、各年イベントに参加してきたジャズシーンを代表するアーティストであったサックス奏者古谷充氏が2020年（令和２年）、トロンボーン奏者宗清洋氏が2022年（令和４年）他界されましたが、次の世代に音楽文化を継承していくという志は受け継がれ、内外の音楽家、全国の音楽ファンに音楽文化都市高槻をアピールしています。

さらに、2023年（令和５年）にはアメリカのジャズ音楽の拠点都市デトロイトとの交流がはじまりました。世界から愛好者が集い、トップクラスのミュージシャンが出演するデトロイトのフェスティバルには高槻からバンドが出演し好評を得ました。

2024年（令和６年）１月、第15回「たかつきスクールJAZZコンテスト」が開催されました。コンテストには中学校３校、高等学校９校のスクールバンドが出演し、日ごろの練習の成果を競いました。熱演には満場の観客から熱い声援がおくられました。各バンド12分の演奏に対して、サックス、トランペット、ベース、DJのジャズの専門家審査員から、それぞれのバンドの演奏に対して、各楽器の奏法、リズムの捉え方、パートのバランスなどきめ細かなアドバイスと、温かい励ましが送られ、次の世代を育てようという気持ちが伝わっていきます。

「高槻ジャズストリート」は、若い世代に音楽のよろこびをつたえ、地域の創造的発展を展望する中心的なイベントとして発展しています。

（注）

1 横山［2011］参照。
2 近代大阪経済の発展の軸となった綿工業の発展について芝村［1998］参照。
3 大阪俘虜収容所研究会、大正ドイツ友好の会編［2008］参照。
4 金城厚［2006］、本田安次［1991］参照。
5 移住者の本土での沖縄文化の価値の再確認、固有の文化への思いについて岸［2013］参照。
6 沖縄市企画部平和文化振興課編［1998］、塚田［2019］参照。
7 金城馨［2019］参照。
8「音楽振興大使」は公的な活動の場のほか、大正区の飲食店等でのライブにも積極的に参加しています。大正区には沖縄料理をはじめ各国の魅力的な民族料理を紹介する店舗が多く存在しますが、2016年11月には「第７代大使」ヒサ絵さんのライブが、インドの民族料理、カレーの店「サレガマ」で行われ、香り高い鶏肉カレーとナンを楽しみつつ音楽を楽しむ魅力的な場となりました。また12月には、JR大正駅前にある「dalli」でのライブが開催され、ヒサ絵さんと「第６代大使」瀬戸山智之助氏、「クラフトタウン」を目指す筋原大正区長（当時）も参加し自作の「大正リバーサイド物語」を披露しています。

9「TUGBOAT_TAISHO（タグボート大正）」ホームページ（http://tugboat-taisyo.jp）参照。

10 八木［2020］参照。

第4章

音楽ホールと音楽文化団体との連携

――門真市民文化会館ルミエールホールの取り組み

本章では大阪府門真市における音楽ホールと地域音楽文化団体の連携の事例を通じて、地域の音楽文化資本を活用した創造的な地域づくりの取り組みを考察します。

1. 近郊都市門真市の発展

門真市は、淀川の南、京都と大阪を結ぶ京阪電車沿線に立地する人口約12万人の市です。市域の多くは、古代の「河内潟」の地であり、古来、水との闘いと共存のなかから「河内蓮根」、菜種、木綿栽培などが見られる田園地帯として発展してきました。市域では各所で水辺環境に適した樹木、楠の姿がめだち、なかには樹齢千年を超える大木が魅力ある景観を形成しています。

1910年（明治43年）京阪電車が開通しましたが、近郊農村であった門真の姿を大きく変えるきっかけとなったのが、1918年（大正7年）大阪市内で創業された松下電器産業の1933年（昭和8年）の本社、主力工場の移転でした。以降、家庭電器産業関連分野の事業所が集積し、また、高度成長期には大阪市内への通勤人口が急増、住宅地域の拡大により10年間で人口が倍増するなど急速に都市化が進展しました。

1990年代以降においては、経済の国際化が進むもとで地域産業の活性化、密集市街地環境の改善、人口の長期減少への対応が重要な政策課題となっています。門真市の状況は、戦後高度成長期とそれ以降における大阪近郊都市の状況を典型的に示しています（図表4-1）。

[図表4-1] 門真市人口・製造業の動向

・人口（1955～2020年）

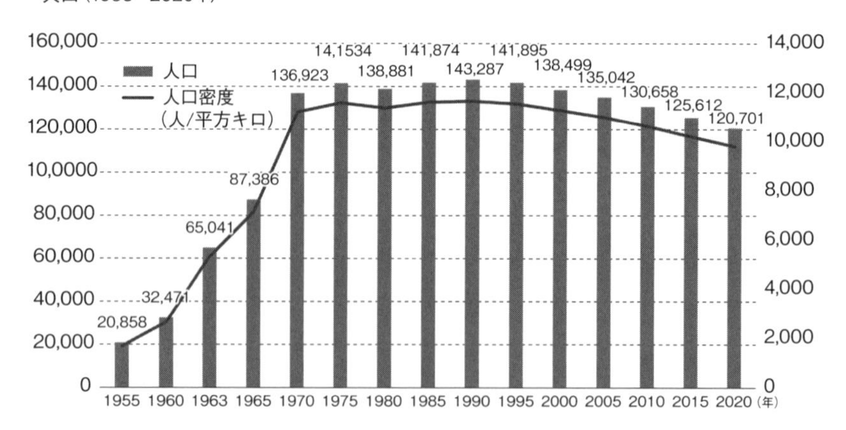

・製造業（1975～2019年）

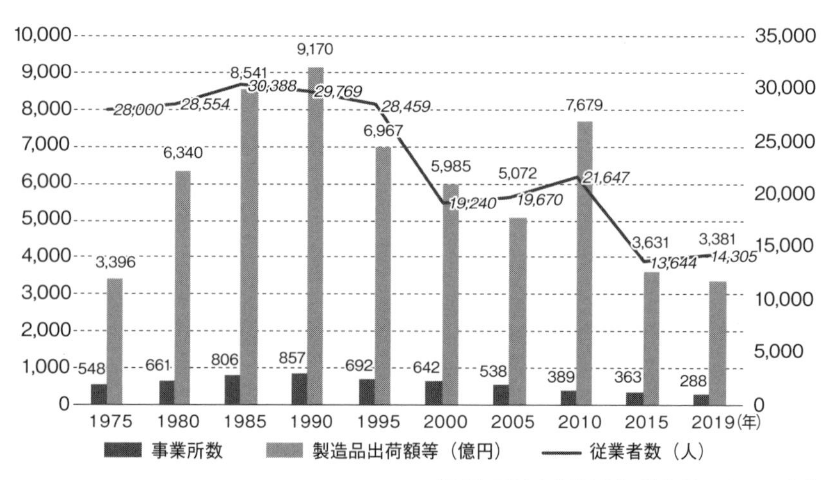

（出典）「門真市統計書」「工業統計」にもとづき作成

2. 門真市における文化政策・文化事業の展開

1）文化政策の指針づくり

門真市における文化政策・文化事業の展開を見たのが［図表4-2］です。人口急増を受けて1963年（昭和38年）市制が施行されましたが、同年には門真市文化祭がスタートしています。

［図表4-2］門真市における文化政策・文化事業の展開

年	文化政策・文化事業
1963年（昭和38年）	門真市市制施行。門真市文化祭開始
1968年（昭和43年）	門真市立文化会館開館
1971年（昭和46年）	門真市文化協会設立
1988年（昭和63年）	門真音楽協会設立
1992年（平成4年）	財団法人門真市文化振興事業団設立
1993年（平成5年）	門真市民文化会館ルミエールホール開館
1998年（平成10年）	吹奏楽フェスティバル開始
2001年（平成13年）	文化芸術振興基本法施行
2003年（平成15年）	地方自治法改正（指定管理者制度） 合唱（コーラス）フェスティバル開始
2006年（平成18年）	行財政改革、協働の推進による補助金見直し 門真市民文化会館ルミエールホール指定管理者制度導入 市民ミュージカルなど市民団体活動活発化
2007年（平成19年）	門真市文化芸術振興条例施行
2008年（平成20年）	財団法人門真市文化振興事業団解散
2009年（平成21年）	門真市文化芸術振興基本方針策定
2010年（平成22年）	門真市第5次総合計画策定 門真市文化祭会場を門真市民文化会館ルミエールホールに移す 文化振興公民協働会議（アートリーグ門真）設立
2013年（平成25年）	門真市文化祭が指定管理者への指定事業になる 「まちかど・まちなかコンサート」開始
2015年（平成27年）	実行委員会形式による「第九コンサート」開始
2017年（平成29年）	文化芸術基本法施行
2018年（平成30年）	実行委員会形式による「絵画展」開始 門真市文化芸術の推進に関する基本計画策定諮問
2019年（平成31年）～ 2020年（令和2年）	庁内検討委員会、市民100人会議、市民アンケート、文化芸術推進フォーラム、パイロットプロジェクト会議等における検討
2020年（令和2年）	門真市第6次総合計画策定
2021年（令和3年）	門真市文化芸術推進基本計画（2021.4～2031.3）策定

（出典）「門真市文化芸術推進基本計画」にもとづき作成

市民の文化ニーズの高まり、芸術文化活動の発展を受けて、1993年（平成5年）門真市民文化会館ルミエールホールが開館します。地方自治体における文化政策、文化事業の推進体制に大きな影響を与えたのが国における2001年（平成13年）の文化芸術振興基本法の制定でした。以降各自治体における文化振興の条例の制定が進みます（第8章参照）。

門真市においては、2007年（平成19年）、「創造的な文化芸術活動を通じ、『このまちに住みたい』と思えるような魅力と誇りある『わが市（まち）門真』」をめざす門真市文化芸術振興条例が制定されました。

2020年（令和２年）策定された市の『第６次総合計画』では「文化芸術推進基本計画」を策定し、文化芸術活動を行う市民、企業、大学、NPO、自治体の協働による取り組みを進めるとされています。

2021年度から2030度までの10年間の文化振興の指針として策定された「門真市文化芸術推進基本計画」においては、「12万人が活躍するクリエイティブ・シティをめざして」を目標として掲げ、「役割・担い手」「参加機会」「協働・共創」「場所・施設」「資金・支援」「広報・情報」の６つの視点から施策の取組方向を示しています。

策定の過程においては、４か年間という十分な検討と討議の時間が取られ、通常の諮問機関としての「文化審議会」だけではなく、「市民100人会議」「市民アンケート」「シンポジウム・フォーラム」「庁内検討委員会」など市民との協働、討議の場、機会の確保と庁内他部局との連携に重点をおいた取り組みが行われたことがその特徴としてあげられます。

策定の過程で行われた門真市の文化の状況、文化芸術活動の環境についての「市民アンケート」においては、「誇りに思える文化芸術活動の身近な存在」「団体・個人の交流機会」「行政の適切な支援」には比較的高い評価が与えられ、他方で、「魅力ある指導者」「若者、子どもへの芸術文化教育機会」「文化芸術活動の情報」「文化芸術活動の場所」等の項目については課題とする意見が多くよせられています（図表4-3）。

２）ルミエールホールの活動

門真市における音楽分野の文化事業の中心を担うのが1993年（平成５年）に開館した門真市民文化会館ルミエールホールです。

大阪の近郊都市においては、戦後高度成長期、1960～70年代から公立文化ホールの開設が進み、豊中市、吹田市、岸和田市などにおいて特色ある文化事業が展開されてきました。

門真市民文化会館ルミエールホールは、1,104席の大ホール、252席の小ホール、展示ホール、リハーサル室等を含む総合文化施設です。音楽文化団

[図表4-3]「市民アンケート」にみる門真市における市民の文化芸術活動環境への評価

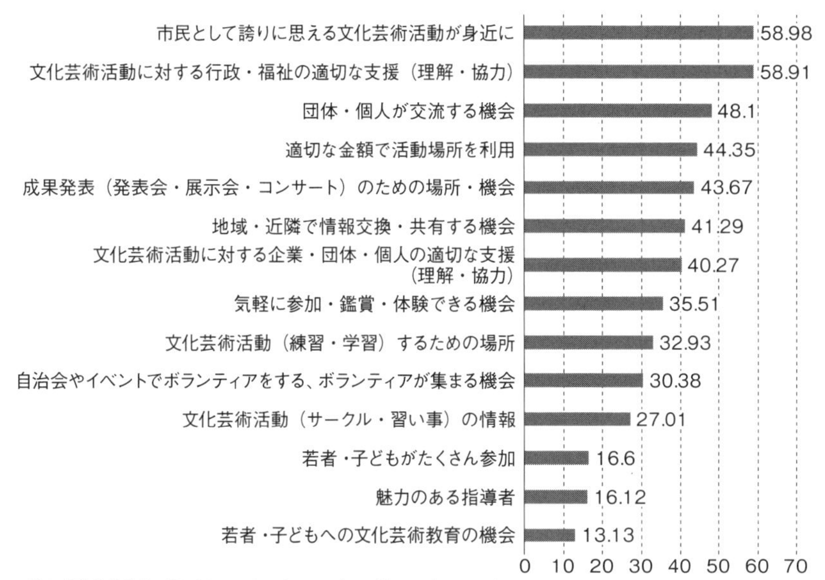

（注）「推奨指数」:「全くあてはまらない：0」～「あてはまる：10」
回答のうち、「8～10」回答数の対総回答数比

（出典）「門真市文化芸術推進基本計画」にもとづき作成

体から音響面などの評価が高く、大、小ホールが１年前の抽選会でほとんど予約が埋まるなど文化芸術分野の拠点施設として活発に活動しています。市が2008年（平成20年）に行った門真の文化資源の認知度アンケートにおいても、市民の91.7％が門真市民文化会館ルミエールホールをあげ市民への普及度は非常に高いといえます。

門真市民文化会館ルミエールホールの運営における特徴として、地域の芸術文化団体と連携した積極的な活動をあげることができます。連携活動と活発で個性的な文化事業の担い手となっているのが、指定管理者である特定非営利活動法人トイボックスです。

2003年（平成15年）の地方自治法の改正による指定管理者制度の導入を受けて、各自治体の文化施設において指定管理者制度の導入が進みました。芸術文化分野の施設における指定管理者制度の運用における近年の特徴として、芸術、文化事業に取り組む多様な団体の積極的な参画とそのノウハウを活かした特色なる文化事業の展開があげられます[1]。

2009年（平成21年）から指定管理者として事業を行う特定非営利活動法人トイボックスは、2003年（平成15年）設立され、１人ひとりの多様性を活かした社会をめざして、自治体と連携した子育て支援、まちづくり、文化振興などの分野を主に取り組みを進めるNPO法人です。

門真市民文化会館ルミエールホールにおいては、市が指定する文化事業（「市文化祭」「吹奏楽フェスティバル」「コーラスフェスティバル」「まちかどまちなかコンサート」古典芸能等）と指定管理者（特定非営利活動法人トイボックス）による独自事業（「ロビーコンサート」「アウトリーチコンサート」等）が展開されています。「アウトリーチコンサート」事業では、市内の小学校４年生を対象として、プロの音楽家を派遣し無料コンサートを実施し小学生に音楽鑑賞機会を提供しています。2017年度（平成29年度）においては市内全14小学校の４年生887名を対象に実施されています。

多様な分野でまちづくりを進める経験、ノウハウを持つNPO法人である指定管理者の特性を活かして、文化施設と市民、音楽文化団体、公共団体等の協働による、市民の参加支援、次の世代の育成に向けた芸術文化鑑賞機会の提供などに力が注がれています。

3. 市民、芸術文化団体とホールの協働

門真市における芸術文化事業の特徴として、「門真市民文化会館ルミエールホール」との密接な連携、協働による市民、文化団体の芸術文化事業の積極的な展開があげられます。音楽文化分野では、門真市音楽協会が1988年（昭和63年）に設立され、市民コンサートや市内の寺院、レストラン等と連携したコンサートなど先駆的な活動を行ってきました。

1）「みんなでつくる門真の第九」―音楽のあふれるまちへ

「みんなでつくる門真の第九」事業の発足のきっかけは、2014年（平成26年）の門真市制施行50周年記念事業でした。市民から募集された150名の合唱団と、地元を代表する企業であるパナソニックの職域吹奏楽団である「パナソニックエコソリューション吹奏楽団」（現パナソニックEW吹奏楽団）の共演で、吹奏楽と合唱との共演による「第九」演奏が行われました。

[図表4-4]「みんなでつくる門真の第九」公演

(出典)「みんなでつくる門真の第九」実行委員会

この公演は地域に大きな反響を呼び、翌2015年(平成27年)には、記念演奏会の成果を引き継ぎたいと「みんなでつくる門真の第九実行委員会」が結成され、「門真を誇りに思うまちをつくる」を目的として「第九」公演の準備が進められ、「門真を音楽のあふれるまちへ」を目標として、2016年(平成28年)以降各年新春に開催されています。

2017年2月19日、門真市民文化会館ルミエールホールで開催された「みんなでつくる門真の第九」公演は、200名の合唱団で大きく盛り上がりました。指揮、合唱指導は、声楽家で京阪神の音楽団体や「1万人の第九」公演で合唱指導者をつとめる小玉晃氏、巧みに合唱をサポートするピアニスト矢吹直美さん、エレクトーン、ティンパニ、打楽器が加わり、美しい響きの充実した演奏が行われました。

200名の合唱参加者は、門真市民と他の地域からの参加者で、「1万人の第九」参加者も多く参加しています。開催時期も、12月に「第九」合唱を経験した合唱団員の新しい年のチャレンジへの意欲をかきたてています。

「みんなでつくる門真の第九実行委員会」においては、市民、施設の指定管理者、市職員が協力して、自分たちの手で、地域の音楽文化を育てていくという方針にたって事業が手づくりで進められています。

門真市民文化会館ルミエールホール全面改修を受けて開催が予定された初のオーケストラ（大阪フィルハーモニー交響楽団）との共演はコロナ禍により1年延期となり、2021年（令和3年）2月、開催されましたが、舞台では市民1人ひとりが主役となっていることを感じさせる雰囲気があふれ、観客からは「良かった。テレビで音楽を見るのと全然違う」「迫力が違う。あの人もほんとに頑張ったはった」と感想が寄せられていました。

2023年（令和5年）6月には、新たに門真に誕生した大規模商業施設「ららぽーと門真」で、中学生との共演により「第九」演奏が行われました。演奏は、中学生のフルート、オーボエ、クラリネット奏者の演奏に、ピアノ、エレクトーン、ティンパニ奏者が加わり、合唱団が会場から自由なスタイルで参加していくという「フラッシュモブ」スタイルで行われ、数百名の観客から大きな拍手が寄せられました。

2024年3月には、門真市制施行60周年を記念して、門真市に本拠地を移した関西フィルハーモニー管弦楽団との共演による記念コンサートが開催され、大きな拍手を受けました。地域の特色ある音楽団体、まちの音楽文化の担い手としての活動がひろがっています。

2）パナソニックEW吹奏楽団―職域吹奏楽団の活発な活動

門真の音楽文化分野で大きな役割を果たしているのが「パナソニックEW吹奏楽団」の活動です。同楽団は1959年（昭和34年）「松下電工吹奏楽団」として誕生した職域の吹奏楽団です。パナソニック株式会社エレクトリックワークス（EW）社社員をはじめパナソニックグループ社員約60名で構成されています。

吹奏楽団は、学校教育や職域での活動を通じて、子どもたちが音楽に親しみ、また市民の音楽活動への参加の場として、大阪における音楽の普及に大きな役割を果たしてきました[2]。そのなかで100年近い伝統を有する「大阪市音楽団」（現Osaka Shion Wind Orchestra）と戦後設立された「大阪府音楽団」による普及、演奏指導活動が吹奏楽団の発展に貢献してきました[3]。

同楽団ではその「活動指針」として、「『役立ち』を意識し、『やりがい』を高め、『魅力ある』職場バンドへ！」を定め、楽員は仕事と音楽活動を両立させ、土曜日など休日を主とする練習と演奏活動に取り組んでいます。設立以降、長年大阪市音楽団の楽員に演奏指導を受け、その高い演奏技術は全国的に高く評価され、全国の代表的な職域の吹奏楽団が集う「全国職場バンドフェスティバル」では、大阪から「阪急百貨店吹奏楽団」とともに選ばれ出場しています。また設立60周年には大阪音楽大学教授の作曲家高昌帥氏に作品の委嘱を行うなど音楽創造の充実に努めています。

同楽団の演奏活動では、①依頼演奏行事、②演奏向上や交流・知見拡大を目的とする自主的企画行事という２つの柱のもとに、年間の活動が展開されています。依頼演奏活動では、年間を通じて、地域の公共団体、福祉団体等と連携した幅広い取り組みが行われています（図表4-5）。

そのなかで、門真市民文化会館ルミエールホールで開催される「ひと・愛・コンサート」や「門真市吹奏楽フェスティバル」には、行事の初回より連続して出場し、「吹奏楽フェスティバル」では中高校生と共演するなど、楽団の活動は市民に親しまれ、20年連続して開催される「定期演奏会」には来場者の約７割が地域の人々、アンケートでの満足度は95％と大変高い評価を得ています。団長の川上俊洋氏によれば、地域との連携とのきっかけとなったのが、門真市民文化会館ルミエールホールの開館であったといいます。

そのなかでも、楽団にとって印象的であったのが「門真市制施行50周年記念事業」（2014年）におけるベートーヴェンの「第九」演奏でした。

川上団長は「当初は吹奏楽にアレンジされた楽譜探しから始まり、音域、演奏法など苦労の結晶でした。しかし合同の演奏を進めるなかで、合唱団の皆さん、とくに高齢の方の熱意にうたれました」と語ります。

コロナ禍のもとで、2020年にはほとんどの演奏活動が控えられましたが今後も地域の音楽団体として地域の発展に貢献していきたいと川上団長は語ります。

パナソニックEW吹奏楽団は、優れた音楽創造的な活動と地域との連携に

［図表4-5］パナソニックEW吹奏楽団年間演奏活動（2018年度）

No.	日時	行事名	場所
1	4月8日（日）	第7回全国職場バンドフェスティバル	アクトシティ浜松
2	4月29日（日）	第4回大阪府職場・一般吹奏楽フェスティバル	フェスティバルホール
3	5月16日（水）	BSテレ東エンター・ザ・ミュージック収録	社内講堂
4	6月17日（日）	第21回門真市吹奏楽フェスティバル	門真市民文化会館 ルミエールホール
5	9月15日（土）	楽団創設60年記念第24回定期演奏会	門真市民文化会館 ルミエールホール
6	10月27日（土）	2018年度パナソニック全社AJTA大会	社内体育館
7	11月3日（土・祝）	さくらフェスタ2018	支援センターさくら
8	12月7日（金）	第23回門真市人権週間記念のつどい ひと・愛・コンサート	門真市民文化会館 ルミエールホール
9	2月2日（土）	第43回EW社門真地区駅伝大会（開会式/閉会式）	社内体育館
10	2月11日（月・祝）	第8回全国職場バンドフェスティバル	兵庫県立芸術文化 センター
11	2月23日（土）	第29回春をよぶみんなのコンサート	門真市民文化会館 ルミエールホール

（出典）パナソニックEW吹奏楽団資料にもとづき作成

［図表4-6］パナソニックEW吹奏楽団

（写真提供）パナソニックEW吹奏楽団

よって地域の音楽文化の発展、個性ある地域創造に大きな役割を果たしています。

3）関西フィルハーモニー管弦楽団―オーケストラのあるまちへ

音楽文化都市をめざす門真市民文化会館ルミエールホールにおける近年の特色ある取り組みが関西フィルハーモニー管弦楽団との連携です。2020年（令和２年）、関西フィルハーモニー管弦楽団による練習場としての活用がスタートしました。支援フラッグの掲示、練習の公開、音楽鑑賞機会の提供などオーケストラのある音楽都市門真に向け地域をあげた取り組みが開始されました。

関西フィルハーモニーは、1970年（昭和45年）「ヴィエール室内合奏団」として発足、1982年（昭和57年）に現在の名称となり、ザ・シンフォニーホールでの定期演奏会をはじめ多彩な演奏活動を展開してきました。

2020年（令和２年）、従来の大阪市内の練習会場の継続使用が困難となり、新たな会場の探索の結果、門真市との間で「ホームタウンパートナー」協定が同年11月に締結され、ルミエールホールが新たな練習会場として位置づけられ、さらに楽団事務局も門真市内に移転し楽団活動展開の拠点となっています。

門真市においては、楽団との連携協定を受けて、市民の音楽鑑賞機会の提供、サポーター活動の促進等を通じて、「オーケストラのあるまち門真」をめざす取り組みを展開しています（図表4-7）。

関西フィルハーモニー管弦楽団の今後の活動について、常務理事兼楽団長の大野英人さんは、「関西フィルハーモニー管弦楽団は、2023年、創立50周年記念事業としてオーギュスタン・デュメイ音楽監督ともに欧州公演を実施し大きな喝采をあびました。その成果をふまえ、2024年度の定期演奏会においても、ブルックナー、マーラー、ベートーヴェンなどの名曲とともに、新進作曲家の２つの新曲（林そよか作曲『ヴァイオリン協奏曲』、菅野祐悟作曲『ピアノ協奏曲』）をプログラムに位置づけるなど意欲的な取り組みを進めています。門真市との連携のもとに若い世代へ音楽のすばらしさを発信していく取り組みを進めていきたいと思っています」と語ります。

門真市における文化政策の推進とオーケストラの意欲的な活動の連携によ

［図表4-7］門真市と関西フィルハーモニー管弦楽団との主な連携事業（2020年11月〜）

年　月　日	連携事業内容	備　考
2020年（令和2年）11月	「音楽と活気あふれるホームタウンパートナー協定」締結、協定締結後 古川橋駅付近の街路灯にフラッグ及び大型屋外看板を設置。庁舎に懸垂幕を設置	
2021年（令和3年）2月22日	お披露目コンサート開催、YouTube配信	
5月	「ホームタウンサポーター」募集開始	特典：リハーサル公開抽選招待、音源データ・ステッカーデータの提供等
5月18日、6月16、17日	関西フィルのリハーサルライブ配信	
9月18日	リハーサル公開実施	サポーター28名招待
9月30日	関西フィル公式 YouTube チャンネルにおいて、楽団の練習拠点が門真市になったきっかけ、協定締結経緯を配信	
11月10日~16日	協定1周年記念事業 （1）関西フィル 50 周年記念 CD 抜粋楽曲を FM HANAKO にて放送 （2）定期演奏会チケット、Meet to the orchestra in 門真の公演チケット、関西フィル 50 周年記念 CD、藤岡氏著書「音楽はお好きですか」、公式グッズセットプレゼント企画実施（関西フィル提供）	
11月24日	市役所本庁にて昼休みに関西フィル 50 周年記念 CD の楽曲放送を開始	
12月8日	演奏会「Meet the Orchestra in 門真」を開催	
12月9日	第1回音楽サロンを実施	参加者：公私立幼稚園協議会 16 名
2022年（令和4年）1月14日	リハーサル公開実施	サポーター29 名招待 2022年度以降年３回ペースで実施
3月12日	門真市内中学校吹奏楽部に演奏指導を実施	
3月20日	第2回音楽サロン実施	年３回ペースで開催
2023年（令和5年）1月15日	市内ニューイヤーコンサート開催。以降毎年開催	
7月7日	関西フィルメンバープロデュースによるホームタウンかどまアンサンブルコンサートvol.1の開催	
2024年（令和6年）3月	「みんなでつくる門真第九」公演	
その他	・「広報かどま」でのオーケストラ紹介 ・門真市税条例改正により、公益法人等への寄付を控除対象（令和３年1月以降寄付対象） ・2024年7月、門真市中学生吹奏楽団発足。顧問、コーチとして協力	

（出典）門真市、関西フィルハーモニー管弦楽団資料にもとづき作成

り、音楽文化都市門真の新たな魅力が内外に発信されていくことが期待されています。

4）音楽文化資本を活かす地域創造へ

門真市における音楽文化ホールと市民、音楽文化団体との連携による音楽文化資本を活用した都市づくりにむけての取り組みを通じて、市民、とくに子どもたち、若い世代への音楽文化の普及が着実に進められています。2023年（令和5年）8月には、わかぎえふ氏作・演出により、門真に伝わる治水の取り組みを題材とした「わがまち門真市民ミュージカル第10回公演『茨田の堤―三つの愛、三つの約束』が小学生も含めて、ダンス、歌、芝居などそれぞれの得意を活かした市民参加で行われ大きな反響を呼びました。

文化の創造性が地域イノベーションの原動力となる新たな時代、創造経済への模索が求められています。

地域の音楽文化資本を活かす地域創造に向けて、これらの成果をふまえて、市民、音楽家、音楽団体、音楽文化関連産業のネットワークのさらなる取り組みが期待されています。

第1に、音楽文化活動の場、機会の提供、情報提供などを通じて門真市におけるオーケストラ、吹奏楽団、ソリスト、合唱団体など多くの音楽家、音楽文化関連団体の活動を促進し、内外への情報発信を支援することが求められます。

第2に、これらの取り組みの基盤となる音楽文化分野に関連する専門家、アーティスト、クリエイターの門真地域への集積の促進があげられます。既存市街地のリノベーションによる住環境の改善、音楽文化活動が行いやすい環境整備、発表の場、空間の充実、情報提供など音楽分野の専門家、アーティスト、技術者等が住みやすい街への取り組みと住みやすい街づくりの取り組みが一体となった支援が求められています。

また、次世代の育成、生涯学習の推進においても、高付加価値化、サービス経済化の流れに対応できる問題解決能力、製品開発能力、イノベーション能力を持った次世代の担い手の育成という視点にたって生涯学習支援体制の充実が望まれます。

第3に、新たな経済発展に向けた取り組みについて、門真市の産業構造の特色として、電気機械器具産業が大きなウエイトを占めていることがあげられます。わが国の高度経済成長の中で、中核的産業分野として発展を遂げてきた電気機械器具産業ですが、90年代以降経済の国際化、中国等の追い上げによって、各地域の産業集積は新たな時代への対応が課題となっています。

21世紀における情報化、サービス経済化、環境制約のもとでの今後のわが国経済発展、地域産業の方向を考えるとき、大きな課題は、高付加価値化と地球温暖化防止に向けた環境負荷の低減であり、その視点からみると、わが国における産業分野において電気機械器具産業はその両面で優れた特性を持つ産業分野です。

パナソニック社は、戦前期から、ラジオ、蓄音器、テレビなど音楽文化に関連する幅広い分野で優れた製品を開発、販売してきましたが、とくに1965年（昭和40年）からスタートした「Technics」ブランドはわが国を代表する音響機器のシリーズとして、スピーカー、ダイレクトドライブ方式ターンテーブルなど、その優れた性能により音楽愛好家、放送、レコード産業、音楽文化施設などの支持を得てきました[4]。

門真地域に蓄積された多様な「技」と地域の文化資本の基盤を活かし、音楽文化の拠点としての文化ホール、市民、音楽文化団体、音楽文化関連産業、大学、専門機関等との連携、ネットワークによる多彩な音楽文化事業の展開を通じて、クリエイティブな文化と産業の担い手の育成、新たな産業の創造、地域づくりを展望していくことが求められています[5]。

（注）

1 大阪北部の豊中市立文化芸術センターにおいては、日本センチュリー交響楽団を構成員に含む指定管理者を選定し、特色ある文化事業が推進されています。豊中市は大阪府北部に位置する人口約40万人の中核市です。市民会館の老朽化、耐震性の課題により平成22年度で閉館となり新たな文化ホールの整備が検討されました。新たな市立文化芸術センターは、音楽を主体とした多目的ホールと展示機能を備えた複合施設として計画され、大ホール（1,344席）、小ホール（202席）ほかで構成され、2017年（平成29年）1月開館しました。
指定管理者の公募が行われ、「JTB、日本センチュリー交響楽団、日本管財、大阪共立グループ」が指定管理者として選定されました。文化施設管理、舞台運営の専門事業者とオーケストラという特色ある組み合わせとなっています。市によれば、応募提案における地域の特色を活かした市民の音楽活動支援の取り組みが評価されたといいます。

2 職域の吹奏楽団は、1911年（明治44年）の八幡製鉄所がさきがけとされています（塚原［2001］参照）。

3 大阪における公共団体の文化事業の大きな特徴の1つが、公共団体の吹奏楽団の活動、文化普及事業における役割です。
近代日本の音楽文化を考察した浩瀚な著作、細川［2020］の叙述は、ペリー来航のおり、初めて軍楽隊の演奏を体験した薩摩藩士の興味深い印象記録の紹介から始まります。「ペリーの世紀はブラスバンドの世紀」でした。西洋音楽の導入は、国民国家形成の一環として進められ、その中軸の1つが陸海軍であり、軍楽隊の設立でした。

東京においては、陸軍軍楽隊が、鉄道開通式、落成式、開業式、運動会等の場への出張演奏、成立してきた市民層を対象とする日比谷公園を拠点とする音楽演奏、鑑賞の場の成立に大きな役割を果たしたとされています（細川［2020］参照）。

大阪においても、近代大阪の幕開けの時期、西洋音楽の市民への普及に貢献したのが軍楽隊の音楽演奏でした。1888年（明治21年）大阪第四師団に配備された軍楽隊は軍の行事に加えて卒業式、開校式等各種式典などで生の音楽鑑賞機会を提供するとともに、1912年（明治45年）には天王寺公園奏楽堂で月3回程度の演奏会を開始し市民への音楽普及に貢献しました（大阪音楽大学［1988］参照）。

軍楽隊は1923年（大正12年）軍縮により解散しますが、その楽員、活動は、「大阪市音楽隊（のち大阪市音楽団）」に引き継がれます。大阪市音楽団は、大阪毎日新聞社により1928年（昭和3年）寄贈された天王寺音楽堂を拠点とし、市民への音楽普及の担い手として長く活動を続け、2014年に民営化、2015年名称を「Osaka Shion Wind Orchestra」と改称して以降も現在まで活発な活動を続けています（樋口、戸田、三宅［2023］、戸田［2013］参照）。

また大阪府において1952年（昭和27年）設立された「大阪府音楽団」は都道府県立の唯一の吹奏楽団として、地域での公演、学生等の吹奏楽活動の指導に貢献しました。これら公立吹奏楽団の活動は、大阪における市民への音楽普及、学校教育や職場での吹奏楽の発展に寄与し、大阪の貴重な音楽文化資本をかたちづくってきました。

4 小川［2017］、「ものづくりタイムライン銘品History 1918-2018」（パナソニックミュージアムホームページ）参照。

5 音楽文化関連産業の発展の1つの示唆的な事例としてイタリアのピアノ製造業者FAZIOLI社の事例をあげることができると思われます。これまでショパンコンクールをはじめとする各種の国際的ピアノコンクールにおいては、アメリカのスタインウェイ、日本のヤマハ、カワイがその主要な製造業者としてピアニストの支持を得てきました。近年の特徴としてFAZIOLI社の好成績が指摘されています。2022年のショパンコンクールにおいては、第1位ブルース・リウ、第3位ガルシア、第5位アルメリーニにより同社のピアノが採用されています。

同社は、1981年設立のメーカーで、本拠地をベネチアに近い内陸の町サチーレに置き、従業員55名、年間生産台数約140台と中小企業の規模ですが、同社社長はローマ大学で先端的な音響工学を学ぶとともにロッシーニ音楽院でピアノの学位、ローマ音楽院で作曲の学位を取得しています。同社のピアノ生産においてはクラフト的生産、木材加工技術、音響工学の知識、音楽文化への深い知見が融合して新しい製品を生み出しているということがいえ、創造経済のもとでの次代の生産システムの方向の1つを示唆しているといえるでしょう（「ファツィオリジャパン社ホームページ：社史」（https://fazioli.co.jp）、大室一也「ショパン・コンクールで上位3人が演奏『ファツィオリ』成長の秘話」朝日新聞DIGTAL2021年12月25日参照）。

第5章

音楽文化資本の継承と地域創造

—— 大阪芸術大学の幅広いチャレンジ

本章においては、少子高齢化のもとでの地域経済社会の担い手の減少という地域が直面する課題に対して、市民と芸術系大学、自治体の連携によって貴重な音楽文化資本を継承し、地域の創造的発展を図る取り組みを考察し、その意義と展望を考察します。

1. 総合芸術大学としての発展とその総合力

文化の創造性が地域経済、社会発展の源泉となる今日において、芸術系大学の果たす役割が期待されています。小著『アートの力と地域イノベーション』[2016] においては、アートの分野における東京、金沢、京都における芸術系大学の取り組みについて、地域連携における3つのポイント、市民とアーティストの協働による魅力ある地域の創造、産業の技とアートの力の新結合による地域産業の新たな発展支援、市民、子どもたちの幅広い発達支援という視点から現況と展望を考察しました。

音楽の分野においても、大阪における芸術系大学は、アーティスト、音楽文化分野の幅広い人材の育成において大きな役割を果たしてきました。近年の大きな特徴は、大学が有する音楽文化分野の資産を活かして、地域の市民、公共団体等との連携により地域の創造的発展に貢献しようとする取り組みの発展です。

国の主導により東京音楽学校（のち東京藝術大学音楽学部）が設立された東京と異なり、大阪、京阪神圏においては私学である大阪音楽大学、大阪芸術大

学、キリスト教の伝統をふまえて合唱音楽文化の発展に大きな役割を果たした同志社大学、関西学院大学など、民間の力が主な担い手となっています。

1915年（大正4年）開学した大阪音楽学校（のち大阪音楽大学）は、東京音楽学校に学び音楽教師として大阪に赴任した永井幸次氏によって設立されましたが、設立にあたって氏は「日本音楽の発祥地といへば此の大阪である、ソコへ東京音楽学校と対抗するに足るべき音楽学校が今日まで現れなかったのは寧ろ不思議だと云ってもよい」（『大阪毎日新聞』同年5月28日付）と、音楽文化の先進地域であった大阪での音楽学校設立の意気込みを述べています[1]。

本章では、音楽、建築、写真など15学科を擁する総合芸術大学である大阪芸術大学における地域連携・社会連携の取り組みを取り上げ考察していきます。

大阪芸術大学の前身は、学園創設者塚本英世氏により1945年（昭和20年）開設された平野英学塾に遡ります。1957年（昭和32年）の大阪美術学校の設置を経て、1964年（昭和39年）美術学科、デザイン学科で構成される浪速芸術大

［図表5-1］大阪芸術大学卒業生の就職状況（業種別、職種別比率）（2022年度卒業生）

・業種別

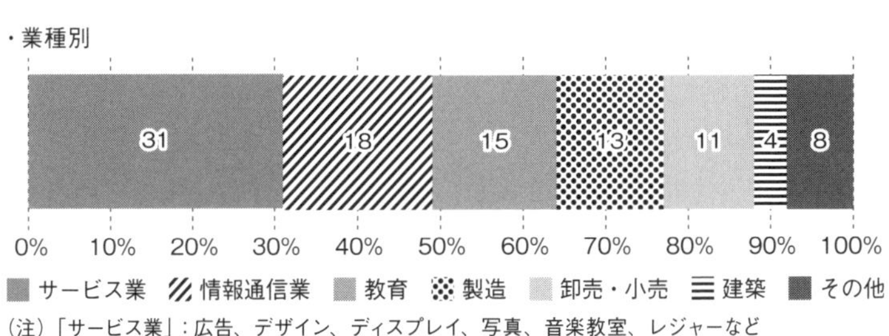

（注）「サービス業」：広告、デザイン、ディスプレイ、写真、音楽教室、レジャーなど
「情報通信業」：情報サービス、放送、映像制作業など
「製造」：ゲーム、印刷、文具、食品、衣料、家具、自動車メーカーなど

・職種別

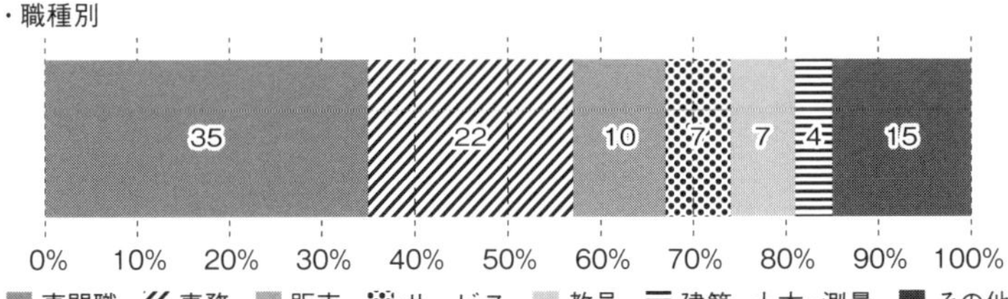

（注）「専門職」：デザイナー、アニメーター、プランナー、商品企画、フォトグラファー、AD、技術（放送、映像、舞台系）、サウンドクリエイター、俳優など

（出典）大阪芸術大学「JOB HUNTING REPORT」にもとづき作成

[図表5-2] 大阪芸術大学における多彩な地域連携の取り組み

分野	取組事例	地域・関連団体
音楽	旧生駒トンネルで響く! 大阪芸術大学学生による演奏会 クリスマスコンサート 河南町ぷくぷくサンデーコンサート ふれあいコンサート 近鉄百貨店・バレンタイン特設会場の音楽制作	近畿日本鉄道 羽曳野市 河南町 南河内地域の福祉施設 近鉄百貨店
デザイン	富田林市職員採用資格試験ポスター 河南町カナちゃんバスデザイン 奈良県斑鳩町マラソン大会ポスター、バックパネル等デザイン 赤い羽根共同募金 地域案内看板制作	富田林市 河南町 斑鳩町 大阪府共同募金会 和歌山県橋本市嵯峨谷
放送	「嵯峨谷の神踊り」(和歌山県無形文化財指定) ドキュメント制作	和歌山県橋本市嵯峨谷
美術	店舗での作品展示	SMBC信託銀行
工芸	富田林市寺内町での作品展示	富田林市
教育	地域の子どもたちを対象としたアート活動	河内長野市

(出典) 大阪芸術大学資料

学として開学、1966年(昭和41年)には大阪芸術大学と改称、その後、音楽、建築、写真、舞台芸術、映像等芸術文化の各分野の学科が設置され、芸術の力を活かして幅広い分野の人材を育成する高等教育機関として発展しています。

大学の近年の卒業生の進路状況を見たのが[図表5-1]です。学生は音楽、美術等の芸術文化分野に取り組み切磋琢磨していくなかで、幅広い感性、想像力、企画力、行動力等を身につけ、製造業、サービス業等幅広い産業分野に就職しています。

芸術文化各分野におけるアートの探求が生み出す感性、創造性と、産業界が蓄積してきた基盤技術、「技」が融合することにより新しい事業分野、新商品、サービスが生み出されていくという今日の時代が求めるイノベーションの方向を示唆する就職の状況となっています[2]。

大学では、15学科の幅広い専門性を活かして各地域、企業との地域連携の取り組みが行われています。大阪芸術大学のメインの学舎は大阪の南河内地域、河南町に立地していますが、地域の市町村だけではなく、大阪市内あるいは県境を超えた奈良県の斑鳩町や和歌山県の橋本市、近畿日本鉄道等の企業などとも幅広い連携が行われています(図表5-2)。

ここではそのなかで、本書の視点、地域の文化資本を活かした地域創造の取り組みという視点から、和歌山県橋本市嵯峨谷地区との連携の事例についてみていきます。

2.「隠れ里『嵯峨谷』を未来へつなぐ架け橋プロジェクト」

和歌山県橋本市嵯峨谷地区は、大阪府と和歌山県を分かつ和泉山脈の南斜面、標高約400メートルの地にあり、南は紀ノ川を隔てて高野山、大峰の山系を望む景勝の地です。地区の特産物としてイノシシ、炭、柿などが豊かですが、近年、高齢化、過疎化の進行のもとで、今後の地域振興の方向づけが大きな課題となっています。

急傾斜の環境のもとでの稲作や果樹栽培の農業には大きな労力を必要とし、地域の産業、文化の担い手の確保が重要な課題となっています。

これらの課題の解決に向けて、地域では、地域全世帯が加入する地元団体「嵯峨谷『縁』の会」、橋本市、和歌山県、大阪芸術大学が連携して取り組むプロジェクト「隠れ里『嵯峨谷』を未来へつなぐ架け橋プロジェクト」が2020年(令和２年)開始されました。プロジェクトは総務省の「過疎地域等集落ネットワーク圏形成支援事業」に採択され、大学との連携協定のもとに、大学の有する知、学生の若いアイデア、エネルギーを活かして、地域の貴重な文化資本を後世に残し、またそれを活かした地域おこしの活動が開始されています(図表5-3)。

「嵯峨谷の神踊り」の保存、伝承の取り組み

プロジェクトのなかで音楽文化資本の継承という視点から特色ある取り組みが、地域の伝統芸能「嵯峨谷の神踊り（こおどり）」を大学、学生との協働でそのデータを保存し、後世へ伝承しようという取り組みです。

「嵯峨谷の神踊り」は地域に伝わる室町時代からの歴史を持つ伝統の芸能です。夏のお盆の時期に村の人々が村の氏神である「若宮八幡宮」の神前に集い、家内安全と五穀豊穣を祈願し笹の奉納を行い太鼓と歌にあわせて踊ります。本来は15歳から25歳の若衆によるものですが、近年は人口減少、高齢化により50、60代の方々も参加し実施されています。

2020年(令和２年)10月、実施された行事には、地域の２人の歌い手、大太

[図表5-3]「隠れ里『嵯峨谷』を未来へつなぐ架け橋プロジェクト」計画

分野	項目
伝統文化の継承	・「嵯峨谷の神踊り」を大学、学生との協働でデータ保存、後世へ伝承 ・近隣小学生、嵯峨谷サポーターズを対象とした体験会の開催、地域内外における「嵯峨谷の神踊り」の認知度向上 ・老人クラブの協力により地域の史実を文書化、配布
移住交流の推進	・子育て世代の交流人口を増やすため自然環境を生かした親子参加型の体験メニューの実施 ・特産品カフェスペースの設置、地域産品を活用した新商品開発 ・空き家調査、移住相談窓口の設置による移住推進
関係人口創出による担い手の確保	・体験イベント参加者、大阪芸術大学学生を中心に嵯峨谷サポーターズを組織 ・大学との協働でドローンを活用したPR動画を作成、魅力を発信 ・農作業や草刈りなどの共同作業を体験イベントとして実施
先進的技術を活用した安全・安心な生活の実現	・ドローンの農業活用、農薬散布などの作業負担の軽減、集落営農の推進 ・災害発生時ライフライン確保のため運搬用ドローンを整備、操作者育成 ・集落内の狭い道を地域住民の協働で整備、高齢者が安心して圏内移動できる環境整備

（出典）橋本市「広報はしもと」2020年12月号にもとづき作成

鼓、７名の締太鼓の踊り手が参加し「若宮八幡宮」の神前で上演が行われ、大学の放送学科の学生、教員による映像記録保存が行われました（図表5-4）。

「神踊り」は、ゆったりとした太鼓のリズムに乗って歌われる歌に締め太鼓を持った踊り手により踊りが行われます。

上演では、それぞれの踊りに先だち、まず笹を神に寄進した村人の名前が順次読み上げられます。

「○○様より家内安全、五穀豊穣の願を致されておりますが、何踊りがようございましょう」と口上がなされ、それに対し神様の意向を示す代言の方からの「『二番長者踊り』がようございましょう」との回答を受けて、演目が上演されていきます。当日は９組の願があり約２時間の上演となりました。この間の映像は学生により録画、編集、記録されていきます。

また記録保存の作業と並行して、デザイン学科学生による神社の仁王像など文化資本にイメージを喚起された新たなデザインの創造への取り組みが進められ、特産物広報への活用などが計画されています。

このプロジェクトの取り組みについて、地域住民で組織する「嵯峨谷縁（えにし）の会」代表の吉田耕平氏は、「嵯峨谷は若者の流出が進み、このままい

［図表5-4］嵯峨谷地区「神踊り」と記録保存活動

（出典）筆者撮影

くと５年後、10年後には廃村の危機になるだろうということで３年前から橋本市に相談していました。・・・今年、総務省の支援事業が採択され、今回のプロジェクトを進めることになりました。嵯峨谷縁の会には集落内の全世帯が加入し、地域全体が１つになり、人と人との『縁』を大切にして、課題を乗り越えていこうと取り組んでいます。

この事業では大阪芸術大学と連携を密にし、学生からは、おもしろい提案をたくさんもらっています。・・・嵯峨谷の良さを自分も再認識するとともに、皆さんにもお伝えしていきたい」（橋本市「広報はしもと」2020年12月号）と語っています。

また、嵯峨谷の住まいと河内長野市の自宅に「二点居住」し、プロジェクトに関わる元美術教師の谷山育氏は、「嵯峨谷縁の会」が発行する情報誌「谷風」のなかで、このプロジェクトへの期待について、「（嵯峨谷が）学生にとって想定外の何かが入っている宝箱、びっくり箱になればいいなと思います。・・・今回の難題に学生さんが自分なりのアンサーをだす事は当地区にとって有益な助言や提案になるばかりでなく、自身に豊かな考察と思考の幅を与え、これからの人生設計の芽となり種となると思います」（嵯峨谷縁の会「谷風」創刊特別号、2020年12月）と語ります。

大阪芸術大学からプロジェクトに参画するデザイン学科教授木村正彦氏は、大学のプロジェクトの取り組みについて、「デザイン学科では、教育において近鉄百貨店や河南町、吉本興業など多くの企業、団体との連携、コラボによる現場感覚にもとづいた発想を重視して、商品開発やイベント政策など幅広い取り組みを進めています。

嵯峨谷での取り組みについても、学生がさまざまな活動に参加して地域の自然、農業、生活、文化資産などを体感して、その経験をふまえて自らのアートの創造力を高めていくという視点から活動を行ってきました」と語ります。

第１期（2020年〈令和２年〉）では、「神踊り」のドキュメントの製作のほか、嵯峨谷のロゴ、キャラの作成、商品パッケージのデザイン、案内板の製作など幅広い取り組みが行われました。第２期（2021年〈令和３年〉）には、恒例行事である「嵯峨谷めぐりハイキング」のポスターを製作、第３期（2022年〈令和４年〉）には、地元高野口小学校の５年生児童とともに、「神踊り」に使うハチマキづくりに取り組みました。第４期（2023年〈令和５年〉）では、フリーペーパー「谷風」と嵯峨谷をテーマとする絵本の製作が取り組まれています（嵯峨谷縁の会「谷風」Vol.04、2023年11月）。

芸術系大学の地域連携活動を通じて、芸術系大学の有する文化資本、知識と学生の若いエネルギーが活かされ地域の創造的発展に貢献するとともに、人々との連携、協働を通じて貴重な学びを得る機会として、取り組みの発展が期待されています。

（注）

1 大阪音楽大学［1988］参照。1915年（大正４年）、創設者の永井幸次氏は「新音楽新歌劇ノ発生地タラン」との理念のもとに、大阪市南区に大阪音楽学校を設立、1954年（昭和29年）に豊中市庄内に移転、1958年（昭和33年）に大阪音楽大学を開学、３万5,000人を超える音楽専門家を送り出しています。1989年（平成元年）には大学付属の756席のオペラハウス「ザ・カレッジ・オペラハウス（永井幸次記念講堂）」を開館、専属の管弦楽団、合唱団を擁しています（大阪音楽大学［2016］『Osaka College of Music College Guide 2017』参照）。

2 佐々木総監修［2019］、諸富［2020］参照。

第6章

「中之島をウィーンに」

── 都心を音楽文化創造の場に

本章では、大阪の都心部に集積された文化施設等の音楽文化資本の蓄積を活用した活動の展開を通じて、市民の参加と創造の場を創出し、魅力ある都市文化空間の創造を図ろうとする特色ある試みを考察します。

1. 日本テレマン協会の取り組み

中之島公園とその周辺地域は、音楽、舞台芸術、美術等芸術文化分野、マスコミ分野等において近代都市大阪の文化的中心として発展してきました。

中之島公園に立地する大阪市中央公会堂を活用し音楽都市づくりを進めようとする特色ある音楽文化活動が、日本テレマン協会による「中之島をウィーンに」をテーマとして行われる取り組みです。

大阪市中央公会堂は、1918年（大正7年）の開館以来、長年、大阪を代表するホール、集会場として、内外の多くの著名な音楽家の公演、文化人による講演会、政党等による演説会等の場などが活発に行われてきました。公会堂が立地する中之島東部地区には、公会堂に隣接して1904年（明治37年）住友家により寄贈され建設された大阪府立中之島図書館が立地し、西には大阪市役所本庁、日本銀行大阪支店が立地する都市機能のセンターとして成熟してきました。

そのなかで、高度成長期のさなか1971年（昭和46年）にこれら施設の老朽化、高度活用を理由として中之島東部地区の再開発計画が提案されます。これに対し、都市計画家、文化団体などによる公会堂を守る運動が展開され、幅広

［図表6-1］中之島公園と周辺地域における文化機能の集積

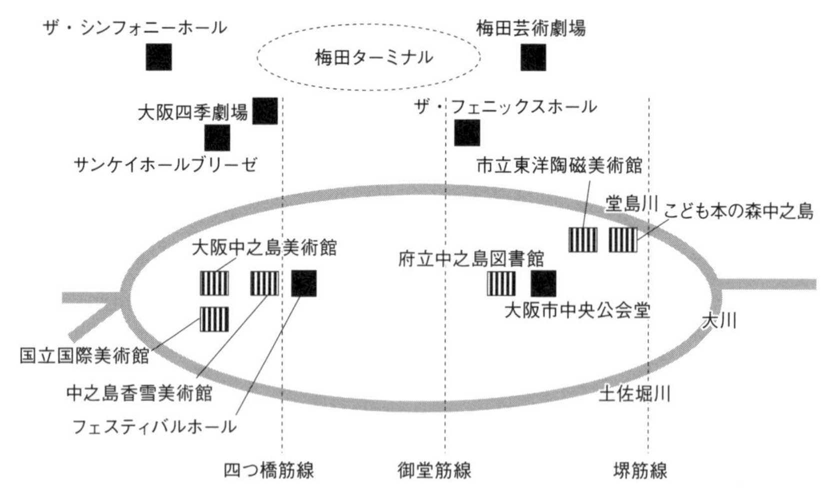

（出典）筆者作成

い市民の支持を得て、各建築物の保存と歴史的文化資本の活用に向けた取り組みが進みました[1]。

1974年（昭和49年）には府立図書館が重要文化財に指定され、日本銀行大阪支店も外観を残す改装計画に変更、公会堂については1988年（昭和63年）市による保存方針が発表され、耐震工事が実施され建物と内装は往年の輝きを復活させ、2002年（平成14年）には重要文化財に指定、多様な文化活動の拠点となっています。

また、肥後橋にはフェスティバルホールが立地し大阪のクラシック音楽の拠点として活動、中之島西部ゾーンでは大阪大学移転跡地を活用した大阪中之島美術館が2022年（令和4年）開館、隣接する国立国際美術館とともに美術文化のエリアを形成し、中之島地区は大阪の芸術文化ゾーンの中核的拠点地域として発展しています（図表6-1）。

沿革と活動の特色

「日本テレマン協会」は、1963年（昭和38年）、当時大阪音楽大学学生であった音楽監督延原武春氏により創設された「テレマン・アンサンブル」がそのはじまりです。日本テレマン協会は、「バロック音楽の普及・啓蒙」と

「楽しさ」をテーマに、聴衆とともに音楽を楽しむ場として500回を超えて開催されている「マンスリーコンサート」「定期演奏会」、教会音楽を教会で奏でる「教会音楽シリーズ」など多彩な演奏活動を展開してきました。

延原氏は、ベートーヴェン交響曲全曲のクラシカル楽器による公演など特色ある活動が高く評価され、2009年（平成22年）ドイツ連邦共和国から功労勲章を受章しています。

氏によれば、ドイツバロック音楽の巨匠テレマン（1681－1767）との出会いは、氏が大阪音楽大学附属高校でオーボエの演奏家をめざし活動していたときでした。高校２年生のときにオーボエ曲でテレマンと出会い、関心を持ち、学生仲間と「テレマン研究会」を創設、1963年（昭和38年）、音楽大学の３年のときに最初の演奏会を開催しました。

氏が学生時代をすごした1960年代における大阪のクラシック音楽分野における関西の発信力、演奏家を育てる土壌は、東京よりもむしろ豊かで、音楽専門誌『音楽の友』においても大阪、関西の催しの情報、記事は東京よりも多かったといいます。

「テレマン・アンサンブル」の創設と、比較的小規模で毎月開催されるという機動的な「マンスリーコンサート」の開催など創設後の演奏活動の特色の背景には氏における問題意識、わが国におけるクラシック音楽の導入、普及にあたって、大きな会場における演奏会に力点がおかれ、市民の生活に根ざした音楽活動という視点が十分ではなかったではないかという問題意識がありました。

テレマンが生きたハンブルクは、ヨーロッパを代表する貿易都市として市民における自由な気風、生活を楽しむ雰囲気があふれ、市民生活の多様な場、親密圏と公共圏の両面で音楽鑑賞が行われ音楽家の活動を促進する場に満ちていたといいます。

大阪市中央公会堂と中之島エリアへの着目

音楽の場としての「市中央公会堂」との出会いは、古典鍵盤奏者高田泰治氏とのベートーヴェンのピアノ協奏曲の協演がきっかけだったと延原氏は語ります。

2014年（平成26年）以降、定期演奏会の会場として市中央公会堂の「中集

［図表6-2］市中央公会堂中集会室での演奏会

（出典）日本テレマン協会提供

会室」を活用、多くの演奏体験から、氏は、市中央公会堂での公演の魅力について、第1に、コンサート会場として市中央公会堂が演奏家、観客にとって歴史、伝統を感じる格別の「場」であること、第2に中之島地域全体の魅力との一体性にあると語ります。

「（コンサート会場として）重要文化財で演奏できる機会はなかなかありません。市中央公会堂の建物はヨーロッパの貴族の館を思わせる空間で、天井も高くて響きが良く、演奏家が表現する楽音に敏感に反応してくれます。

音楽の楽しみは、単に演奏を楽しむだけでなく、演奏会場を訪れ、まず場の魅力を楽しみ、次いで演奏そのものを楽しみ、さらには、演奏会の後、周辺で魅力ある食と交流の場を楽しむ、そういう複合的なものだと思います。一晩の全体を楽しんでほしい。その点で市中央公会堂と中之島エリアは最適の場だと思います。

中之島地域には、戦前から朝日会館など音楽文化拠点が蓄積されてきました。西エリアでは大阪中之島美術館が開館しました。ゾーン全体での回遊など美術愛好者と音楽愛好者がもっとつながって芸術を楽しんでほしいと思っています。中之島一体の文化資本を大事にして、新しい時代の大阪の文化再生の拠点になってほしいと思っています」

[図表6-3] 中央公会堂における主な演奏活動

年月日	演奏会名	演　目
2018年8月2日	創立55周年記念特別演奏会Vol.1高田泰治ショパン・シューマンピアノ協奏曲	シューマン『ピアノ協奏曲』、ショパン『ピアノ協奏曲第1番』
2018年10月21日	創立55周年記念特別演奏会Vol.2テレマン55周年音楽祭	公会堂5会場での音楽祭 メイン公演：ハイドン『オラトリオ 四季』
2019年5月10日	第260回定期演奏会 大阪市・ハンブルク市友好都市提携30周年記念	テレマン『管弦楽組曲「ハンブルクの潮の干満」』ほか
2020年1月21日	第266回定期演奏会ベートーヴェン生誕250周年記念	ベートーヴェン『交響曲第5番』『第6番』、サリエリ『序曲海の嵐』
2020年7月16日	第270回定期演奏会ベートーヴェン生誕250周年記念	ベートーヴェン『交響曲第1番』『第2番』、サリエリ『歌劇「ホーラス兄弟」序曲』
2020年8月24日	第268回定期演奏会ベートーヴェン生誕250周年記念	ベートーヴェン『交響曲第3番』、『第4番』、サリエリ『歌劇「トロフォーニオの洞窟」序曲』
2020年10月16日	第272回定期演奏会ベートーヴェン生誕250周年記念	ベートーヴェン『交響曲第7番』『第8番』、サリエリ『歌劇「ムーア人」序曲』
2020年11月26日	第273回定期演奏会ベートーヴェン生誕250周年記念	ベートーヴェン『交響曲第9番』
2021年1月21日	第275回延原武春オーボエ生活60周年記念リサイタル	モーツァルト『オーボエ協奏曲』、ハイドン『オーボエ協奏曲』ほか
2022年7月15日	第288回テレマンの街ハンブルクから　中之島をウィーンに	モーツァルト交響曲第41番『ジュピター』
2022年10月7日	第290回テレマンの街ハンブルクから　中之島をウィーンに	J.S.バッハ『ブランデンブルク協奏曲』
2023年1月13日	第293回テレマンの街ハンブルクから　中之島をウィーンに	モーツァルト『交響曲第40番』
2023年4月18日	第296回テレマンの街ハンブルクから　中之島をウィーンに	〈創立60周年事業〉オール・テレマン・プログラム
2023年7月21日	第298回テレマンの街ハンブルクから　中之島をウィーンに	〈創立60周年事業〉「モーツァルトによる18世紀ウィーン・コンサートの再現公演」
2023年10月15日	第300回テレマンの街ハンブルクから中之島をウィーンに	〈創立60周年事業〉大阪市・ハンブルク市友好都市提携35周年プレ記念企画バッハ「マタイ受難曲」1829年メンデルスゾーン版
2024年1月18日	第302回テレマンの街ハンブルクから　中之島をウィーンに	〈創立60周年事業〉メンデルスゾーン　交響曲第3番「スコットランド」
2024年5月7日	定期演奏会特別公演テレマンの街ハンブルクから　中之島をウィーンに	ベートーヴェン「第九」初演200周年記念 1824年5月7日「第九」初演再現公演

(注) 2020年における演奏会回数の前後はコロナ禍による当初公演日程延期による。

(出典) 日本テレマン協会資料にもとづき作成

定期演奏会では、テレマンからベートーヴェンに至るバロック期、古典期の作曲家が多く取り上げられています。

2018年（平成30年）８月の「55周年記念特別演奏会」では、協会のレパートリーの枠がロマン派へと広がり、シューマン、ショパンのピアノ協奏曲が、古典鍵盤奏者高田泰治氏により当時の楽器により演奏されました。シューマンの曲の演奏にあたっては1848年ライプツィヒのイルムラー社製、ショパンの曲では1850年代のエラール社製が用いられました。クララ・シューマンの父親が好んだというピアノは、現代のピアノのような輝く高音や低音の迫力ある響きを強調するのではなく、中音域、人の声の音域を大事にした潤いがあり胸に響く音色で、会場の柔らかい響きがそれを深めて、シューマンとクララ、ショパンの肉声が聴こえてくるような体験となりました。

2024年（令和６年）５月７日、ウィーン初演から200年の記念すべき日に開催された特別公演「第九」初演再現公演は、オーケストラ42名、合唱36名により迫力あるリズムと豊かな響きで「第九」初演の感動を現代に蘇らせる記念すべき１日となりました。

音楽活動の展望

日本テレマン協会の音楽活動の展望について、延原氏は、市民の生活のなかで多様な音楽を楽しむ多様な場をもっとつくっていきたいと語ります。その視点から、2020年（令和２年）にはテレマンの「食卓の音楽」の雰囲気の再現をとの視点から、心斎橋のホテル等飲食店との連携による食事と音楽を一体的な楽しむ場「18世紀音楽の晩餐会」を実施しました。

さらに、氏は、音楽の伝統を受け継ぐためにも、学校演奏など若い世代への音楽普及が大事と語ります。

「ヨーロッパではいまでも音楽家が『自分はブラームスの孫弟子の孫弟子』とかいっています。グローバル化が進むなかでそれぞれの国や地域の特色が薄れてきましたが、コロナ禍への直面が、もう一度、地域の伝統と文化を見直すきっかけになればいいと思います」。

都市の文化の１つの柱として、市民の生活に根ざし、音楽の響きがあふれる都市空間がめざされているのです。

ウィーンにおいては、19世紀後半期、旧城壁を取り壊し整備されたリングシュトラーセに沿って、市庁舎、国会議事堂、ウィーン大学、美術史美術館等の公共建築物が円環状に計画的に整備され、音楽文化の分野では、宮廷歌劇場（1861-69年）、ウィーン楽友協会（ムジークフェラインザール）（1866-1870年）、ブルク劇場（1874-88年）等が配置されていきました。それらの音楽文化の拠点では、ベートーヴェン、シューベルト、ブラームス、マーラー等の創造する音楽がウィーン・フィルなどの演奏団体とともに、19世紀を代表する音楽文化都市をつくりあげていきました。[2]

中之島地域の音楽文化資本の蓄積を活かす延原武春音楽監督と日本テレマン協会の取り組みは、ヨーロッパにおける音楽文化の先達の都市の示した道を大阪の地で具体化していこうとする大きな可能性をひめた挑戦であるといえます。

2. 市民の鑑賞機会を生み出す「大阪クラシック」事業

毎年、9月上旬、御堂筋を軸として、中之島地域から難波地域にいたる一帯のホール、民間ビルロビー、お寺、船着き場、喫茶店など多様な都市施設、空間にオーケストラ、小編成の奏者の音楽が響きます。

「大阪クラシック」事業は、大阪フィルハーモニー交響楽団の桂冠指揮者である大植英次氏の提唱により、2006年（平成18年）に開始され、大阪のメインストリートである御堂筋と中之島地域を中心として、大阪都心部の多様な文化施設、都市空間を活用した演奏活動の展開により市民が身近にクラシック音楽に親しむ場として 定着、発展してきました。

指揮者の提案の背景には、大植氏が在住しているドイツ、ハノーヴァー市における音楽体験があったといいます。同市では、年に一度、「音楽の日」が設定され、オーケストラ演奏会が開催されるホールに至る市内の主要箇所で楽員が演奏を行い、市内の音楽的雰囲気を高める試みが展開されています。

大阪フィルにおいては、大植氏の提案を受け、大阪市に対して当初年1日の事業支援を要請、これに対して市から、事業効果を勘案した1週間単位の事業展開を提案され、それを受けて、現在の事業フレームが設定されました。

会場数は当初の18か所から、近年はほぼ30か所程度、観客数は約5万人程度となり定着しています。2022年（令和4年）までの18年間で、計1,257公演が開催され、総観客数は78万人を超えています。

会場数、公演回数について、オーケストラ事務局においては、参加する市民の多くが数か所の会場を巡回して鑑賞していくという鑑賞の形態をふまえるとき、現在の会場数にもとづく配置と公演回数がほぼ適切な事業規模ではないかとの認識がなされています。

参加オーケストラも、当初の大阪フィルハーモニー交響楽団に、関西フィルハーモニー交響楽団、大阪交響楽団、日本センチュリー交響楽団、Osaka Shion Wind Orchestraが加わり大阪の音楽界をあげたより幅広い取り組みとなってきました。現在の事業主体は、大阪市、公益社団法人大阪フィルハーモニー協会、公益財団法人関西フィルハーモニー管弦楽団、公益社団法人大阪交響楽団、公益財団法人日本センチュリー交響楽団、一般社団法人御堂筋まちづくりネットワークにより構成される大阪クラシック実行委員会となっており、公共団体とオーケストラ、都心地域民間まちづくり団体との共催事業というユニークな形態となっています。

各演奏会におけるプログラムの企画は、大阪フィル事務局を中心として、各オーケストラの奏者の参加により魅力的な曲目が選定され、出演者、会場の選定等の事業企画がなされています。

都心施設・都市空間の活用

本事業の大きな特色として、演奏会場として、近代大阪の都市空間形成の中軸となった御堂筋を中心とする都心部の幅広い文化施設、民間ビル、都市空間が活用されていることがあげられます。本事業の会場は、市中央公会堂と淀屋橋から難波に至る御堂筋を１つの軸として、公共施設、民間ビル等を幅広く活用する事業となっています(図表6-4)。

活用されている施設は大きく５つの類型、「公共的文化施設」「準公共的施設」「民間文化施設」「民間ビジネスビル」「民間商業施設」に分けることができます。第１の「公共的文化施設」には、「中央公会堂」「大阪市役所」等、第２の「準公共的施設」には「本願寺津村別院」「八軒屋浜船着場」等、第３の「民間文化施設」には「フェスティバルホール」「フェニックスタワー」等、第４の「民間ビジネスビル」には「関電ビルディング」「大阪日本生命本店」等、第５の「民間商業施設」には「スターバックスコーヒー」「カ

［図表6-4］「大阪クラシック」事業会場（2017年）

（出典）「大阪クラシック会場マップ（2017年）」

フェ・ド・ラ・ペ」等が属しています。

第１類型のなかで「大阪市中央公会堂」は事業の核として、2018年事業では全81公演のうち15公演が開催されすべて有料公演となっています。

本事業の特色の１つが、事業実施の要となる演奏会場の確保について、御堂筋沿いの民間企業で構成される「御堂筋まちづくりネットワーク」が協力し、その支援のもとにオーケストラ事務局が協力依頼を行い、会場の確保と場の雰囲気を活かしたプログラム企画が行われている点です。

市民の音楽参加の場となっている各会場について、いくつかの特色をみましょう（図表6-5）。

「民間ビジネスビル」における事例として、①は、「中之島ダイビル」１階エントランスロビーでの演奏があげられます。その空間は、ウィーンの楽友会館をモデルにした大阪の代表的な中規模ホールである「いずみホール」を思わせる縦長の空間であり、ヴァイオリン、ビオラ、チェロによるヨハン・シュトラウスとシューベルトのワルツが演奏されましたが、奏者の感想においては、その響きがすばらしい空間との評価がなされていました。

②は「大同生命大阪本社ビル」での演奏です。１階エントランスが演奏会場、吹き抜けとなっており、２階からも観客は演奏を楽しんでいます。会場のベーゼンドルファー社のピアノの響きが柔らかく、フルートソナタが演奏

されました。大同生命においては年２回同社主催の演奏会が開催されています。

③は北浜の「大阪証券取引所ビル」での演奏です。１階エントランスホールでの管楽器のアンサンブルで、「魔笛」序曲、プーランク「ノヴェレッテ」、ストラビンスキー「春の祭典」からが演奏されました。高い天井を持つ残響豊かな空間で管の音色が見事に溶け合っています。

次に、「準公共的施設」として宗教施設である④「北御堂」は、天井が高くよく響くホールであり、モーツァルトのピアノ四重奏が演奏されました。満員の会場では子ども連れの観客も多く、その平均年齢は若々しくクラシック専用ホールでは見られない雰囲気を醸しだしています。いずれの場、空間もヨーロッパの各都市における文化施設、演奏空間の持つ高い空間による響きの豊かさを感じさせてくれます。

「民間商業施設」の事例として⑤は、御堂筋に沿い難波に近いビル２階の「カフェ・ド・ラ・ペ」での演奏です。ガラス越しに御堂筋が見下ろせる明るいカフェで、観客はソファーで珈琲をゆったりと飲みながら通常の演奏会ではあまり聴く機会の少ないファゴットソロの曲を楽しみました。

成果と展望

「大阪クラシック」事業は、その取り組みを通じて、大阪の都心である御堂筋周辺の都市空間の民間ビル等多様な場を活用したクラシック音楽演奏の幅広い鑑賞機会を提供し、多くの観客の参加を可能にしてきました。

それぞれの会場の特色や時間帯、観客の動向などをふまえた多彩な演奏曲目の選定、プログラムは、多くの観客の関心を高め、常連のファンも増加しています。

また、演奏会場の選定において、幅広い民間施設活用のネットワークが形成されていることは、公共団体施設だけではなく、幅広い民間ビル事業者、宗教施設、商業施設等とのネットワークの形成によって、全体としての都市空間を文化資本として活用していく方向に向けての、貴重な仕組みづくりの事例となっており、今後の都市空間の文化的活用への貴重な示唆となっています。

さらに、オーケストラにおける事業効果としての、演奏者のモチベーショ

［図表6-5］「大阪クラシック」事業会場として活用されている多様な都市空間と市民の音楽鑑賞

・民間ビジネスビル

①「中之島ダイビル」

②「大同生命大阪本社ビル」

③「大阪証券取引所ビル」

・準公共的施設

④「本願寺津村別院（北御堂）」

・民間商業施設

⑤「カフェ・ド・ラ・ぺ」

（注）①②④⑤（2016年）、③（2018年）

（出典）筆者撮影

ンアップ、力量の発達への貢献も見られます。定例の楽団演奏会においては指揮者を軸として曲目選定が行われるのに対して、本事業においては、演奏参加メンバー、演奏曲目の選定が、楽団員に基本的にゆだねられることによって、自らの演奏技術、観客への対応能力など音楽家としての力量のアップとモチベーションの発展に貢献しています。

2020年（令和２年）における新型コロナウイルスの感染拡大は本事業にも大きな影響を及ぼしました。特色ある事業としての民間ビル等を活用した街中での無料公演は実施されず、ホール等での有料公演の規模が縮小され、一部動画配信を活用した無料公演が実施されました。2021年（令和３年）、2022年（令和４年）においても基本的にこの実施形態が継承されました。

2023年（令和５年）、コロナ禍の克服を展望して、４年振りにかつての公演スタイルが復活し、民間ビルも含めた60公演、特別公演、楽器体験イベントなどが実施されました。

「大阪クラシック事業」のこれまでの成果をふまえて、今後の展望として、次の３点があげられます。

第１は、民間ビル等幅広く多彩な会場における親しみやすい公演形態のより多様なかたちでの実施です。ホールにない親しみやすさ、日常の仕事、買い物、通学等の時間のなかで自由に鑑賞できる場、空間として民間ビル等の都心施設、空間は大きな役割を担っています。

第２は、若い世代の一層の参加の促進という課題です。子ども連れの家族の参加が多くみられますが、子ども、青年層など未来の観客の創造を図っていくことが望まれます。とくに市町村等公共団体との連携により、教育と文化政策の連携の促進が重要な課題となっています。小中学生、高校生における質の高い音楽鑑賞機会の増大によって、若い世代と演奏家との触れ合い、生の音楽創造に触れる場を拡大していくことが望まれます。

第３は、都市空間におけるより多様な親しみやすい音楽活動の参加、創造の場の創出に向けた仕組みづくりです。この点からは、公共団体における文化政策、都市政策面での課題として、道路、街路空間、広場、駅前スペースなど都市空間のなかでの音楽活動が可能な場の掘り起こし、民間施設における芸術鑑賞の場としての活用を促進する方策の検討が求められています。

（注）

1 大阪都市環境会議編［1990］、高田［2008］参照。
2 Hall［1998］参照。

第7章
大阪における音楽文化産業の発展

本章においては、大阪における多様な音楽文化活動の基盤としての音楽文化資本の蓄積について、音楽文化産業の発展という視点から歴史的にふりかえり、その特徴を考察します。

1. 西洋音楽文化の受容とその特色

19世紀後半から20世紀への西洋音楽文化の新たな展開のもとで、わが国と大阪における音楽文化資本の蓄積は、西洋音楽文化を欧米から学び、受け入れつつ、わが国の風土、伝統の基盤のうえに、独自の音楽文化を創造していくチャレンジ、多様な試みのなかで進んできました[1]。

20世紀の音楽文化の分野の主な特徴として、第1に技術革新の進展と音楽文化産業の飛躍的発展、第2に、音楽創造におけるグローバルな多様性の発展、第3に、市民、民衆の音楽活動参加を基盤とした歌とバンドの時代の到来、シンガーソングライタースタイルの発展、をあげることができます。第2章においては、主に第3の特色をみてきました。本章では、第1、第2の特徴、技術革新、音楽文化産業のグローバルな発展という視点を中心に、大阪における音楽文化資本の蓄積の特色をみていきます。

明治政府においては、1879年（明治12年）、伊沢修二を中心とする文部省音楽取調掛が設置され、1890年（明治23年）の東京音楽学校開校など音楽教育の体制が整備され、西洋音楽の導入が進められます。わが国における西洋音楽文化の導入の過程の特色は、国民国家形成に向けて人々の国民としての統合をめざす政治、経済、社会環境の整備という総合的な動きの一環であったという点でした。音楽文化は、国民としての自意識、組織への帰属感を養うという視角から重視されていきました。[2]

東京音楽学校を頂点とする音楽教育体制のなかで育った優れた音楽家が国費留学生として派遣されていきます。伊沢のアメリカ留学における師であり、来日し教科書等制度構築にともに携わったメーソンにその才能を見いだされ最初の国費留学生として派遣された幸田延がボストンで学んだ後ウィーンに到着したのは1890年（明治23年）でした。[3]

1890年は、ワーグナー（1813-83）の没後7年、ブラームス（1833-97）は57歳、すでに彼の4曲の交響曲を完成し、マーラー（1860-1911）は30歳、ブダペスト王立歌劇場指揮者として名声を高め、『交響曲第1番』の第1稿を初演していました。シェーンベルク（1874-1951）は16歳。後期ロマン派から20世紀の新たな音楽への胎動が始まる時代、政治面ではドイツ帝国建国の立役者ビスマルクが新皇帝ヴィルヘルム2世に更迭され、19世紀ヨーロッパ諸国の国際関係を根底から変動させる第1次世界大戦への底流が動き始めた時代に、わが国の音楽文化は世界の音楽の潮流と同期し、その歩みを始めることとなります。

技術革新、グローバルな音楽文化産業発展の時代

20世紀の音楽文化の分野のこれまでにない大きな特色の1つが技術革新の進展と音楽文化産業の飛躍的発展です。

19世紀末から20世紀前半にかけての時期は、近代経済発展の歴史のうえでは、大きなイノベーションの波、18世紀から19世紀前半にかけての蒸気機関の活用を軸とする第1次産業革命に続く、電気の活用、化学分野を軸とする第2次産業革命の時期とされています。現在、20世紀後半から21世紀は、コンピューター、情報、通信機器、ライフサイエンスの分野を中心とした新たなイノベーションの大きな波に直面している時代ということができます。

わが国においても、明治期以降、西洋諸国の先進産業、技術が導入され、各地域における先進産業の導入と発展が図られました。第3章でみた大阪における繊維産業の発展もその重要な一環でした。

音楽文化分野における技術革新、音楽文化産業の発展は人々の音楽文化受

容に大きな変化をもたらし、その流れは現在も進行中です。

20世紀におけるエレクトロニクス分野の急速な技術革新は、これまでその場で消えていた音楽演奏の保存技術を生み出し、その媒体としてのレコード（ビデオ、CD等）の発展とマスコミュニケーション産業（ラジオ、テレビ、映画産業、楽譜出版等）の成長を促し、音楽を鑑賞、享受し、自ら演奏する人々の範囲をかつてなく増大させました。

20世紀において音楽文化関連産業の中核を担ったレコード産業は、アメリカにおけるエジソン「円筒式蓄音機」（1877年）、ベルリーナ「円盤型レコード」（1887年）の技術開発を基盤に成長し、20世紀初頭には、コロンビア、グラモフォン、ビクターの３大レーベルの体制が成立します。

技術革新をふまえて音楽文化産業がグローバルに発展していきます。経済の発展と人々の移動の活発化は、欧米諸国の音楽文化と非西洋諸国の音楽文化の交流を促進し、西洋音楽文化の平均律、和声法を基盤としつつ、各地域の音楽文化を融合したグローバルな音楽文化が発展し、相互に浸透していきます。

音楽創造の様式面では、シェーンベルクによる無調、12音技法の導入やジャズにおける幅広い和声の導入など従来の西洋音楽の枠組みを広げる表現技法の一層の多様化が試みられ、アフリカや中南米音楽の力強いリズム、ビートが加わった新しい音楽スタイルは、これまでの音楽の枠を広げ、レコード産業、放送産業、映画産業の発展と呼応してより多様な音楽世界を形成していきました。

音楽コンテンツの制作を主に担ったレコード産業は、発足の当初から、アメリカに限定されないグローバルな活動展開への志向を有していました。製品販売だけではなく、音源制作においても、ヨーロッパにおける音楽活動との連携、さらに世界各地域への音源の収録活動が進められ、1920年代以降、マスコミ産業、ラジオ、テレビ、映画産業との強い結びつきのもとに発展していきます[4]。

音楽文化の産業化、大量生産と大量広告方式の進展は世界の隅々に音楽を届け、音楽享受機会を飛躍的に発展させ、人々のニーズの動向に機敏に対応した音楽作品の創造、提供体制を発展させていきました。

ヨーロッパの音楽文化を受け入れつつ、アフリカ、カリブ海地域、南米はじめ多様な地域音楽文化のルーツを基盤に育ったジャズ、ブルース、ゴスペル、カントリーミュージック、ロック、タンゴなどの新しい音楽ジャンルが発展し、相互に影響を与え、音楽産業の発展と一体となって世界に普及、20世紀の音楽文化を生み出していきます。

今日のポピュラー音楽の基本形、シンフォニーとジャズ、ポピュラー音楽の融合のスタイルをかたちづくったのがジョージ・ガーシュインでした。帝政ロシア下のペテルスブルグからニューヨークに移住してきた父のもとに生まれたガーシュインは、ユダヤ民族の音楽、クラシック、ラグタイム、ジャズなどニューヨークの音楽の「るつぼ」で多様な音楽を学び、吸収してショービジネスの世界で次々と新曲を発表していきます。1920年、数百万枚を売り上げる大ヒットとなった彼の曲『スワニー』を歌ったアル・ジョルソンもリトアニアからの移住者でした。[5]

ガーシュインは、ニューヨーク、マンハッタン西28丁目、ブロードウエイと5番街の間に立地する音楽出版産業が集積した街、「ティン・パン・アレー」で、1914年、16歳でピアニスト、作曲家としてのキャリアを始めました。[6]ビルのフロアの間仕切りされたスペースにピアノがそれぞれ設置され、出版社発行の新曲を歌手やビジネス関係者などにアピールしていく活気ある雰囲気は、彼を主人公とした映画『アメリカ交響楽』(1945年)に生き生きと描かれています。

ガーシュインは、1924年『ラプソディー・イン・ブルー』を発表します。その100年前、1824年初演のベートーヴェンの『第九』が、シンフォニーと歌との結合という19世紀から現代に続く新しい音楽世界を切り開いたように、『ラプソディー・イン・ブルー』は20世紀の音楽世界、多様な民族のリズムとハーモニーを土台としたジャズとシンフォニーの結合という新たな音楽世界の誕生を記念する曲となりました。[7]

また、レコード制作の分野においては、1920年代のベルリンでジャズに魅了され、30年代ナチスから逃れてアメリカに移住したアルフレッド・ライオンにより、1939年「ブルーノート」レーベルが設立され、戦中期から戦後、セロニアス・モンク、アート・ブレイキー、バド・パウエルはじめ多くのジャズミュージシャンとの協働によりジャズを代表する「古典」を次々と生み出すレーベルとして発展していきました。[8]

舞台芸術の領域では、ヨーロッパのオペラ、オペレッタの伝統をふまえつつ、ブルース、ジャズ、カントリー等を背景に新しい総合舞台芸術のジャンルとして、1927年制作の『ショウボート』を皮切りにミュージカルが発展し、『ボーギーとベス』『オクラホマ』『ウエストサイドストーリー』などの傑作が生まれ、1980年代イギリスで生まれた『オペラ座の怪人』『レ・ミゼラブル』などとともに世界の人々が共有する20世紀が生んだ音楽文化資産として普及していきます[9]。

音楽分野における産業化の進展は、幅広い人々に音楽鑑賞機会を提供するとともに、他面で、マスプロダクションによる画一化など音楽創造における企業経営の視点が貫かれていく側面も強めていきます。大和田[2011]は「ティン・パン・アレー」における楽曲スタイルの32小節、AABA形式への統一など、今日でもポピュラー音楽の基本スタイルとなっている楽曲の大量生産方式が発展したことについて、同時期の自動車産業フォードにおいて発展した大量生産システムとの類似性を指摘しています。作曲をベルクに学んだアドルノはヨーロッパにおける伝統的な芸術音楽創造の視点からポピュラー音楽の類型化を批判しました[10]。

今日の技術革新の動向と音楽享受形態の変化

1990年代以降の情報通信技術分野におけるイノベーションの急速な進展は、20世紀の音楽文化をかたちづくったレコード、CD等の物的素材を媒介とする人々への音楽コンテンツ情報の提供体制を大きく変化させ、人々の音楽享受の形態は大きな変化に直面しています。その特色は次の２つの点にまとめることができます。

第１に、20世紀における音楽産業の発達とともに人々の主要な音楽鑑賞手段となってきたレコード、CD等の物的音楽媒体による音楽享受が、1990年代以降大きく減少し、デジタル情報ネットワークを活用した配信など従来になかった幅広い音楽享受機会が拡大していることです。

第２に、人々の音楽享受における生の音楽創造的な活動との直接の触れ合いへのニーズ、バンド、合唱音楽など自らが音楽創造に参加する場へのニーズが高まりを見せ、「市民の音楽参加と創造の場」の果たす役割が増大していることです。

[図表7-1] わが国におけるオーディオレコード売り上げ実績の推移(単位:百万円)

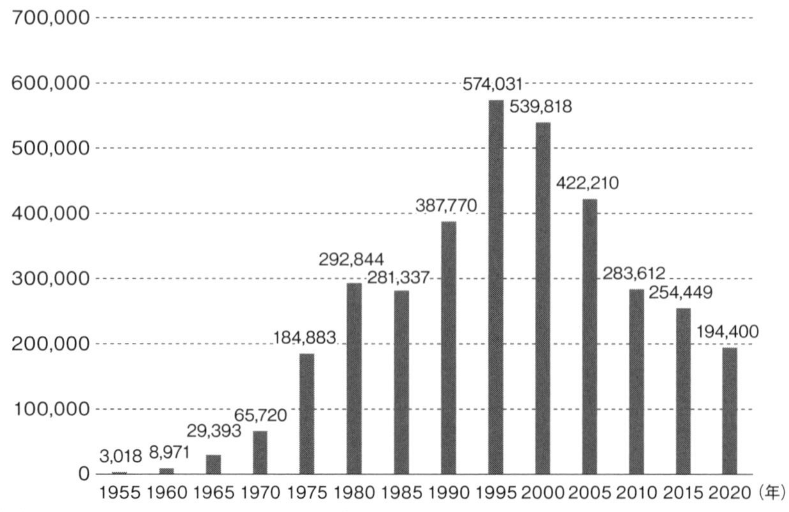

(注) 媒体は1970年までディスク。1971年テープ、1984年CD、2002年音楽ビデオが加わる

(出典) 日本レコード協会

第1の特色について。情報通信技術の急速な進展は、人々における音楽文化の鑑賞手段を大きく変えつつあります。わが国における音楽鑑賞手段は、1990年代を分岐点として大きく変化してきています。[図表7-1] は、わが国におけるオーディオレコード売り上げ実績の推移を長期的に見たものです。ここで「オーディオレコード」には、アナログレコード(SP、LP等)、テープ、CD、音楽ビデオ等が包含され、各時期の最新技術を活用した物的な音楽媒体がその対象となっています。戦後復興から高度経済成長のなかで、人々の音楽享受のニーズの高まりと所得上昇を受け、レコード、CD等の売り上げは大きく伸び、1995年のピーク時には、約5,700億円に達していました。その後、インターネットに代表される情報通信技術の発展により、音楽の享受形態は大きく変化し、物的媒体の売り上げは急速に低下し、近年では、ピーク時の半分以下に落ち込んでいます。

環境変化のもう1つのあらわれが、第2章でみた人々における音楽創造の場、活動との直接の触れ合い、ライブの場への参加ニーズの高まりです。

2. 大阪における「民の力」の主導性、公共・民間の連携

大阪は、古代、中世からの歴史を持ち、特に江戸期においては、わが国経済、商業の全国拠点であり、それを背景とした歌舞伎、文楽など上方芸能の厚い蓄積を生み出し、魅力ある都市文化空間を形成してきました[11]。

これらの基盤のうえに開始された大阪における近代の音楽文化の受容と音楽文化資本蓄積の過程の特徴として、民の力と公共団体の活動のそれぞれの特性を活かした活動の展開があります。そこでは第1に、民の力の主導性、第2に、都市骨格の形成と文化普及の分野における公共団体の大きな役割が特徴的です[12]。

国民国家の確立という目標に向けて、学制の確立と全国普及、音楽教育の中枢としての東京音楽学校（のち東京藝術大学）の設立など国、中央政府が主導して近代の音楽文化基盤の整備が進められた東京に対して、近代日本における産業経済の発展の中心地域であった大阪においては、オーケストラ等音楽団体の活動、音楽ホールの整備、音楽大学等教育機関、市民による合唱、フォーク音楽等音楽活動への参加など、民の力が主導する音楽文化資本の蓄積が進みました。

都市、地域における多様な音楽文化活動を支える音楽文化資本として、大きな役割を果たしているのが多様な音楽文化関連産業と幅広い分野の音楽専門家の存在です。大阪においては、拠点的な音楽文化施設、音楽団体、教育機関等の蓄積と並行して、マスコミ産業、レコード産業、映画産業、出版産業、音響機器等電気機械製造産業等、音楽文化関連産業と音楽分野専門家の集積が進みました。

音楽家、音楽専門家

音楽活動の中心的な担い手である音楽家の状況の大阪における特徴の１つが、京阪神圏という広域的な音楽文化基盤の形成です。大阪における音楽文化資本蓄積の特徴として、音楽文化資本の蓄積が、地域的に大阪府のみではなく、京都、神戸に広がる京阪神都市圏の範囲で、広域的に進行してきたことがあげられます。音楽大学等の音楽教育機関、専門家の育成、居住、活動の場は、東京一極集中の首都圏型ではなく、京阪神圏が連携する広域的な空

［図表7-2］音楽家数（個人教師（音楽）を含む）府県別対人口比（人口1万人当たり）

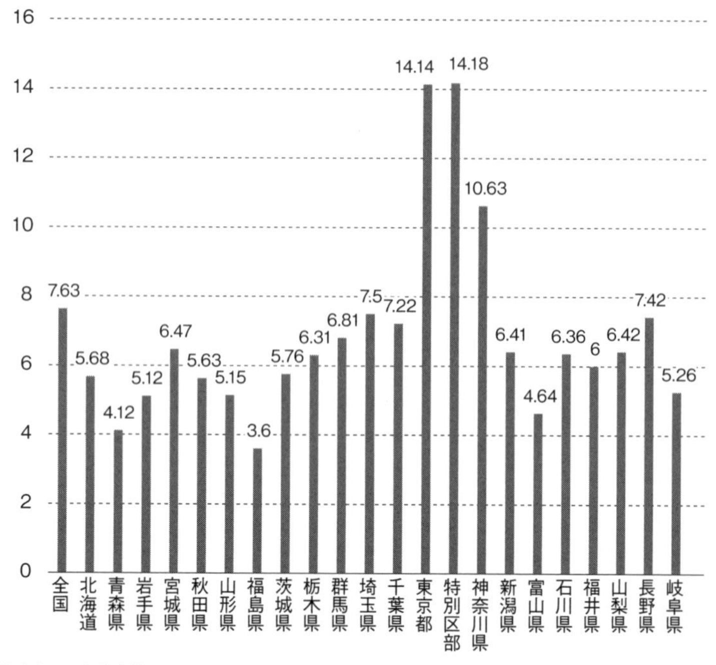

（注）人口1万人当たりの音楽家数

間で蓄積が進んできました。

2015年（平成27年）の国勢調査によれば、全国で「音楽家」就業者数は９万6,190人（うち音楽家２万6,080人、個人教師（音楽）７万110人）となっています。学校教育の場での教師や音楽文化産業の従業者等を含めれば音楽家の総数はこの数を相当に上回るものと思われます。［図表7-2］は、2020年における音楽家（個人教師を含む）の府県別状況を人口１万人当たりの数でみたものです。全国平均7.63人に対して、東京都は14.14人、特別区は14.18人と倍近い比率であり、神奈川県、京都府、滋賀県、奈良県、がそれに続いています。京阪神圏は首都圏（京浜圏）に次ぐ水準となっています。

地域別の音楽家の所在状況と、「社会生活基本調査」に基づく人々の音楽活動への参加比率との関連をみたのが［図表7-3］です。両者の間には正の相関（相関係数0.75）がみられ、市民の音楽文化活動への積極的な参加とそれを支援するとともに市民の音楽需要に応える音楽家の活動の関連がうかがえます。

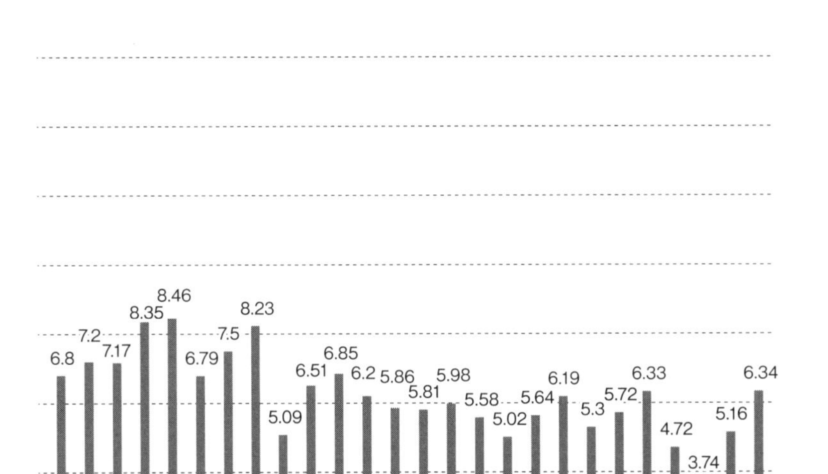

（出典）国勢調査（2020年）

［図表7-3］ 音楽家比率と音楽活動参加率

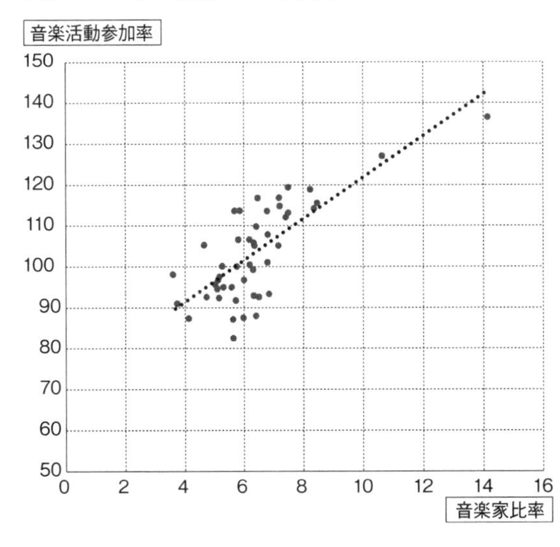

（注）「音楽活動参加率」：7分野（「音楽界などによるクラシック音楽鑑賞」「音楽界などによるポピュラー音楽・歌謡曲鑑賞」「CD・スマートフォンなどによる音楽鑑賞」「楽器の演奏」「邦楽（民謡、日本古来の音楽を含む）」「コーラス・声楽」「カラオケ」）参加率の計

（出典）「国勢調査」（2020年）「社会生活基本調査」（2016年）

第１章でみた「１万人の第九」においては、1983年（昭和58年）の開始にあたって指揮者には山本直純氏が招かれましたが、オーケストラを担ったのは、大阪フィルハーモニー交響楽団、関西フィルハーモニー管弦楽団、京都市交響楽団の合同オーケストラであり京阪神圏をあげての取り組みでした。その後指揮者が佐渡裕氏に、オーケストラは兵庫芸術文化センター管弦楽団に引き継がれています。

また、オペラ、ミュージカルなど総合舞台芸術公演の場についても、兵庫県尼崎市に立地する尼崎市総合文化センターアルカイックホール（1982年〈昭和57年〉開館）を草分けとして、滋賀県大津市に立地する滋賀県立芸術劇場びわ湖ホール（1998年〈平成10年〉開館）、兵庫県西宮市に立地する兵庫県立芸術文化センター（2005年〈平成17年〉開館）など公立文化施設が、大阪市北区に立地する梅田芸術劇場（2004年〈平成16年〉開館）ともに大きな役割を担っており、京阪神圏の広域的な文化基盤を形成しています。

この京阪神圏の広域的な音楽文化圏域の形成に大きな役割を果たしたのが交通網、とくに私鉄の発展でした。1884年（明治17年）創立され大阪と堺を結ぶ阪堺鉄道を先駆けに京阪神諸都市、大阪近郊地域と都心を結ぶ諸路線が発展していきました（芝村［1998］参照）。

1910年（明治43年）、大阪梅田、箕面、宝塚を結ぶ箕面有馬電気軌道（のち阪急電鉄株式会社）を開業した小林一三氏は、沿線に理想とする田園都市の形成に向けた住宅地開発を進め「田園趣味に富める楽しき郊外生活」を大阪市民に呼びかけます[13]。

私鉄沿線の進展にともなって、大阪の都心部から人々が移住し文化圏が広がっていく過程は、谷崎潤一郎が『細雪』で描いた大阪商人、船場の蒔岡家の姿、また、音楽分野においては、戦前期に関西圏を代表する指揮者、作曲家となった貴志康一の生家、貴志家の動向に示されています。心斎橋筋で綿ネル問屋を創業した祖父のあと、大川沿いの網島に本宅を構えた父は、のち大阪の工業化に伴って住まいを芦屋浜に移転し、甲南高等女学校の設立に貢献します[14]。

1913年（大正２年）には、宝塚の地に宝塚唱歌隊（のち宝塚少女歌劇団、宝塚歌劇団）が創設され、翌1914年第１回公演が行われます。さらに1918年（大正７年）には宝塚音楽学校が設立され、1924年（大正13年）には宝塚大劇場開場と、音楽文化の拠点整備が進められていきました。

宝塚においては、「時代の要求」としての日本的歌劇の創造という目標のもとに、宝塚音楽学校の教員には、「ダンス、脚本」科目に巴里舞踊学校で学んだ白井鐵造氏、「舞踊、脚本」科目に伝統芸能の家元楳茂都陸平氏、「作曲」科目に東京音楽学校に学んだ須藤五郎氏など内外の優れた音楽教師が集いました。白井、楳茂都氏は教育に携わるとともに欧米に派遣され，海外の先端のポピュラー音楽の動向を学び、「オクラホマ」「ウエストサイドストーリー」などの国内上演を実現していきます[15]。

オーストリアに生まれたヨーゼフ・ラスカ氏も教授の１人として1923年（大正12年）着任「ピアノ、シンフォニー」科目を担当しました。ラスカは、歌劇団のオーケストラを指導し、1926年（昭和元年）宝塚交響楽団第１回定期演奏会を指揮、その後の定期演奏会において、モーツァルト『レクイエム』、ワーグナー、ハイドン、シューマンの合唱作品を演奏し、関西におけるオーケストラ音楽、合唱音楽文化の普及に貢献しました[16]。

オーケストラ

第１章、第６章において、大阪の重要な音楽文化基盤としてのオーケストラをみてきました。ここでは、その経営基盤の特色を見ましょう。

大阪はわが国において東京に次ぐ有数のオーケストラ都市です。大阪フィルハーモニー交響楽団、日本センチュリー交響楽団、大阪交響楽団、関西フィルハーモニー管弦楽団の４団体がプロオーケストラの団体である日本オーケストラ協会正会員として、テレマン室内オーケストラ、ザ・カレッジ・オペラハウス管弦楽団の２団体が準会員として活動し、大阪におけるオーケストラ活動の歴史的な蓄積を示しています。

今日、各楽団は、観客の高齢化、コストの上昇、公共団体の支援の見直しなど厳しい経営環境に直面しています。オーケストラをはじめ、バレエ、オペラ、演劇など専門的人材の労働が基盤となる芸術文化団体の構造的な収支赤字という経営課題については、ボーモルとボウエンによって、基本的な解明が行われました[17]。

わが国全体と京阪神圏のオーケストラについて、日本オーケストラ連盟資料にもとづきその経営状況の特徴をみましょう。［図表7-4、7-5］は、コロナ禍の影響がまだない2018年度におけるオーケストラ協会正会員25団体におけ

［図表7-4］各オーケストラ収入額、構成（2018年度）（千円）

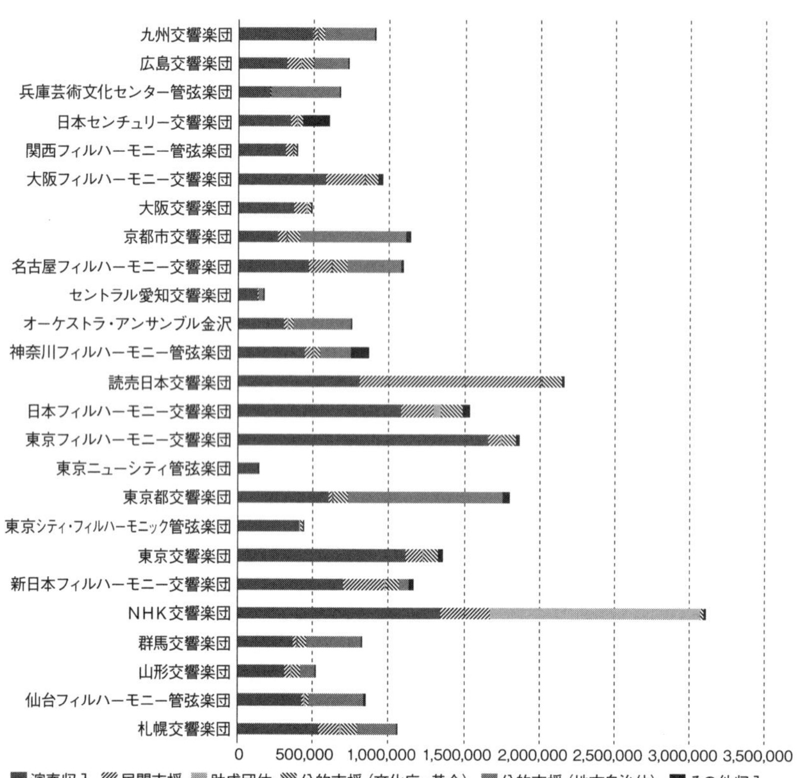

（出典）日本オーケストラ連盟

るその収入額と構成をみたものです。

みられるように、各オーケストラについてその事業活動規模は大きく異なります。NHK交響楽団、読売日本交響楽団の年間20億円から30億円台を筆頭に、１億円台まで多様ですが平均的には５億円台となっています。

［図表7-5］は収入総額に対する収入の構成を見たものですが、全団体の平均では、「演奏収入」が53.6%、「民間支援」13.0%、「公的支援」25.0%、「助成団体支援」6.0%となっており、先のボーモルらの指摘が、50年後のわが国においても妥当しています。

このなかで、京阪神圏におけるオーケストラの状況をみると、京都市設立の京都市交響楽団における公的支援比率の高さ、大阪フィルハーモニー交響

［図表7-5］ 各オーケストラ収入構成（2018年度）

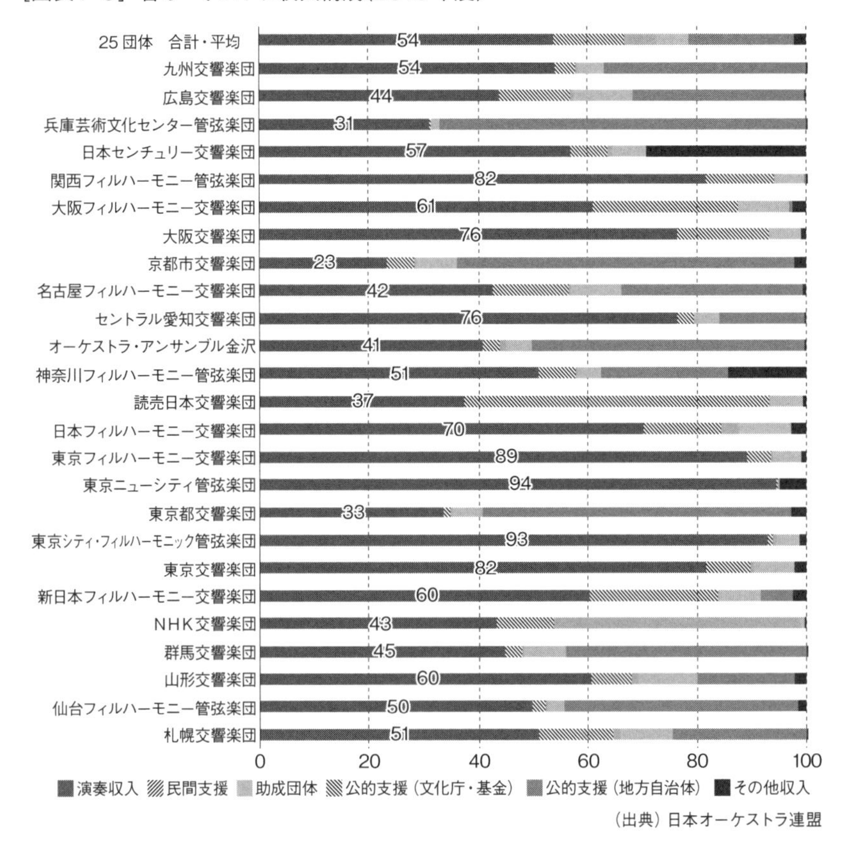

（出典）日本オーケストラ連盟

楽団、関西フィルハーモニー管弦楽団、大阪交響楽団における長年の経済団体との連携の努力を反映した民間支援比率の相対的な高さが特徴的です。

厳しい経営状況にさらに大きな負担となったのがコロナ禍による演奏回数の減少です。オーケストラ連盟によれば、正会員、準会員団体計38団体の2020年度（令和2年度）演奏会は約2,300回と2018年度（平成30年度）の約3,900回から約1,600回の減少となり、演奏会収入も、約84億円と、2018年度の約147億円から約 63億円減少したとされています。

音楽文化関連産業

次に今日の大阪における音楽文化関連産業の蓄積の現況をみましょう。こ

[図表7-6]「音楽文化関連産業」の対象分野

分野	業種
音楽関連機器製造・販売	・映像・音響機械器具製造業 ・楽器製造業 ・楽器小売業
音楽コンテンツ制作・提供	・公共放送業（有線放送業を除く） ・民間放送業（有線放送業を除く） ・有線放送業 ・音声情報制作業 ・映像情報制作・配給業 ・音楽・映像記録物賃貸業 ・映像・音声・文字情報制作に附帯するサービス業 ・インターネット附随サービス業
音楽享受・創造の場の提供	・興行場（別掲を除く）、興行団 ・カラオケボックス業
音楽分野ケイパビリティ発達支援	・音楽教授業

（注）「経済センサス」を通じた検討においては、「放送業」「インターネット付随サービス業」等、狭義の音楽文化分野より幅広い産業分野が把握されている点に注意が必要です。

（出典）筆者作成

こでは、音楽文化活動を支える人的、物的、制度的基盤の提供という視点から、「経済センサス」における産業分類にもとづいて、その現況、地域経済、社会におけるその比重、全国的な産業分布のなかでのその特徴を考察します。

「音楽文化関連産業」の範囲についてその対象範囲を［図表7-6］として把握し、全国、政令市、政令市所在府県における当該業種従業者について、「経済センサス（2021年〈令和３年〉）」に基づき、当該地域の全産業従業者数に対する比率を見たのが［図表7-7］です。

「音楽文化関連産業」の東京都特別区への大きな集積が特徴的であり、政令市では福岡市、大阪市、札幌市、名古屋市等が続きます[18]。

次に、東京都と大阪府について、全国平均以上の集積を有する各特別区と大阪市区、府域市の指標を見たのが［図表7-8］です。東京都区部では渋谷区、港区、目黒区への集積が特徴的です。大阪府では、全般的に東京に比べ低位ですが、大阪市内の福島区、北区、府域での門真市の集積が特徴的です。

ここで示されている各地域における音楽文化関連産業の集積状況、比重の相違は、主に、各分野の音楽文化関連産業がそれぞれの地域に歴史的な過程のなかで集積されてきた過程のなかで生み出されてきたと考えられます。

[図表7-7]「音楽文化関連産業」従業者数が全産業従業者数に占める比率
(政令市及び政令市所在府県)

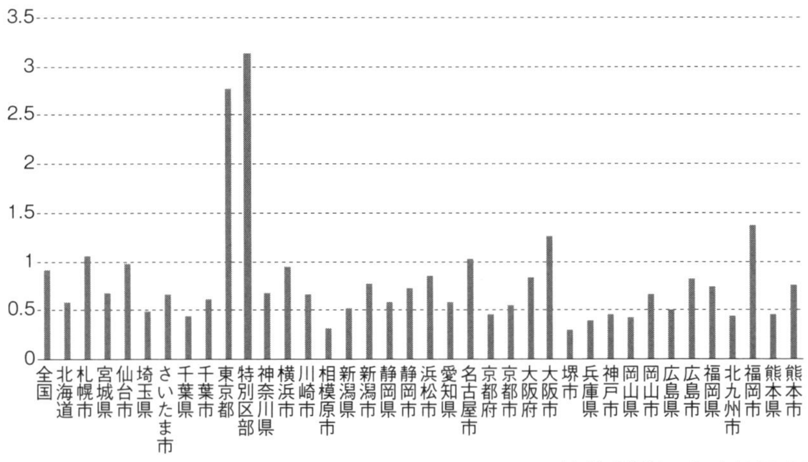

(出典)「経済センサス」(2021年)

[図表7-8]「音楽文化関連産業」従業者数が地域全従業者数に占める比率
(東京都、大阪府)

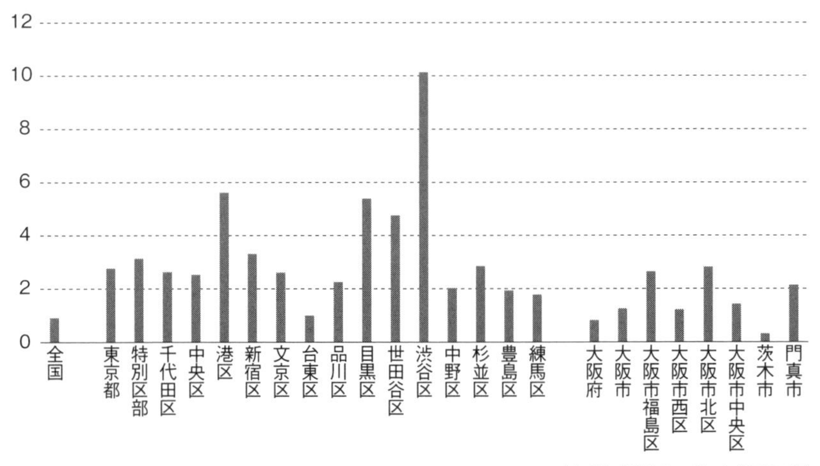

(出典)「経済センサス」(2021年)

全国平均以上の集積を有する地域について、それぞれの地域における「音楽文化関連産業」の特徴をみるために、そのなかでの各業種別の全国比に対する地域ごとの特性を示す従業者数の業種別特化係数をみましょう(図表7-9)。

［図表7-9］「音楽文化関連産業」従業者数の地域別・業種別特化係数

	映像・音響機械器具製造業	楽器製造業	公共放送業（有線放送業を除く）	民間放送業（有線放送業を除く）	有線放送業	映像情報制作・配給業	音声情報制作業
全国	1	1	1	1	1	1	1
札幌市	0.06	0.16	1.86	2.22	1.03	1.07	0.58
仙台市	0.00	0.11	2.53	2.15	0.53	0.73	0.15
東京都	0.58	0.38	2.84	2.07	1.72	4.24	5.20
特別区部	0.43	0.36	3.37	2.45	1.86	4.71	6.05
千代田区	0.05	0.00	0.00	1.53	3.91	1.82	6.75
中央区	0.13	0.00	0.00	1.67	0.27	3.87	0.78
港区	0.03	0.02	0.00	14.64	0.64	10.70	12.84
新宿区	0.36	0.05	0.00	0.36	0.36	3.56	2.24
文京区	0.08	0.00	0.00	0.13	1.34	1.91	14.89
台東区	0.64	1.94	0.00	0.15	0.17	1.01	0.46
品川区	1.20	0.00	0.00	0.09	4.51	2.20	3.29
目黒区	0.68	0.00	0.00	0.01	0.00	4.88	5.94
世田谷区	0.18	0.06	0.00	0.37	4.16	3.27	8.31
渋谷区	0.09	0.11	48.41	0.38	1.34	17.24	25.36
中野区	0.08	0.43	0.00	0.00	1.35	7.87	3.27
杉並区	0.97	1.87	0.00	0.00	1.47	12.90	6.80
豊島区	0.16	0.40	0.00	0.01	4.11	2.25	0.29
練馬区	3.11	0.56	0.00	0.02	5.91	6.59	2.14
横浜市	4.66	0.11	0.26	0.33	0.66	0.32	0.45
名古屋市	0.32	0.31	1.36	2.40	0.75	1.23	0.41
大阪府	1.20	0.46	0.75	1.32	0.30	0.87	0.61
大阪市	0.17	0.86	1.48	2.60	0.40	1.60	1.06
福島区	0.00	0.00	0.00	23.76	0.00	6.67	2.60
西区	0.06	0.78	0.00	0.22	0.00	0.87	1.15
北区	0.06	0.00	0.00	6.14	0.09	3.65	3.01
中央区	0.19	0.03	6.55	2.78	1.66	2.00	0.67
茨木市	0.00	0.00	0.00	0.00	0.00	0.10	0.18
門真市	47.17	0.00	0.00	0.00	0.00	0.00	0.89
福岡市	0.17	0.04	1.85	2.23	1.53	1.51	0.44

（注）従業者数の特化係数＝地域別業種別構成比／全国業種別構成比。アミかけ部分：特化係数1.5以上。

映像・音声・文字情報制作に附帯するサービス業	インターネット附随サービス業	楽器小売業	音楽・映像記録物賃貸業（別掲を除く）	映画館	興行場（別掲を除く），興行団	カラオケボックス業	音楽教授業
1	1	1	1	1	1	1	1
0.90	1.30	0.89	0.61	0.72	0.88	1.62	0.92
0.65	1.21	1.25	0.74	0.82	1.49	1.04	1.06
3.71	4.24	1.52	0.97	1.20	3.23	1.23	1.00
4.25	4.99	1.47	0.96	1.12	3.61	1.21	0.80
4.05	5.37	1.86	0.00	1.24	1.80	0.78	0.32
5.60	4.80	1.35	0.05	0.47	1.16	0.57	0.18
10.31	8.11	0.07	0.39	0.92	4.27	0.59	0.17
3.63	6.70	3.45	0.06	1.83	2.78	2.19	1.14
3.67	2.31	0.50	0.68	0.00	18.35	0.19	1.07
0.83	1.18	1.42	0.35	1.45	2.19	2.10	0.32
0.79	4.85	0.13	0.39	0.19	1.70	0.93	0.28
3.07	11.45	0.46	0.00	0.00	12.24	1.41	2.15
2.75	10.36	1.80	1.48	1.99	5.91	1.93	1.99
11.38	15.50	5.33	5.59	2.22	13.12	1.58	1.05
2.99	0.69	1.55	0.65	0.00	5.32	1.86	0.64
3.10	0.37	1.34	3.46	0.28	5.54	1.55	3.14
1.27	2.51	2.24	2.40	2.43	2.12	3.41	1.79
1.78	0.20	0.67	1.07	2.02	1.79	1.32	2.16
0.53	0.93	1.04	0.60	1.19	1.27	1.72	1.32
0.99	0.98	1.49	0.54	1.04	1.87	0.94	1.09
0.93	0.95	0.98	0.65	1.01	0.71	0.96	0.81
1.65	1.74	1.15	0.55	1.02	1.07	0.93	0.59
3.87	0.69	0.19	2.24	0.00	0.00	1.57	0.70
1.16	2.87	1.81	0.22	0.15	1.30	0.00	0.09
3.88	4.84	2.05	0.23	2.09	1.61	1.08	0.53
2.09	1.54	1.46	0.33	0.96	1.43	0.97	0.42
0.09	0.05	1.81	0.63	1.71	0.10	1.25	1.46
0.03	0.00	0.71	0.98	0.00	0.00	1.89	0.39
1.00	1.86	1.12	1.33	0.82	1.82	1.43	0.84

（出典）「経済センサス」（2021年）にもとづいて作成

「音楽コンテンツの制作・提供」分野においては、東京都においては渋谷区、港区など「音声情報制作業」「映像情報制作・配給業」「インターネット附随サービス業」など音楽コンテンツの制作と流通に関わる情報系産業の地域における比重の高さが目立ちます。また「放送業」については、NHK、民間放送局等の集積を反映して、渋谷区、港区の集積が特徴的です。

渋谷区について、現代のポップス音楽における特色あるジャンルとしての「渋谷系」を生んだ音楽の街の歴史的発展過程を考察した牧村ほか[2017]によれば、その個性を形成した重要な要因として、輸入レコード店、ライブハウス、レコード喫茶、楽器店、青山学院などの存在とそこに集い交流したミュージシャンの存在が指摘されています。

大阪では、福島区、北区、中央区における「映像情報制作・配給業」「放送業」の比重の高さが目立ち、公共、民間放送業の一定の集積が見られます。

「音楽コンテンツの制作、提供」分野の中核となるレコード産業においては、1907年(明治40年)にわが国初のレコード会社「日米蓄音器」が設立され、関西では「日東蓄音器」(1920年〈大正９年〉)、「帝国蓄音器商会」(のちテイチク)(1931年〈昭和６年〉)など大正期から昭和初期にかけて多くのレコード会社が設立され、義太夫、小唄、宝塚少女歌劇団など関西圏独自の音源を収録していきます。そのなかで、1927年(昭和２年)大阪で創業された「丸福レコード」は、地域文化資本の伝承という視点で特色ある活動を展開しました。

「丸福レコード」は、沖縄の歌、三線の名手であった普久原朝喜氏によって設立されました。沖縄から来阪した普久原氏は、在住する多くの沖縄出身の人々の沖縄音楽文化への強いニーズを受けとめ、沖縄在住の古典音楽の奏者、興行のため来阪した沖縄芝居、歌劇の一座などによる、琉球古典音楽、民謡、新民謡、歌劇、組踊など全491曲にのぼる幅広い演目を収録し、戦前期でSPレコード232枚を制作、積極的な販売活動により戦前の関西圏における沖縄音楽文化の発信拠点として活動しました。[19]

レコード会社は「日本ビクター蓄音器」「日本ポリドール蓄音器商会」など３大レーベル傘下の会社への集中が進み、首都圏への音楽コンテンツ企画、制作機能の集中、地方特約店を通した全国流通という体制が確立されていきます。

今日、大手レコード会社の本社機能は東京に集積し(日本レコード協会正会員18社はすべて23区内)、インディーズレーベルにおいてもその多くが東京に集積、プロダクション、音源制作、音楽情報発信をサポートするスタジオ、インターネット関連事業者も首都圏に多く集積しています。

こうしたわが国の状況に対して、米国における音楽創造機能の地域分散は特徴的です。アメリカにおけるインディーズレーベルは、1940年代から50年代にかけて、各地域で成長したといわれていますが、そこでは、1959年デトロイトに生まれた「モータウン」やメンフィスの「スタックス」など、ブルース、ロックなど各地域の音楽文化の発展を基盤に成長してきています。

音楽、映画等創造的産業と都市、地域との関連を考察したスコットは、1998年の時点において、アメリカのレコード会社(メジャー72社、インディペンデント235社)は3つの主な集積、ロサンジェルス、ニューヨーク、ナッシュビルと、より小規模な集積がみられるアトランタ、オースティン、シカゴ、マイアミ、サンフランシスコ、シアトルに分布していると指摘しています[20]。

20世紀において形成されてきた東京一極集中型の音楽コンテンツ制作産業の状況に対して、世紀の転換期から急速に進む情報分野の技術革新、情報ネットワークの進展は、人々のグローバルな音楽情報への開かれたアクセス可能性の発展(APPLE MUSIC,NAXOS等)、楽曲制作におけるDAWなど分散的な創造機能の基盤となる技術開発の発展、電子配信によるクリエイターからのグローバルな発信の可能性などの状況を生み出しています。

こうした技術的基盤の発展がわが国における音楽産業、音源制作機能とその関連産業の地域集積に変化をもたらす可能性は存在するのか、あるとすればそれを現実化しうる地域における条件はどのようなものか、音楽創造機能の地域分散、地域創造との連携の可能性の探求は、重要な検討課題となっています[21]。

次に、「音楽関連機器の製造・販売」分野について、大阪においては、戦後高度成長期における家庭電器産業の発展を背景として音楽関連機器製造業の集積が進みました。1918年(大正7年)大阪市内で創業した松下電器産業(のちパナソニック)は、1933年(昭和8年)主力工場を守口市、門真市地域に立地、以降、家庭電器産業関連分野が集積し、門真市における「映像・音響機械器具製造業」の比重の高さはそれを反映しています(第4章参照)。また、製造業では、この表にはあらわれていませんが浜松市におけるヤマハを中軸とした「楽器製造業」の集積も特徴的です。[22]

また「楽器小売業」では、東京における渋谷区、新宿区、大阪市都心部（北区、中央区、西区）の比重の高さが特徴的です（第２章参照）。

音楽コンテンツの制作、情報発信に関わる産業分野の首都圏への大きな集中、京阪神圏への一定の集積、製造業における特徴的な地域における産業集積というわが国の音楽文化関連産業分野の集積の特徴がみてとれます。

音楽文化分野における評価・情報発信、支援機能

音楽文化団体の活発な活動の展開は、音楽教育機関、放送、出版機能等の集積、経済力の発展とあいまって、大阪における音楽文化評価機能、情報発信、サポート機能の蓄積を促していきました。

芸術文化創造拠点としての都市が有すべき重要な機能の１つが多様な芸術文化活動の価値を評価、発信し支援する機能です。美術分野におけるルネサンス期フィレンツェや19世紀のパリ、音楽、舞台芸術分野における19世紀のウィーン、20世紀におけるニューヨークなどの存在が指摘されますが、その背景、基盤として４つの要因があげられます。

第１は、当該の芸術文化の分野において「古典」（規範、目標）とされる芸術文化資本の大きな蓄積、第２は、芸術家、専門家、市民の創造能力、享受能力を育てる教育機能、第３は、文化活動を評価、発信する専門家（研究者、学識者、評論家等）と出版、放送等情報発信機能、第４に支援、サポートの基盤となる経済力の存在です。

すでに各章で見たように、近代大阪においては、放送局、音楽系教育機関、出版機能等の分野を中心として、これらの条件が蓄積されてきました。そのなかで近代大阪における情報発信機能としての出版業の蓄積は、わが国において独自の意義を有しています。心斎橋筋には、江戸期以来書店が集積し、明治の中頃には50軒以上の書店が集まり、出版、流通の拠点として活動していたといわれています。

1892年（明治25年）創業の創元社は谷崎潤一郎『春琴抄』、川端康成『雪国』などを出版、立川文明堂は大正期に全国を風靡した『立川文庫』を創刊、詩歌の世界では、薄田泣菫『暮笛集』、与謝野晶子『みだれ髪』、『新訳源氏物語』を出版した金尾文淵堂など、個性的な出版社が活発に活動していました。また、音楽書の分野では三木楽器が楽典、歌集など西洋音楽文化普及の拠点となって全国的な活動を展開しています（第２章参照）。

出版業、高等教育機能の発展、新聞、放送等マスコミの発達を基盤として、音楽文化をはじめ芸術文化の分野において、独自の見識を持つ評論家が活躍し、その発信媒体としての専門紙誌が発展していきます。戦前期の『上方』、朝日会館発行の『会館芸術』、戦後期には『上方芸能』、地域文化を紹介する『大阪春秋』誌など個性的な雑誌が発行されています。また、幅広い芸術文化団体の連合体として1978年（昭和53年）設立された大阪文化団体連合会が発行した『大阪府文化芸術年鑑』（1979年～2008年）は各年の芸術文化団体、文化施設等の活動状況の貴重な記録となっています[23]。

音楽評論の分野では、関西在住の音楽評論家により構成される「音楽クリティック・クラブ」が1962年（昭和37年）発足し、関西圏における優れた演奏活動を顕彰する「音楽クリティック・クラブ賞」の実施を通じてクラシック音楽文化の発展に寄与しています。

（注）

1 わが国におけるこの過程は、近世以降、特に産業革命期以降本格化する西欧資本主義のグローバルな展開のもとに非西欧諸国、地域が包摂され、後進諸国、地域においては、一方で西欧資本主義の要請に沿った経済、文化システムの導入が強制され、他方で独自の国民経済、文化を求める努力がせめぎ合い、展開され、それまでの各国、地域の固有の経済システム、文化システムが大きな変容、変化を余儀なくされていく過程の一環でした。グローバルな資本主義経済の成立と各国、地域の対応過程の包括的な分析視点についてはWallerstein［1974］参照。
わが国はアジアの東の縁辺に立地し、古代以来、外来の大文明を取り入れてそれを学び、吸収、消化し、独自の文化をかたちづくってきました。加藤周一は『日本文学史序説』において、わが国は、古代、中世の中国文明、近代における西洋文明という巨大な文明との出会いにおいて、文明を構成する諸要素、システムを基本的に受け入れながら、他方でその受容、吸収過程のなかで固有のベクトルが働いて独自の日本文化スタイルが成立していくという過程が共通して見られると指摘しています（加藤［1975］）。この視点は、開国以降の近代西洋音楽文化分野の導入過程の考察においても示唆的であると考えられます。
細川［2020］は、ネトル［1985］の考察をふまえて、西洋音楽文化の特徴として、「和声の数理的構造」「楽譜の普及、学習、流通」「公共的音楽教育体制」「公開演奏会・演奏空間の公共性」「自律美学」「国民主義」の６点を指摘し、わが国における近代音楽百年の歩みを、西洋音楽文化の「衝撃」を受けとめ、各地域における対応の相違を生み出した「地域文化の多様性」「政治的・文化的システムの違い」という視点から検討しています。

2 Mosse［1975］は国民国家の形成において、民衆に国家への帰属感を与え、国民として編成していく過程における祭典、シンボル、神話、大衆参加の示威運動などの果たす役割の大きさ、重要性を指摘しています。

3 細川［2020］、瀧井［2004］参照。

4 レコード産業の発展について生明［2016］、Roland［1977］、音楽著作権を軸とする音楽産業全体の構造について河島［2009］参照。

5 ガーシュインがその生涯において出会いその音楽創造の源泉となった多様な音楽文化について Wood［1996］参照。

6「彼（ガーシュイン）の演奏は色彩感に富み、エネルギッシュで、思い入れたっぷりだったので、どんなにつまらないバラードでも実際よりも素敵に聞こえるのだった」（Kresh［1988］）。

7 1927年の作曲者自身のピアノによるオリジナルバージョンは、バンドとピアノが絡み合い、互いに切磋琢磨しながら新しい音楽世界を創造していく場の情景を生き生きと表現しています。バーンスタインは、1939年の論文（『アメリカ音楽への民族的要素の導入』）のなかで「ジャズとともに新しい感覚がアメリカ音楽に導入され・・・新しいリズムの多様性を促した。これらのリズムを最も自由に・・使用したのがガーシュインであった」と論じています（Bernstein［1983］参照）。

8 ドイツから移住し、レーベルの創設にライオンと共に携わったフランシス・ウルフは、彼らの経営姿勢について、「我々の間でいつしか独自のスタイルが確立されていった。・・・当時周囲の人間は『二人は、自分たちの気に入ったものしか録音しない』と言っていたらしい。それは当たっている」と、インディーズレーベルとしての主体性を強調しています（カスクーナ、油井［1987］参照）。

9 ミュージカルの発展について小山内［2016］、宮本［2022］参照。

10「軽音楽は先進工業国では規格化によって定義される。流行曲がその典型だ。・・・規格化は曲全体の構成から細部にまで及ぶのである。アメリカの音楽生産全体の実際の規準となる根本原則によれば、リフレインは32小節からなり、中間に繰り返しへ接続するブリッジという部分がおかれる。・・・本当に新しいものは入り込むことを許されず・・・」（Adorno［1962］）。

11 鳴海［1990］は、近代の開幕直前の近世大阪の都市文化への人々のイメージが表現された資料として幕末から明治初年刊行された「浪速百景」を検討し、当時の人々が評価する都市文化空間の代表として、「水際」と「上町台地」をあげています。

12 大阪における音楽文化資本蓄積について大阪音楽大学［1988］、杉本［2019］、毛利［2006］参照。

13 小林［2016］参照。

14 毛利［2006］参照。

15 津金澤、近藤編著［2006］参照。

16 津金澤、近藤編著［2006］参照。

17 音楽分野は他の産業分野と異なり、労働節約型のイノベーションが困難であり、一般的な物価水準を上回る経費上昇が必然的となり、構造的な所得不足に直面せざるを得ないという課題が指摘され、1960年代当時の経営環境をふまえた「所得不足」額の推計により、ニューヨークフィル等５つのメジャーオーケストラでは経費の30％、その他地域の25オーケストラでは46％、オペラでは45％にのぼるという赤字見込み額が推計されています。そのうえで、ボーモルらは、オーケストラ等芸術文化団体の存続を確保するためには、公共的支援が不可欠であることを強く主張し、その根拠として、芸術文化の有する社会的便益である「文化的威信」「関連する経済活動の促進」「将来世代の文化享受の機会の確保」「教育的貢献、人材育成への効果」等をあげています。

18 東京ほか福岡等主要都市への音楽コンテンツ産業の集積過程について増淵［2006］［2010］参照。東京におけるクリエイティブ産業の集積を考察した後藤、奥山［2011］は港区、渋谷区における音楽分野の集積を指摘しています。

19 丸福レコードは戦後、拠点を沖縄に移し活動を展開しています。高橋［2006］、北中［2003］、山崎［1997］参照。

20 Scott［2000］参照。

21 増淵［2004］［2006］、大島［2009］、藤本［2010］参照。

22 わが国におけるピアノ産業の発展について田中［2021］参照。

23 大阪文化団体連合会の活動について本田［2012］参照。

第8章
大都市圏大阪の形成と都市政策、文化政策の展開

本章では、各章でみてきた個性的な音楽文化活動の基盤をかたちづくってきた明治期以降の大都市圏大阪の形成と発展の過程について、「市民の音楽参加と創造の場」と都市文化空間の形成という視点を軸に、都市政策、文化政策の分野における公共団体の取り組みについて振り返り、その特色を考察します。

1. 関市政における近代都市大阪の骨格と都市文化空間の形成

近代日本の産業革命の先頭を走った大阪の経済発展は、人口の急速な集中と都市の成長をもたらし、生活基盤、産業基盤の整備が都市行政の大きな課題となりました。

都市計画家ホールは、近代都市政策における重要な課題として、住宅政策、交通政策、上下水道、都市秩序維持等を指摘し、19世紀から20世紀におけるロンドン、パリ、ニューヨーク等欧米主要都市における都市政策の特徴を比較、考察しています[1]。

近代都市大阪の都市基盤の整備に向けて、卓越した見識のもとに大きな方向づけを行い、都市計画の策定、推進を指導したのが関一市長でした。ここでは、関市長の取り組みを軸として、近代都市大阪の骨格形成過程を振り返ります。

1914年(大正3年)、池上四郎大阪市長の要請を受け、東京高等商業学校教

［図表8-1］戦前期大阪市の人口動向・市域面積（1889〜1945年）

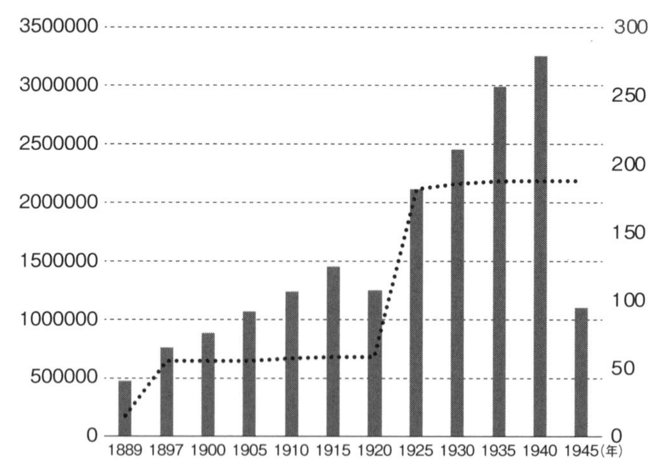

（注）棒グラフ：人口。破線：市域面積。「第1回国勢調査」（1920年）以前は「公簿調査」。1945年：人口調査。左軸「人口」：人。右軸「市域面積」：㎢。1889年市制施行。「第1次市域拡張調査」1897年。「第2次市域拡張調査」1925年。

（出典）大阪市「大阪市統計書」

授から大阪市高等助役に迎えられた関一氏は、1923年（大正12年）から35年（昭和10年）の現職での死去まで市長として在任、大阪市における近代都市の骨格の形成に大きな役割を果たしました。[2]

ここでは、関の都市政策理念の特徴について検討し、都市における文化資本の蓄積、都市の文化環境の整備において、公共団体が果たした役割についてみていきます。

文化資源の蓄積と多様な芸術文化活動への幅広い認識

関は、東京高等商業学校に学び、大蔵省、県立神戸商業学校等を経て母校の教授となり、1898〜1901年（明治31〜34年）商業学研究のためベルギー、ドイツに留学、交通政策を主としつつ、経済政策、社会政策を広く学ぶとともに、欧州各国を視察、考察を深めていきました。

ベルギーでは鉄道政策を主に研究、1900年ドイツに移り、同時期留学していた美濃部達吉、福田徳三などと交流するとともに、ベルリン大学でアドルフ・ワグナーの財政学講義、グスタフ・シュモラーの経済学講義を熱心に聴講し、社会政策について考察を深めていきます。[3] その背景には、20世紀を迎えた当時の世界情勢への明治青年としての国家意識、日本の針路と自らの学問研究の果たすべき役割についての自覚がありました。

20世紀をベルリンで迎えた日、1901年1月1日の日記において、関は、新世紀は「太平洋時代」であり、国際競争に負けない「日本国民の企業家精神」の重要性を強調し、自らの使命として、「人物の養成」を第一にあげています。研究の基本的視点として、シュモラーの経済学に共感を示し、「商業教育」は「企業経営学ノ研究及ビ之ニ要スル技能の錬磨」にあるという視点を提示しています。

シュモラーは、産業革命の先進国イギリスを中核とする世界市場支配に対抗してドイツ国民経済の確立を求めたフリードリッヒ・リストから始まるドイツ歴史学派の伝統を受け継ぎ、ドイツ資本主義の発展にともなう労働問題、農村問題等への対応が求められるもとで、1872年「社会政策学会」を設立しその中心人物として活動していました。シュモラーは、「国民経済」について、国家の諸政策、租税、財政制度、学校、教育、鉄道等の諸制度の複合が形成する「国民の経済的・社会的な組織や制度の統一的システム」として把握し、その解明を「国民経済学」の課題としていました[4]。

シュンペーターは、その経済学史の考察において、「ドイツ歴史学派」の特徴について「社会政策に対する深い、熱情的な関心」をあげ、研究領域における「産業組織、労働者階級の生活状態、社会的行政の効果等」の問題への大きな関心を指摘していますが[5]、関が、ドイツ留学からの帰国ののち展開した研究、実践の領域、工業政策、工場法、そして都市経済、都市政策への取り組みは、この歴史学派の問題意識を受け継ぐものといえます。

関は、大学の講義を聴講するとともに、ドイツ、ベルギー等の工業地域やドイツ各地の都市をきめ細かく視察し、エッセンのクルップ工場の視察では、住宅環境等労働者保護の体制に強い印象を受けています。また、パリで開催されていた万国博覧会を視察、商業学校国際会議に参加し、新設の地下鉄の快適さに印象を受けています。

本書の課題である都市政策と文化、芸術との関わりについて着目できる点として、各地の博物館、美術館、劇場等を熱心に訪れ、その印象、考察を詳細に「日記」に記し、都市と文化との関わりについて認識を深めていったことがあげられます（図表8-2）。舞台芸術の分野では、ゲーテ『ファウスト』

［図表8-2］関一「留学日記」にみる欧米諸都市における文化・芸術施設・舞台芸術等見学、鑑賞（1900年7月～1901年11月）

年月日	都　市	文化・芸術施設	日　記　記　載
1900/7/18	パリ	万国博覧会	「セーン両岸の数々タル白亜朱欄、是世界博覧会ニシテ世界ノ市民ヲ巴里ニ誘フノ場」「日本品の小規模ナルハ到底之ヲ欧国民ノ製作品ニ比シテ見ルニ堪ヘズ」
1900/11/18	ベルリン	Deutschen 劇場『ファウスト』観劇	「ゲーテノ大作、其半ヲ解スルヲ得ザルモ、日曜半日ノ閑ヲ消スニハ愉快ナリキ。我国民ノ芸術又ハ舞台ヲ解スル能ハズシテ美術国ヲ自称スルモ亦奇ナラズヤ」
1901/1/13	ベルリン	劇場『ノラ』観劇	（1900/12/19イプセン読了、感動）
1901/2/9	ベルリン	新美術館	
1901/3/2	ベルリン	Thalia劇場喜劇観劇	題名“Froven von Hento”
1901/3/23	ベルリン	Lusing劇場『ノラ』観劇	「（主演Anzer Sormaの）其技ハ巧妙聞ク所ニ優ルモノアルヲ覚ユ」
1901/4/11	ベルリン	Appollo劇場『Frau Luna』（オペレッタ）観劇	
1901/5/19	ベルリン	Kant strにおける『分離派』展鑑賞	「分離派トハ独国ニ起コリタル一新派ニシテ、其中尤モ余ノ注目ヲ惹キタルVilla in Grünewaldナル画題ニテ画キタルモノノ全ク光琳ヲ見ルノ心地スルコト是ナリ」
1901/5/31	ベルリン	郵便博物館	
1901/6/1	ベルリン	新博物館、民族博物館	
1901/6/15	ベルリン	Beethoven ホール、コンサート	
1901/7/17	ハンブルク	動物園、植物園	
1901/7/18	ハンブルク	美術工芸博物館、美術ホール	「（博物館は）陶磁器ノ収集ヲ以テ名アリト云フ、中古ニ於ケル独・伊・蘭ノ陶器ヲ蔵スルコト少ナカラズ、本邦ノモノモ亦其一班ヲ窺フベシ、漆器・象眼・彫刻モ亦陳列セラルルアリ、此博物館ニハ工業学校ノ同一建物中ニ付設セラルルヲ見ル」
同上	同上	市庁	「市庁ニ至リ、其ノ内部ヲ見ル、宏壮実ニ人目ヲ驚カスモノアリ・・（階上の各間の）美麗、伯林ノ王宮ニ優ル・・其壁画及彫刻ノ肖像ハ幾百ヲ以テ数フベシ・・富ノ進歩ハ自由ノ空気ニ生ジ美術ノ発達トナル」
1901/8/13	ドレスデン	絵画ギャラリー	「Tiziano 及 Raffel,Rubens,Rembrant 等アリ、就中 Raffel’s Sistinesche madonna（システィナの聖母）・・・佇立十数分、其美ヲ十分ニ知ル能ハザルヲ惜シム」

1901/8/14	ドレスデン	Yahanneum 博物館	「歴史的博覧館」
同上	マイセン	陶磁器製造所	
1901/8/15	ライプチヒ	Grassi 博物館	「人類学ノ部ハ蒐集豊富ナルヲ見ル」
同上	同上	市設博物館	「其内著シキモノハ Böcklin' s Tateninsel（死の島）アルノミ」
1901/8/18	ニュルンベルク	ドイツ鉄道博物館	
1901/8/19	同上	ゲルマン博物館	「修道院ヲ新タニ修復、陳列品中見ルベキモノ少ナカラズ」
1901/8/21	ミュンヘン	アルテピナコテーク	「天下ノ名品多キヲ見ル」
1901/8/22	同上	彫刻品展示館、Schack 伯爵ギャラリー	
1901/8/23	同上	ノイエピナコテーク	「近代ノ画家ノ作ヲ蔵シベックリンヲモ蔵ス」
1901/8/24	同上	国王宮殿、王立劇場	
1901/8/25	同上	歴史博物館、国際美術工芸展	
1901/8/27	同上	国立博物館	「陳列方法頗ル整美、各時代ニ応ジテ陳列室ヲ装飾セル如キ、見ルモノヲシテ身其時代ノ建築物内ニアルヲ思ハシム」
1901/8/30	同上	劇場	「Lüdenmann ノ Fahamis Feuer ヲ見ル。演ズル所ノ戯曲は頗ル面白カリキ」
1901/9/4	チューリヒ	州立博物館	
1901/9/5	バーゼル	歴史博物館、美術工芸展	「後者ハベックリンノ画ヲ蔵スルモノ少ナカラズ」
1901/9/7	フランクフルトアムマイン	ゲーテ生家、博物館	「此家屋ハ大詩人ノ生レタル所ニシテ当時ノ儘ニ保存セリ、吾人ハ斯ノ如キ Andenken（思い出）ノ大詩家ニ対シテ与ヘルヽヲ以テ大ニ喜ブベキ事トナス、之ヲ吾国ニ於テ旧蹟ヲ破壊シテ顧ミザルニ比シテ霄壌ノ差ヲ見ル」
1901/9/8	同上	劇場	「Sudermann ノ Schmetterling schlacht ヲ見ル」
1901/9/10	アムステルダム	国立博物館	「レムブラントノ Nachtwacht（夜警）ナル名画ハ階上ノ一室特ニ陳列セラル」
1901/9/11	ハーグ	絵画館	「此美術館ハ・・其蔵スル所ハ悉ク名家ノ手ニ成ルモノニシテ Rembrandt ノ anatomy（テュルプ博士の解剖学講義）ノ画ノ如キ「レムブラント」ノ畢世ノ作ト称セラル」
1901/9/21 ~10/3	アムステルダム～ニューヨーク	船舶で大西洋横断	
1901/10/3 ~10/17	アメリカ滞在	ニューヨーク他	ニューヨーク、ナイアガラ滝、シカゴ、シアトル等見学
1901/10/17 ~11/4	シアトル～横浜	船舶で太平洋横断、帰国	

（注）" Thetre"" Kunst"" Konzert" 等の語句は適宜訳しています

（出典）大阪市史編纂所［2010］にもとづき作成

等を観劇、とくにイプセン『人形の家』公演には深く心を動かされています。また、美術分野では各地の博物館、美術館をきめ細かく見学し、ティツィアーノ、ラファエロ、ルーベンス、レンブラント、ベックリン等から受けた強い印象を記し、ミュンヘンのアルテピナコテーク、フランクフルトのゲーテ生家ミュージアムなど都市における文化拠点整備への積極的な取り組みに心を動かされています。

ハンブルクにおいては市庁の「宏壮美麗」に感嘆し「富の進歩は自由の空気に生じ美術の発達となる、文化の発展は全く社会の現象を変化せしむるもの」と記し、それを支える「自由市なる市民の気象」に着目しています。

とくにミュンヘンについては「博物館、美術館の如き、遥かに伯林（ベルリン）の上に出で、以て誇るに足るべきもの少なからず、市民の生活の如き、かのベルリンの如き世界的都会の性質を有せず、独人の民府（ミュンヘン）を以てgemütlich（心地よい）と称する所以ここにあらんか、劇場の如き、また郊外の散策の如き、高尚なる娯楽を欠かず、都市の上乗なるものと云うべきなり」と、その都市の風光、市民の文化への取り組み、文化の蓄積に高い評価を与えています[6,7]。

これに対して、帰国の途上で視察したアメリカ合衆国については、ニューヨークにおける「急進的なる文明の最新の利益の利用」に驚嘆しつつ貧富の大きな格差を指摘し、シカゴについては「市内交通の迅速」を見つつ「其道路の乱暴」「無秩序」を指摘しています。

後年に展開されていく氏の都市政策の背景において、都市における幅広い文化資源の蓄積と多様な芸術文化活動への幅広い認識が存在したこと、とくに芸術文化の発展の不可欠の基盤として都市における富の蓄積と市民の自由の空気、歴史に根ざした個性豊かな都市文化への志向への着目が氏の考察の基盤としてあったことは留意されるべきポイントといえます。

社会政策と都市政策の総合

帰国後、関は、『工業経営論』等の著作に取り組むとともにわが国における「工場法」制定に尽力しました。企業経営、所有権の自由への国家の介入の必要性を論じるシュモラーの主張の影響がうかがえます。

池上市長の要請を受け、大阪市に着任、助役、市長として市行政に携わり、その都市政策に関する考察はさらに広がりをみせていきます。その特徴として主に次の３点、第１に、住宅政策を軸として社会政策と都市政策を総合的に把握していく視点、第２に、産業政策の重視、第３に、文化政策における民の力の重視の視点をあげることができると思われます。

第１の特徴である住宅政策を軸として社会政策と都市政策を総合的に把握していく視点について。大阪における急速な産業発展と都市の成長は、労働環境の悪化、住宅問題、公衆衛生等生活環境の悪化、交通体系の未整備等多くの社会問題を生み出し、社会政策と都市政策の推進が緊要の課題となりました[8]。

関の考察においては、住環境、交通対策等の領域で都市計画、都市政策が独自の役割を果たすべきことの重要性を強調していることが特徴的です[9]。都市政策の方向について、欧州における都市政策、都市計画の２つの潮流として、パリに代表される中央集権、王宮を核とする都市美観の追及を特徴とする「集中主義」、英国に代表される地方自治、公衆衛生、郊外住宅整備、都心部と郊外住宅地域を結ぶ交通体系等を特徴とする「分散主義」が対比され、わが国における都市計画制度の導入と遂行にあたってのその是非、判断が求められる大きな課題であるとして位置づけています。

この視点をふまえるとき、関が主導した大阪の都市計画の方向づけにおいては、一方でハワードの「田園都市構想」など英国の取り組みを念頭において「住み心地よき都市」、美しい景観、文化的環境を有する居住環境の整備を掲げつつ[10]、並行して、都市の骨格としての街路整備にも注力し、「御堂筋」を拡幅、南北の幹線として、近代都市大阪の軸線として位置づけ、その下に交通体系の整備と産業、都市中枢機能の集積を展望した点では、「分散主義」「集中主義」の２つの視点を、大阪の都市発展の歴史的段階、地域特性をふまえて総合化を図ろうとしたものといえ、この構想は現在に至る大阪の都市発展の基本線を定めたものといえます。

関の時代の市政の重要課題の１つが市域拡張でした。ホールが指摘するように、前近代の都市においては、その範囲は、歩行という移動手段により制約され、おおむねその範囲は歩行１時間圏、約３マイル、約５キロメートル程度でした[11]。大阪においても市制施行時点の４区はこの範囲となっていました。

関は、市が直面する都市における経済発展、商工業等都市機能の集積と過密の改善、良好な住環境の確保の両立という課題への対応として、都市計画におけるゾーニング制度による都市環境の改善、農業等が主力産業である郊外部の統合、道路、鉄道等の整備を基盤とした計画的な住環境整備という方向を打ち出しました。この視点から、わが国における根拠法としての都市計画法の策定と大阪におけるその推進に大きな役割を果たし、市政の最重要課題として周辺町村を統合する1925年（大正14年）の第２次市域拡張が推進されていきます。第２次市域拡張によって、大阪市は人口211万人、面積181平方キロメートルとなり、当時人口195万人であった東京市を抜いて世界６位の人口を有する都市となりました[12]。

1921年（大正10年）決定の街路、橋梁等の「第１次都市計画事業」ののち、1925年（大正14年）には都市計画用途地域が定められ、1928年（昭和３年）には「総合大阪都市計画」が国の認可を受けました。これら計画では、都市計画の柱としてのゾーニング、都心部における経済等都市機能の集積、郊外部における住宅供給の促進、街路、都心と郊外を結ぶ交通体系の建設がその柱にありました。

とくに、都市交通体系の柱とされたのが地下、高架による高速度交通機関の整備で、南北幹線としての第１号線（現御堂筋線）はじめ４路線が定められ、１号線は梅田－心斎橋間が1933年（昭和８年）開通します。

関は市長在任中の1935年（昭和10年）年没しますが、市の都市計画は逐次進められていきます（図表8-3）。

第２次市域拡張を記念して開催された大阪毎日新聞主催の「大阪文化史講演会」において、関市長は近代大阪の発展過程をふりかえりつつ、市域拡張の意義について、「秩序のない乱雑な無計画の発達を避け…二百数十万の市民の住み心地の良い所の都会を拵えていくと同時に工業生産の増加を妨げない様な計画が必要である」として、都市計画の重要性を指摘しています[13]。

これら大正期、昭和期において進められてきた、近代都市としての都市基盤の多くは、戦火のもとで大空襲により破壊され、市域の約３分の１が焦土と化しましたが、戦後においてもその基本方向は引き継がれ、地下鉄路線の建設など都市基盤整備の歩みが再開されていきます。

第２の特徴としての産業政策の重視について、関の考察において注目されるのは、経済学、経済政策論におけるマーシャルへの高い評価と産業、経済

［図表8-3］戦前期（1942年（昭和17年）頃）における都市計画決定施設・進捗状況

・都市計画決定施設

街路	175線	運河	13線	河川改修	3線
公園	108か所	緑地	4か所	墓地	2か所
土地区画整理	2地区	高速度交通機関	4線	下水道	5処理区

・事業進捗状況

事業名	施行年度	進行状況	事業名	施行年度	進行状況
第1次 都市計画事業	大正10年～ 昭和16年	大体完了	第2次 都市計画事業	昭和7年～ 9年	約6割強
第3次 都市計画事業	昭和12年～ 20年	約1割強	寝屋川付近 都市計画事業	昭和2年～ 7年	7年度完了
大阪駅前土地 区画整理事業	昭和10年～ 15年	15年度完了	大阪駅前 都市計画事業	昭和9年～ 17年	7割強
街路墓地事業	昭和12年～ 16年	17年度完了	公園緑地事業	昭和14年～ 20年	3割強
下水道事業	大正11年～ 昭和17年	約3割	高速度交通 機関	昭和4年～ 18年	1.5割強

（出典）大阪市［1951］

の担い手の育成、支援という視点です。

関は、関東大震災の直後、1923年（大正12年）11月の日付を持つ講演原稿「国際産業上ノ覇権ト社会改造」[14]において、関東大震災は明治文明の基礎の薄弱さ、「基礎工事」の薄弱さを露呈したと論じ、社会組織、経済組織における「強固なる基礎」の構築が急務であることを強調します。その視点から、復興における首都への過度の集中、国家主導、中央集権の是正の必要性を訴えています。

この視点にたった新たな経済政策、社会政策の検討において「最穏当なる説を掲げたる著書として、マーシャル先生の産業及び貿易工商業論を薦めたい」「マーシャル先生の英国において言われたことは我国に直に適用し得る」として、工業の高度化、精巧化を今後の日本における産業政策、貿易政策の重要課題として強調し、その基盤として、「優秀なる企業者、進歩せる技術者、勤勉なる労働者」「強き国民」の存在を重視しています。[15]

都市政策における住宅政策、ゾーニング等都市計画の重視も都市環境、生産、生活環境の改善と一体となった地域経済の担い手の確保という視点に裏づけられています。

都市の担い手としての市民、企業者層への関心は、市の産業政策、中小企業政策の分野における積極的な取り組みにもあらわれています。1916年（大正5年）の工業研究所の設置、1942年（昭和17年）の信用保証協会の設立等、戦後における国の中小企業政策の柱となる分野において先駆的な取り組みを進め、大阪商科大学（のち大阪市立大学、大阪府立大学との統合により大阪公立大学）の設立、市政科の開設も社会、経済の担い手の育成に大きな役割を果たしています[16]。

第3に、文化政策における民の力の重視の視点について、在欧中の「日記」において見られるように、関は、欧州都市における都市の文化資産の蓄積が生む「上乗なる都市」とその担い手としての市民の大きな役割に深い感銘を受けています。大阪市政の推進において、都市政策に求められる膨大な課題、中央政府の厳しい統制と限られた市財源という制約のもとで、文化施設の整備、文化事業の展開という政策課題に関する市長の基本姿勢は、1926年（大正15年）中之島堂島河畔に開設された「朝日会館」開設式におけるその祝辞に表現されています。

「都市計画、学制統一その他いろいろ都市の完成に忙しい大阪市としては遺憾ながら文化的施設を顧みる余裕はなかった。この施設を一般の利用に供せられるのは近来の壮挙であり感謝したい」（小倉［2003］）。

近代都市における文化拠点機能の整備の重要性をふまえつつ、市、公共団体における都市基盤整備、文化拠点整備における民間の活力への期待という民間と公共団体との連携の視点がうかがえます。

大阪市域における都市文化空間の骨格の形成

関市政のもとでの各種の都市計画事業の推進によって、近代都市大阪の都市文化空間の枠組みが形成されていきました。個々の「市民の音楽参加と創造の場」は、都市空間のなかで相互に結び付き、全体として、歴史的に蓄積されてきた都市の文化資本として都市の文化的雰囲気（ミリュー）を形成し、都市全体の創造性を高める基盤となっていきます[17]。

ここでは、個々の「参加と創造の場」を結びつけ、市民の交流を促進し、都市全体の創造的雰囲気（ミリュー）を形成していく大きな枠組みとして、3つの要素、「ストリート」「パーク」「水系・水辺エリア」に着目します。

第1は、人々が行きかい、情報が交流されることを通じて「参加と創造の場」を結びつけていく「ストリート」の役割です。「ストリート」には道路、街路、地下鉄等交通体系が含まれます。第2は、都市のなかの文化空間形成の1つの軸となる「パーク」の視点、第3に都市の自然空間として独自の文化空間を生み出す「水系・水辺エリア」という3つの視点に着目し、大阪市域におけるその特徴、それぞれが果たしている役割をみていきましょう。

この視点からみるとき、近代都市大阪における文化都市空間の骨格形成、文化的ミリューの発展に大きな役割を果たしているのが、「ストリート」としての「御堂筋（御堂筋線を含む）」、「パーク」としての「中之島公園」「大阪城公園」「天王寺公園」、「水系・水辺エリア」としての「大川」と「道頓堀」です（図表8-4）。

「ストリート」―「御堂筋」「御堂筋線」

都市空間を形成する主要な要素、都市文化の顔としてのストリートの役割は、欧米における都市研究においても重要視されてきました。オールセンは、ヨーロッパを代表する文化都市、ロンドン、パリ、ウィーンの考察において、ウィーンの「リングシュトラーセ」（環状道路）など「王宮」を中軸とした都市計画とストリートの役割を強調しています（Olsen［1986］参照）。

大阪市域において、南北につなぐ軸線、「ストリート」として、都心機能、交通体系の中軸となったのが「御堂筋」と地下鉄「御堂筋線」です。関［1923］は、大陸ヨーロッパ諸国、パリに代表される都市計画、街路網の中軸として「王宮」が位置づけられる「集中主義」を指摘していましたが、大阪において、その軸点と位置づけられたのは、北の梅田、南の難波の交通ターミナルでした。

大阪市の都市計画において道路網の中軸、梅田から難波に至る南北幹線として位置づけられた「御堂筋」は1937年（昭和12年）に完成、その沿道には、1903年（明治36年）竣工の日本銀行大阪支店、1921年（大正10年）竣工していた大阪市庁舎に加えて、民間企業の本社ビル、銀行等の経済中枢機能の集積、「阪急」「大丸」「そごう」「高島屋」等の百貨店、商業機能の集積が進み、大阪都市経済の中枢地域として機能していきます。また建築物の高さ制限によるスカイラインの統一と街路樹による緑化は大阪を代表する近代的都市景観を形成していきました[18]。

また、その地下を走る市営地下鉄の南北幹線としての第１号線（現御堂筋線）は、梅田―心斎橋間が1933年（昭和８年）開通、難波間が1935年（昭和10年）、天王寺間が1938年（昭和13年）、杉本町間が戦後1960年（昭和35年）開通します。御堂筋線は、戦後期において、大阪府によるニュータウン造成（「千里ニュータウン」「泉北ニュータウン」）の大阪市内への基幹交通網となっていきました。

「御堂筋」に面する中之島地区から本町にかけてのビジネス街には、1933年（昭和８年）建設の「大阪ガスビルディング」を草分けに多くの民間企業ビルが立地するとともに、「御堂筋」の名の所以である「北御堂」「南御堂」が特色ある景観を示しています。

北のターミナル梅田には、阪急電鉄によりターミナルのデパートと駅舎の機能を有する阪急ビルディングが1936年（昭和11年）竣工、南のターミナル難波には1932年（昭和７年）南海電鉄により南海ビルディングが竣工、百貨店の高島屋が開店します。また中間の心斎橋地域には、ウィリアム・ヴォーリズの設計による大丸が建設され（1933年（昭和８年））、隣接して1935年（昭和10年）村野藤吾設計によりそごうが完成、並行する「心斎橋筋」とともに大阪の商業中心となっていきます（山形［2005］、橋寺［2017］参照）。

御堂筋を軸とする都市空間整備が進むなかで、文化拠点機能については、「御堂筋」を軸線として、中之島地域において、市中央公会堂（1918年）を先駆けとして、朝日会館（1926年）が立地し、音楽文化拠点の集積が進みます。また、戦後期には、朝日会館の後継施設としてフェスティバルホール（1958年）が建設され、キタのターミナルである大阪駅、梅田エリア周辺にはサンケイホール（1952年）、毎日ホール（1958年）、ザ・シンフォニーホール（1982年）等新聞社、放送局による音楽ホールの集積が進んでいきます。

都心部南部においては、江戸期以来の芝居伝統を有する「水系・水辺エリア」道頓堀地域には伝統芸能、演芸の拠点の五座が立地、戦後期には、1984年日本橋に国立文楽劇場が開館します。また、西洋音楽の導入期以降、近代ジャズ音楽の発祥地となり、大阪におけるポピュラー音楽の拠点として発展しています（第２章参照）。

［図表8-4］大阪市都心地域における都市文化空間形成
──「ストリート」「パーク」「水系」

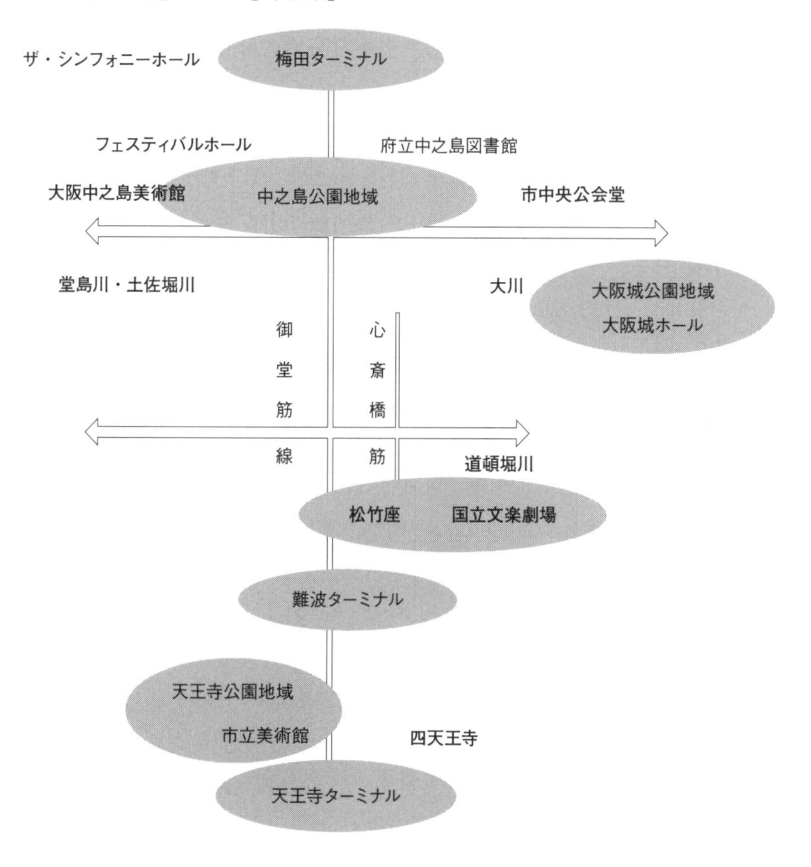

（出典）筆者作成

「パーク」─「中之島公園」「大阪城公園」「天王寺公園」

都市において、「ストリート」ともに、都市文化空間を形成するうえで大きな役割を果たしているのが、緑地空間を核とする公園と周辺地域のエリアです。緑地は、自然環境の保全、景観形成、レクリエーションの場、防災拠点、都市気候緩和など都市において不可欠の多様な役割を有しますが[19]、文化拠点、「参加と創造の場」との連携のもとで、ニューヨークのセントラルパークなど、都市文化を代表するエリアとして大きな役割を果たしています[20]。

大阪市域において、「参加と創造の場」として、文化拠点が集積し都市文化空間の形成に大きな役割を果たしているのが、中之島公園、大阪城公園、天王寺公園の３つの公園を核とするエリアです。

淀川水系のかつての本流、「大川」の中州として、江戸期には各藩の蔵屋敷が集積し米、海産物等全国物産の集積地、取引拠点であった中之島地域は、「パーク」「水系・水辺エリア」の両面における優れた特性を持ち大阪における文化機能の集積に大きな役割を果たしています。

中之島地域の東部地区には、1891年（明治24年）開設の中之島公園（11.3ha）に市立中央公会堂、東洋陶磁美術館、府立中之島図書館、大阪市庁舎等が立地するとともに、「中之島まつり」やライブ公演など多様な文化活動が展開されています（第６章参照）。

西部地区には、1885年（明治18年）朝日新聞社が立地し、隣接して1926年（大正15年）朝日会館が開館されました。1958年（昭和33年）には、朝日会館を引き継ぐフェスティバルホールが開場しました。同エリアはニューヨークの「RCA（ラジオ・シテイ・オブ・アメリカ）計画」をモデルとした当時の朝日新聞社会長村山長挙氏による「アサヒ・シティ構想」（新聞社、放送局、ホール、ホテル等の都市文化拠点の集積）がベースとなったとされ、大阪の都市空間のなかで計画的な文化ゾーンとしての整備が図られた点で注目されます[21]。同ホールは、開場と同時に開始された「大阪国際フェスティバル」事業の拠点として戦後の国際的な音楽文化交流に大きな役割を果たし、2013年（平成25年）には２代目の新ホールが開場しました。

「中之島」地域は、音楽、舞台芸術分野の拠点機能に加え、美術分野においても近代大阪の特色ある個性を生み出してきました。

戦後の大阪美術界で重要な役割を担った「具体美術協会」のリーダー吉原治良氏所有の江戸期の土蔵を改装した「グタイピナコテカ」は、1962年（昭和37年）中之島に開館し、短期間でしたが（1970年〈昭和45年〉閉館）、展示、内外の美術家等の展示、交流の拠点として活発な活動を展開しました[22]。

同地区にはさらにビジネスビル、ホテル、大阪国際会議場、国立国際美術館、大阪中之島美術館が立地し大阪を代表する芸術文化ゾーンとして成長しています。

また、大阪城公園地域は、明治維新以降、陸軍第四師団が駐屯し、周辺には1870年（明治３年）の「造兵廠」（のち砲兵廠）設置以降、大砲、砲弾、軍用車両等の製造拠点、軍事関連施設が集積する地域でした。

1928年（昭和３年）関市長による天守閣復興の提唱を受けて1931年（昭和６年）「天守閣」が市民の寄付により完成、本丸地域の市民に開放された公園としての取り組みが始められます。戦争により砲兵工廠等周辺地域は空襲により大きな被害を受けましたが[23]、戦後公園、地域整備が進められ、1983年（昭和58年）には大阪城ホール、1990年（平成２年）住友生命相互会社によりウィーンの「楽友会館ホール」をイメージしたシューボックス型の室内楽にふさわしい821席の「住友生命いずみホール」が開館します（第１章参照）。

さらに、天王寺公園には、住友家の敷地寄贈を受けた大阪市立美術館が立地し、日本、中国の古典美術作品を主とする市民の寄贈の収蔵品を主に、美術団体展示会等の拠点としても発展していきます。関市長の時代1928年（昭和３年）開学した大阪商科大学（のち大阪市立大学）の新学舎はのち地下鉄御堂筋線が延伸する市南部の杉本町に立地しました[24]。

2. 戦後高度成長期における大阪大都市圏の形成と文化基盤

1950年代後半から70年代にかけて、わが国の高度経済成長のもとで、大阪の人口は急速に増加、ほぼ倍増しました。そこでは、大阪市域における人口の停滞と近郊自治体における人口の急速な増加、大都市圏域としての大阪の発展が特徴的でした。［図表8-5］に見られるように、戦前期ピーク時に300万人を超した大阪市域人口が戦後期には260万人～270万人台となったのに対して、大阪府域郊外部の人口は急速に増加し、約880万人の府人口の過半数が近郊自治体に集積していきました。このなかで、都市文化政策が、広域自治体としての大阪府と近郊都市自治体においても大きな政策課題となってきます。

近郊都市圏においては、人口の急増に伴い、住宅、都市環境の整備、福祉、医療、文化等社会資本の不足等の都市問題への対処が大きな課題となりました。

広域自治体としての大阪府は、自動車の普及にともなう三大環状道路網の整備、環状モノレール構想などの交通体系の整備、千里、泉北ニュータウンの整備などの住宅政策、堺・泉北コンビナート等の広域的産業基盤の整備に

[図表8-5] 戦後大阪大都市圏における人口動向

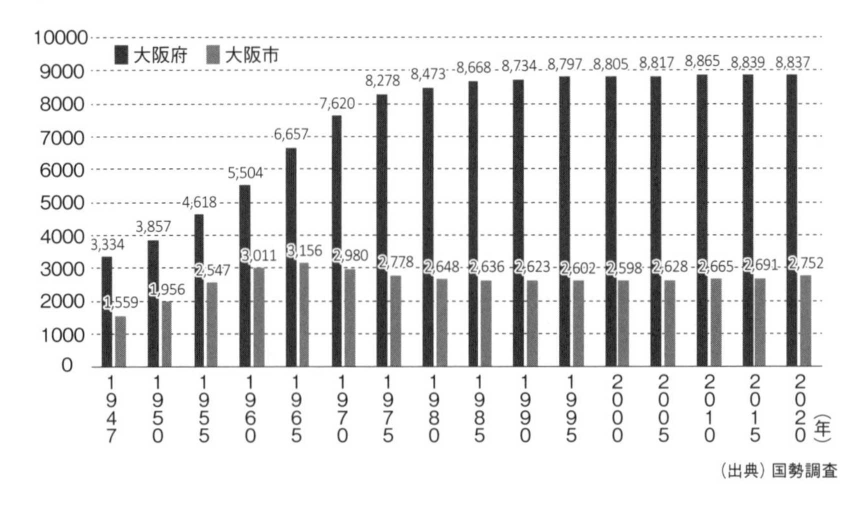

(出典) 国勢調査

力を注いでいきます[25]。

文化政策の分野においては、人口の急増と文化的ニーズの増大に対応して、1960年代から70年代を中心に、地域住民のニーズと文化活動への取り組みの活発化を背景として近郊自治体による公共ホール、図書館等の文化施設の整備が進められていきます。

そのなかで、大阪大都市圏における文化政策の方向、自治体の役割をめぐって活発な検討、討議が進められ、今日における自治体文化政策の源流を形成していきました。ここでは、その主要な潮流として、２つの潮流、第１に、「都市的共同生活手段」の不足の考察に力点を置く社会資本論の視点からの考察、第２に、都市の情報文化拠点としての性格を強調し総合的な文化開発の重要性を説く視点の２つの視点について着目し考察していきましょう。

「都市的共同生活手段」としての文化資本

第１の潮流において、住民団体、芸術文化団体の都市政策、文化政策を求める活動の理論的基盤として大きな役割を果たしたのが、宮本［1967］における社会資本論の視点からの考察でした。そこでは、1960年代における地域自治体の政策課題が、住宅、教育、福祉、環境等多様な領域における「社会的共同消費手段」の不足とその改革という視点から体系的に解明され、住民ニーズをふまえた市民団体、文化団体における地域自治体の文化政策への要請、政策の形成、発展に大きな役割を果たしました。[26,27]都市計画家であるピーター・ホールは、都市秩序の構築を都市の歴史的発展の本質的要素として指摘し、20世紀におけるその特徴として「集合的供給の着実な増大」を指摘しています（Hall［1998］参照）。

市民の文化ニーズの高まりは芸術文化団体の発展をうながし、市民と芸術文化団体の連携をふまえた自治体における文化政策の充実への要請は、自治体における「文化振興条例」の制定要望など政策形成活動の展開につながっていきました。[28]

文化、情報の集積拠点としての都市

第２の潮流が、梅棹忠夫国立民族学博物館長における文化政策論の提起です。1970年万博の理論的主柱の１人として、万博会場の自然・文化公園としての跡地整備、国立民族学博物館の設立の中心的役割を担った梅棹館長は、70年代から80年代における国、地方公共団体における文化行政、文化政策検討の場での問題提起を通じて文化政策形成に大きな影響を与えました。

大阪においては黒田知事、岸知事時代、梅棹氏をはじめ関西の学識者による「大阪文化振興研究会」「大阪府文化問題懇話会」などの場における文化政策の検討は公共団体における文化政策形成、文化事業展開の画期となりました。[29]

梅棹文化政策論の特徴として、２つの視点、第１に大都市の文化、情報の集積拠点としての性格の強調、第２に文化政策推進における主導理念としての文化開発の視点、それが要請する文化政策推進における総合性の視点をあげることができます。[30]

第１の視点について、都市論においては、都市の本質規定として、とくに東京、大阪等大都市における文化情報中枢機能の集積がその特質として強調されています。産業革命以来の近代都市における産業発展と労働者、市民の集積、集中、多様な社会的問題の発生と対策を基調とする多くの都市論に対して、梅棹氏は、古代都市以来の都市発展に関する氏の洞察をふまえて都市の「神殿」としての性格、情報の集積、中枢機能の集中と情報交流、発信を軸にすえた都市論を強調します。[31]

第２の視点について、梅棹文化政策論においては、文化、情報中枢機能の発展に対応した現代における公共政策の多様な領域における文化の視点の導入と文化投資の重要性が強調されます。この視点は、文化政策における国における内閣、地方公共団体における首長の主導性の強調の視点と結びついています。[32]

第１の視点、都市を情報・文化機能の中枢として把握する視点は、現代世界におけるグローバル経済の発展、情報経済の進展のもとでの、ニューヨーク、ロンドン、東京都等における中枢機能の発展、情報集積、管理機能の強化という状況とその理論的考察を1970年代の時点で先取りし、それに対応する文化政策の１つの方向を示唆するものでもありました。[33]

現代における都市政策論、都市文化政策の検討と構想においては、70年代から80年代に生み出されたこの２つの潮流、市民の社会的、文化的ニーズの発展とその充足という社会的共同生活手段としての文化という視点と、現代都市における情報、文化機能の蓄積とその役割の強調という視点をふまえつつ、アマルチュア・センを中心として考察が進められてきた人間の多面的発達と公共政策におけるその支援システムについての検討、90年代以降、文化の創造性を都市、地域の発展の原動力として強調する創造都市論の視点[34]、さらにグローバルな経済発展のもとでの環境制約と持続可能性をめぐる討議をふまえた考察を進めていくことが望まれています。

(注)

1 Hall [1998] 参照。

2 池上四郎市長の業績について池上 [2003] 参照。関市長と大阪市政について松岡 [2010]、宮本憲一 [1999] [2016]、西岡 [2013]、大阪市 [1951]、大阪市史編纂所 [2010]、関一研究会編 [1986]、関秀雄 [1936]、関博士論文集編纂委員会編 [1966]、芝村 [1998] [1999]、Hanes [2002] 参照。

3 関は「留学日記」(1901年８月２日) に「(シュモラー) 氏の経済学の聴講１学期、余が滞欧中に於いて経済学に関する知識に向って一大変遷を与えたる動機たるを疑わず」(原文カタカナ) と記しその自らの学問への影響の大きさを確認しています。

4 Schmoller [1911] 参照。

5 Schumpeter [1914] 参照。

6 関における「世界的都会」ベルリンと対比して、ミュンヘンにおける市民の自由と生活の快適さ、都市文化を評価する視点は現代における都市考察の視角として「世界都市」と「創造都市」を対比する佐々木 [2001] の視点とも響きあうところがあり興味深いものといえます。

7 関のドイツ留学に14年先立ち1886年から87年にミュンヘンで衛生学を学んだ森林太郎においても、ミュンヘンは、政治と官僚の都ベルリンと対比される、劇場、舞踏会、美術家との交流などに代表される芸術の都、自由の都市であり、その雰囲気は小説『うたかたの記』に活写されています (美

留町 [2018] 参照)。
8 戦前期大阪における社会政策、都市政策について芝村 [1998]、Hanes [2002]、部落解放同盟大阪府連合会編 [2022]、杉原 [2023] 参照。
9 関 [1923]、関博士論文集編纂委員会編 [1966] 参照。
10 関は著作において、都市計画、都市行政の役割における交通体系の整備、安価な土地、住宅供給を前提としつつ、美術家建築家に対し、民衆の福祉と文化生活のための「一段の努力」を要請しています。「建築家美術家は其努力の結果たる大廈高楼の美を誇る許りではなく、文化生活の為に民衆の福祉の為に一段の努力をなすべきである。…都市計画は美術家、建築家をして自由に其手腕を揮はしむべく、交通機関の完成を要求する」(関 [1923] 所収)。住民の住環境の向上への取り組みは、同時に産業の国際競争力を支える高度な労働力確保という視点にも立脚していました。
11 Hall [1998] 参照。
12 産業と人口の集中による都市の発展に伴う市域の拡張、中心市街地における業務用ゾーンの整備、郊外の住宅建設と通勤高速交通網の整備という基本方向は、20世紀前半期における世界の大都市政策の共通の課題でした。その先頭をきったニューヨーク市においては1898年、マンハッタン地区の旧市街にブルックリン、クイーンズ等を加える市域拡張が実施され、面積59平方キロメートルから774平方キロメートルへ、人口は150万人から340万人、さらに1940年には745万人へと増加していきました (Hall [1998] 参照)。
13 関 [1925] 参照。
14 関 [2010] 所収。
15 関におけるマーシャル評価について西岡 [2013] 参照。
16 大阪における公設試験研究機関の整備が大阪の産業発展に果たした役割について沢井 [2013] 参照。
17 Olsen [1986] 参照。萩原 [2014] は個々の創造の場を結びつける地域の多様な文化資源の働きに着目しています。また鳴海 [1990] は大阪の都市空間の特徴として「ヒューマンスケールをもった多様性と活気」に着目しています。
18 御堂筋沿道の建築物の当初の高さ制限としての「百尺規制」(約30.3メートル) が著名ですが、建築物の高さと道幅43.6メートル (24間) は、おおむね正方形の一辺と対角線の比となっており、パリにおけるオスマンの景観政策における発想との類似がうかがえます (Hall [1998] 参照)。
19 三村 [2005] 参照。
20 1876年開園の南北4キロメートル、東西が五番街から八番街まで約800メートルの「セントラルパーク」の構想について石川 [2004]、亀井 [2002] 参照。
21 小倉 [2003] 参照。
22 グタイピナコテカには、ラウシェンバーグ等美術作家だけではなく、音楽家ジョン・ケージも訪れ、幅広い内外芸術家の交流拠点となっていました (平井編著 [2004] 参照)。
23 蓄積されてきた大阪の都市空間、音楽文化資本を破壊したのは戦争でした。15年間の戦争のなかでのかけがえない人命の喪失に加えて大空襲は都市圏を焼野原としました。小山 [1989] によれば、1945年 (昭和20年) 3月から8月にかけての大阪大空襲による被害は被災戸数34万戸、被災者数122万人にのぼると推計されています。
24 市立大学の特徴として、都市の担い手の育成という視点が強調され、学科として経営、金融、貿易各科に加え市政科が設置され、産業発展、都市経営の担い手育成の拠点として位置づけられていたことがあげられます。
25 1962年「まちびらき」した千里ニュータウン事業について加藤 [2008] 参照。
26 寺西 [1979] は、「社会的共同生活条件」について、住環境整備施設、保健所、病院等の衛生施設、学校、図書館、体育施設などの社会的文化的諸施設が、必要不可欠な社会的生活条件となっていることを指摘しています。
27 1970代における自治体文化行政へのニーズと取り組みについて本田 [1978] 参照。芸術文化団体における多様な取り組みについては大阪文化団体連合会編 [1979 ~ 2008] 参照。
28 本田 [2012] 参照。
29 大阪文化振興研究会編 [1974] [1975]、大阪府文化問題懇話会 [1983] 参照。
30 梅棹文化政策論の自身による概観として梅棹 [1993a] 参照。
31 「神さまを中心として都市が形成された。・・・神さまと司祭が都市の中枢部にいて情報交換をやる、これが都市なのです」。この都市の本質に対して、産業革命以降の近代都市は工業を含む産業としての「農」が「異質である都市にまでどんどんくいこんでゆく」過程として把握され、「生産の原理によって浸食されていた都市を、生産から解きはな」つべきと論じられます（梅棹［1993b］）。

32「（「大阪府文化問題懇話会」の）会合で特筆すべき点は、『文化』の問題は個人の趣味、つまり私事の領域というかんがえを払拭し、都市の魅力を創出するという都市政策的観点から、ソフト、ハード両面にわたり、民間はもとより、行政のおもいきった文化投資－人的、資金的に飛躍的な援助をおこなうべきであるという考えが浸透したことである」（梅棹［1993c］）。

33 グローバル都市論の展開についてSassen［1991］、佐々木［1997］参照。今日、重要な課題は、人々の協働による文化活動のグローバルな発信、交流、共有であると考えられます（第9章参照）。

34 佐々木［1997］［2001］参照。

第9章

世界に開かれた音楽文化創造都市圏へ

――成果・課題・展望

本章においては、人々の多面的な発達と創造的活動を支援する音楽の力という本書の基本的視角から、各章で考察してきた大阪における特色ある取り組みの成果を振り返り、音楽文化の発展と地域の創造的発展への展望を考察していきます。

ここでは、各章における多様な取り組みの成果を「市民の音楽参加と創造の場」「参加と創造支援のネットワーク」という2つの視点からふりかえりましょう。

1. 市民の音楽参加と創造の場

「市民の音楽参加と創造の場」は、人々に広く開かれた自由の空間、諸個人が平等の立場で音楽文化活動を通じてその個性を他者に示し相互に理解し、学び、交流、創造する場です。

「市民の音楽参加と創造の場」は、地域における文化資本、地域に蓄積された音楽文化を肌で人々が体感する場として地域の個性を豊かにし、人々の地域への誇りの象徴となり継承され、発展、成熟してきました。本書においては「市民の音楽参加と創造の場」の果たす役割として3つのポイント、「多様な人々が活動し交流する場」「音楽文化創造の場」「都市、地域の誇りを生み内外の人々を惹きつける場」としての役割を重視してきました。

本書におけるこの「市民の音楽参加と創造の場」という視点、とくに現代におけるその大きな意義の考察にあたって先駆的な考察として政治哲学者ハンナ・アーレントにおける考察があります。アーレントは、ドイツに生まれ、ナチスによる迫害を逃れアメリカに亡命を余儀なくされる生涯を送りました。20世紀の厳しい歴史的現実、全体主義、ファシズムとホロコーストの時代に直面するもとで、全体主義の社会的、文化的基盤はどのように生じたのかという切実な問題意識から芸術作品、芸術文化活動の社会的な役割についても先駆的な考察を行いました。

アーレントにおける考察の柱の1つが、20世紀を特徴づける全体主義を生み出した現代社会の構造、社会意識についての検討でした。全体主義を生み出し支える社会的、文化的基盤として、諸個人における孤立化、政治的能力、文化的能力の衰退という状況を重視し、その背景として、近代における労働中心の世界観のもとでの、人々が平等・自由な市民として活動し交流する「パブリックな領域」の喪失という事態があるのではないかという問題意識を提示しました。この視点から、人々が自由に平等な立場から交流する開かれた領域、空間とそこでの個性的な活動と相互の交流の意義が強調されています[1]。

アーレントの考察の特徴は、人々の自由な活動と交流の促進という課題を、それが遂行される場、空間の課題と統一的な把握を試みた点にあります。アーレントは、人々がそこで出会う場、それぞれの個性が示され対話、交流が行われる空間としての「パブリックな領域」(public realm)(邦訳「公共領域」)が果たす役割を強調しました。

アーレントは、「パブリックな領域」について、古典期ギリシャを念頭において、人々の自由な討議、言論と演劇、競技など相互の多様な活動を通じて人間の自由な個性が展開される場、空間として位置づけました。それは、具体の空間としてはポリスにおけるアゴラ(広場)や劇場を想起させます[2]。「パブリックな場(公共の場)」は、民主社会の主権者である市民が、交流、討議を通じて、共同の課題についての対応方針、政策を形成していく場として位置づけられています[3]。

その視点から、アーレントは、芸術作品については「パブリックな領域」における人々の「交流の基盤」「共同の記憶」の媒体としての役割を強調し、芸術の分野として「建築」や、ポリスの歴史を語り後世に伝える「叙事詩」や「悲劇」などについて高い評価をあたえています[4]。芸術文化活動の創造物、作品が市民共有のストックとして享受され、さらに次の世代に引き継がれることを通じて、芸術活動を媒介として人々が結びつき、共有される新たな文化資本を生み出し、地域の文化を次代に継承し、次の時代の「公共」を生み出していくその役割を強調しているのです[5]。

本書においては、「市民の音楽参加と創造的な活動の基盤としての文化資本」という基本的視点をふまえて、アーレントが指摘した「芸術作品」が果たす役割についての把握を、「有形」「無形」を包含する音楽文化資本の継承、新たな創造的な活動と地域における音楽文化活動の場の蓄積の発展の過程として把握し、考察してきました。

この視点からみるとき、音楽文化の創造性を源泉とする地域創造の過程とは、「パブリックな場」として地域に蓄積された豊かな音楽文化資本である「市民の参加と創造の場」を受け継ぎ、その成果を活用して人々が自らの創造的人生を展開するとともに、新たに「誕生」してくる次世代へより豊かなかたちで音楽文化資本を継承し、次代の都市、地域の文化的環境を発展させていく過程として位置づけることができます。

ひとは、この世界にある時点で誕生し、一定の期間、歴史的時間における滞在と活動ののち死によって去っていきます。ここで重要なことは、ひとの「誕生」とは、過去の世代によって蓄積されてきた文化資本の総体であるこの「世界」に誕生してくるということです。新たに生まれてきた世代は、過去の世代から受け継がれ、世界に蓄積されてきた文化資本を学び、受け継ぎ、体化し、自らの新たな文化創造的な活動を通じて新たな文化資本の創造を行い、その成果を次に新たに誕生してくる子どもたち、次の世代に対して引き継ぎ、次の担い手としてその発達を支援していくことが求められています。その過程は現在活動している世代におけるクリエイティブ・エイジング（創造的加齢）の過程であり、個々の人生の充実という実りをもたらすとともに、地域文化の次代への継承と新たな創造的発展を推進していくという社会的な役割、責務として求められるものでもあります（図表9-1）[6,7,8]。

文化資本の蓄積の過程は、都市空間という視点からみると、都市空間のなかに、過去の世代から蓄積されてきた多様な歴史文化資本が埋め込まれ増大していく状況として把握することができます。鳴海・橋爪編［1990］は、この視点から各地域が形成されてくる過程がそれぞれの地域の個性を生み出す過

［図表9-1］文化資本の継承・創造と蓄積

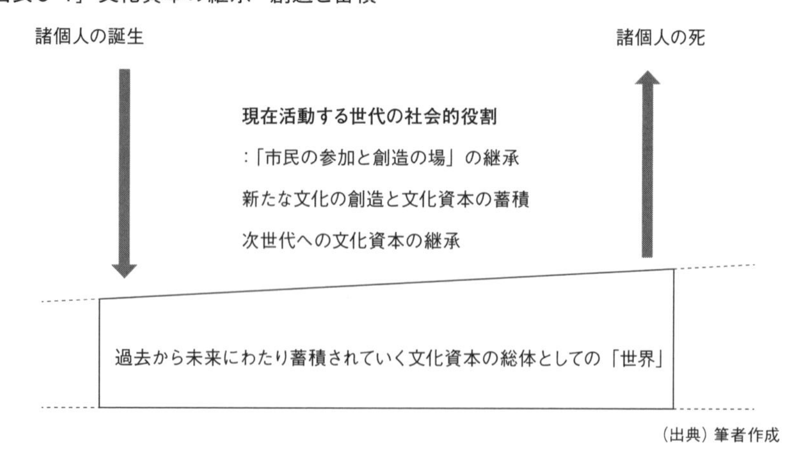

（出典）筆者作成

程に注目し、それを街の「空間文化」として考察しています。

人々が、いま生きる場に蓄積された音楽文化資本を学び、享受、体感し、それを受け継ぎながら新たな文化創造を試み、次世代にその成果を結び、引き継いでいくという視点から位置づけていくことは、人々が暮らし、働き、楽しむ場としての地域という視点から見れば、地域がその有する音楽文化資本の一層の蓄積を基盤とする地域の創造的成熟の過程と一体となっています。地域に蓄積されてきた音楽文化資本が、人々の創造的活動を通じてより豊かなものとなり、次の世代に継承されていきます。

同時に、この諸個人の活動、ひとと地域の創造的成熟に向けた活動が持つ大きな社会的意義、役割を学び、自覚することは、人々の日々の活動の「やりがい」を高め、その活発化と創造性の高揚に寄与すると考えられます。この点について、心理学の視角から研究を進めたチクセントミハイは、科学、芸術各分野のエキスパートを対象とした創造性に関するインタビューの結果に基づき、諸個人が各分野において興味深くやりがいのある仕事に関わることが到達感をもたらすとともに、より高い目標をもたらし、次に達成されるべき課題への意欲を増進させるという点を強調しています[9]。

第１章「『サントリー１万人の第九』人々をむすぶ魔法の力――世代をこえて市民が創造する合唱音楽空間」においては、「市民の音楽参加と創造の場」という視点からみるとき、「１万人の第九」において１万人の合唱団の演奏と半年におよぶ練習活動の場となっているのは、大阪及び全国における文化政策の展開のなかで蓄積されてきた公共、民間の文化施設、文化活動の場でした。1970～80年代大阪における文化政策の展開のなかで大阪市により1983年（昭和58年）に建設された「大阪城ホール」の建設が事業開始のきっかけをつくり、以降40年にわたり公演の場として全国、世界に親しまれています。とくに近年の特徴は、年代の広がりに加えて、参加者の地域的な広がりが増していることです。１万人の参加者の約半数が関西圏ですが、北海道から沖縄まで全国的な参加が見られ、海外からの参加者もあり国際的な広がりを見せています。

「１万人の第九」という大きな「参加と創造の場」への参加と交流を通じて、中高年世代を中心としつつ、小学生から90代の方々まで幅広い年代による合唱団の人々は、京阪神圏に蓄積されてきた「第九」の音楽文化の基盤を受け継ぎ、新たなチャレンジに取り組み、世代の交流と経験の伝承が進んでいます。

合唱参加者にとって「第九」を歌うことは、作曲家が生きた時代、200年前に近代社会の建設に取り組んだ人々が抱いた情感について音楽を通じて追体験することを通じて、その時代の精神を生き生きと学び、時を超えてつながっていく過程でもありました。

音楽は「詩」と結合することにより、新たな世界の地平を開いていきます。「歌」は、その「詩」「言葉」の力、世界についての新たな認識の力によって、メロディ、ハーモニー、リズムなど、こころを動かす力強いエネルギーを持ちつつそれ自体としては方向不分明の音楽の力を導き、社会的認識をふまえたより全体的な視点が生み出されていきます。

この点で、ベートーヴェンが「第９交響曲」において試みた「歌の力」の導入、詩とシンフォニーの新結合は、音楽の歴史のなかでこの課題を探求するうえで大きな意義を有するということができます。

ベートーヴェン「第９交響曲」第４楽章におけるシラーの詩と音楽の結合は、19世紀初頭、フランス革命を受けてヨーロッパ諸国で新たな社会の進むべき道筋をめぐって大きな議論が沸き起こった時代の雰囲気、人々と作曲家の揺れ動く思いと決意をわれわれに身近に感じさせます。シラーの詩「歓喜の力は、厳しい時代が切り離したものを再び結びつけ、すべての人々は兄弟となる」という主題を歌う人々の合唱は、人々への連帯への呼びかけであり、協働への促しとなっています。

そこでは、歴史を動かす主体としての人々の結びつきを力強く訴えるシラーの詩と音楽が結合して、歴史のなかでの苦難の闘いを通じて現実化され、勝ち取られていく「自由」と連帯の理念が人々のこころに響く音楽が表現されています。[10,11]

第２章「シンガーソングライターの活躍―― アーティストと人々が創るライブの場」においては、「市民の音楽参加と創造の場」という視点からは、楽器店、レコード店、ライブハウス等は市民の音楽文化に親しむ第一線の音楽文化の拠点となっています。シンガーソングライターが活動する「ライブの場」は、若者と中高年世代が１つの音楽の場でともに歌い、応援してライブを楽しむ音楽空間であり、アーティストと職業、年代、地域が異なる多様なファンの交流が行われる空間となっています。さらにこの「場」は、アーティストの活発な活動によって、より多様な場、空間へと広がり、都市空間全体へと広がりを見せています。

「音楽の力と人々の多面的な発達」という視点から注目されるのが、シンガーソングスライタースタイルの大きな特徴である、音楽創造における作詞、作曲と演奏の一体性の果たす役割です。

自ら創り歌うアーティストが生み出す「歌」は音楽世界の幅を広げ、聴き手の幅広い生活に密着し、共感を広げてきました。ヒサ絵さん、MISSIW さんの音楽創造において見られたように、恋愛、別れ、家族、高齢化、生きる意義など人々が生活において直面する多様な主題について歌われる歌詞が生み出すイメージは観客の共感を呼び、思いが共有されていきます。

人々を結ぶ「音楽の力」のありかたを考えていくときに大事な鍵となるのが、この多様な個性を持つ他者の存在を前提として、共感し、理解していくことにあると考えられます。

多様な個性を持つ他者の存在を認め、理解し、共存していく方向へと、人々と社会が進むためには、他者の立場と情感への共感が不可欠となります。その点で、他者の思いが「分かる」ということは、他者の立場と情感を生み出している環境条件について「理解する」という作業と一体のものです。また、MISSIW さんの音楽創造においては、20 世紀音楽における大きな特徴である人々にエネルギーをもたらし生きる共同の力を呼び覚ますダンスの力が人々をはげましています。

こうしたアーティストと聴衆の共感の輪は、地域と歴史へと広がっていきます。中川五郎氏が共感をこめて引用するピート・シーガーの次の言葉は、直接にはアメリカのフォークミュージックにおける古い旋律の活用について論じたものですが、より広く、多くの人々に共感され受け継がれていく優れた歌の持つ力、人々の思いの共同の器としての音楽、歌の働きをよく示していると思われます。

「よい古い旋律は、しっかりとしたかべや屋根をそなえた建物のようなもの・・・それは何年にもわたって、いろいろな目的に応じて何回でも使えます・・・村の集会所、教会、図書館、学校、病院・・・それと似たようなもので、アメリカの民俗音楽の古い曲のなかには、民謡、讃美歌、ユーモラスな歌、労働組合のうた、平和の歌にも使われてきたものがあるのです・・・」（高石、岡林、中川［1969］参照）。

バッハにおける「受難曲」や「カンタータ」の作曲は、人々の共同体のなかで伝えられてきた音楽、歌の伝統を受け継ぎつつ、自らの創造性によって時代と個性をふまえた新しい音楽を生み出していく創造の過程でした（磯山［2019］、樋口［2000］参照）。

人々は、歌の世界に参加し、人々が共に生きる世界、多様な生のありかたへの共感を通じて、相互の立場が交流され、相互の理解が生み出されていきます。

この視点に立つとき、私たちは本書の冒頭で掲げた課題、音楽文化が人々の分断、競争ではなく人々を結びつけ、人々の発達を促進する方向に進んでいくための鍵はどこにあるのかという点についての基本方向、すなわち、音楽の持つ情感を動かす力を土台として、他者の立場への共感と、ともにくらす社会への全体的な認識、両者を結びつけていくという基本方向を見出すことができると思われます[12]。

第３章「『音楽のある街』をめざす――大阪市大正区と高槻市の取り組み」においては、「市民の音楽参加と創造の場」の果たす役割という視点からみたとき、大阪市大正区の取り組みにおいては、沖縄音楽文化、「第九」、「Ｔ－１プロジェクト」それぞれの活動の不可欠の基盤となっているのが、区民ホール、公園など区の拠点、大阪沖縄会館や関西沖縄文庫などの場、空間であり、それらが地域の音楽文化活動の基盤として継承されています。

「高槻ジャズストリート」の取り組みにおいては、商店街のカフェ、店舗、駅前空間、鉄道高架下、寺院、神社、公園、学校グラウンド、教会等高槻市の多様な都市施設、空間が音楽活動の場となっており、これらの活動の長年の積み重ねが高槻市地域全体の音楽文化資本を豊かにしています。

参加と創造的な活動への参加を通じて、大阪市大正区の取り組みでは、沖縄音楽文化の柱の１つである「エイサー」の伝統が中高年世代から、子どもたち、次の世代に受け継がれ、その成果は、毎年夏に開催される「エイサー祭り」の場で皆に披露され、地域の音楽文化資本として継承されています。音楽文化は多様な文化と個性が出会い、互いの違い、個性を尊重しつつともに生きていく共生の道を体感させてくれます。

また「高槻ジャズストリート」の事例においては、地域において、２日間で800を超える密度の音楽イベントの開催が、数万人を超す市民の音楽鑑賞の場、アーティストの音楽創造の場を提供し、先輩世代のジャズミュージシャンの有する音楽文化資本を、次の時代を担う若者に継承していく取り組みが進められています。この過程は、先輩世代にとっても、自らの人生の成果、音楽文化資本を次世代に引き継ぐ誇りと喜びを持った「活動」のステージとなっています。

第４章「音楽ホールと音楽文化団体との連携――門真市民文化会館ルミエールホールの取り組み」においては、「市民の音楽参加と創造の場」の果たす役割という視点からは、門真市民文化会館ルミエールホールが、地域の中心的な音楽文化拠点として地域の音楽文化団体と連携したホールの普及活動によって小中学生の文化鑑賞機会が増大し、市民の「第九」の取り組みへの小中学生の参加など、中高年世代との世代を超えた協働が進んでいます。あわせて、駅前広場、商店街など幅広い都市空間が音楽文化普及活動の場となっています。さらに、ホールとオーケストラとの新たな連携は、ホールを中心として、門真のまち全体を市民が参加する市民の音楽参加と創造の場としていく取り組みの大きな可能性を示しています。

第５章「音楽文化資本の継承と地域創造――大阪芸術大学の幅広いチャレンジ」において、「市民の音楽参加と創造の場」という視点からは、地域における神社などの歴史的文化空間、豊かな自然空間と農林業の場が、芸術系大学との連携のなかで、文化資産の継承と新たな地域の魅力創造の可能性を持った場として取り組まれています。

伝統芸能への若い世代の参加、保存活動によって世代を超える文化資産の継承への取り組みとともに、芸術系大学のアートの力を活かした地域の特産品の新たな魅力づくりの取り組みが進められています。

第６章「『中之島をウィーンに』―― 都心を音楽文化創造の場に」において、「市民の音楽参加と創造の場」については、日本テレマン協会により、大阪における西洋音楽文化導入の先駆的役割を果たした市中央公会堂を活用した音楽普及、創造的な活動が展開されています。

大阪市中央公会堂においてバロック、古典期を主とする音楽演奏を展開する日本テレマン協会指揮者延原武春氏は、重要文化財である公会堂ホールの持つ古典的雰囲気、ヨーロッパの宮廷、貴族の館を思わせる部屋が生み出す音響の特性が音楽演奏の響きを豊麗にし、演奏家の音楽創造、観客の音楽鑑賞の質を高めると指摘しています。

「大阪クラシック」事業においては、近代都市大阪の形成と発展のなかで蓄積されてきた大阪都心部、中之島、御堂筋を中心とする音楽ホール、民間ビル、寺院などの多様な都市施設、都市空間がそれぞれの特色を活かした音楽イベントの場、幅広い人々の音楽鑑賞の場として活用され幅広い鑑賞機会を生み出しています。

都市空間のなかの多様な参加と創造の場が、家族連れ、高齢者など幅広い市民に音楽の鑑賞機会を提供し、オーケストラの活動形態や楽器の特色などへの関心を高め、次の世代のクラシック音楽愛好者を育てています。

第７章「大阪における音楽文化産業の発展」においては、グローバルな技術革新のもとで、多様な音楽文化活動の基盤である音楽文化資本の重要な一分野として、戦前期のレコード産業、ラジオ放送、民間新聞等の発達、戦後期におけるテレビ放送、電器産業、スポンサーシップの発展など、全国のなかでも独自の個性をみせる音楽文化関連産業の発展状況が考察されました。

第８章「大都市圏大阪の形成と都市政策、文化政策の展開」においては、近現代大阪において欧米における都市政策の展開に学び、優れた先達によって進められた大阪の都市政策、文化政策のもとで、交通体系の整備、公園、水系整備など特徴ある音楽文化空間の基盤が形成されてきた過程をふりかえりました。

「市民の音楽参加と創造の場」をはじめとする人々をとりまく「世界」に蓄積された多様で豊かな文化資本は、人々の個々の参加能力、創造能力の発達の基盤となっていきます。高齢化のもとで個々の人々の心身の活動能力、それ自体の低下は不可避の過程ですが、人間世界全体の、全体としての文化ストック、社会的富は、適切な公共政策のもとで増大、発展していきます。

人間世界全体に蓄積され、客体化された人間諸能力（ケイパビリティ）の総体である文化資本を、発達・創造支援ネットワークの働きのもとで活用し、いま生きる人々、新たに生まれてくる人々の多面的な発達の可能性を開いていくことが求められています。

このとき、重要なポイントが、人々の音楽文化資本の享受と創造的活動を支援する「参加と創造支援のネットワーク」の働きです。

2. 参加と創造支援のネットワーク

音楽の力、創造性を源泉とする地域創造において不可欠の役割を果たすのが「参加と創造支援ネットワーク」の働きです。「参加と創造支援のネットワーク」は、音楽文化分野に関連する専門家、団体、教育機関、音楽文化産業等で構成され、人々の音楽文化分野に関わる発達、参加と創造的な活動を支援していきます。

現代における「参加と創造支援のネットワーク」の重要性の考察において不可欠の視点が、次の２つの視点、第１に、1980年代以降アマルチュア・センを中心として進められ、幅広い公共政策における共通の基盤、協働の枠組みとして認識されてきた人々の経済、福祉、文化等多様な生活領域における多様なケイパビリティの総合的な発達支援の重要性という視点、第２に、今日のグローバルな経済、文化交流の発展をふまえた、支援ネットワークにおけるグローバル、ナショナル、リージョナルという多層性の視点です。

多面的な人間発達支援のネットワークの総合性

第１に、センにおける公共政策における人間の多面的な発達支援の重要性

［図表9-2］人間発達の幅広い領域と支援ネットワーク

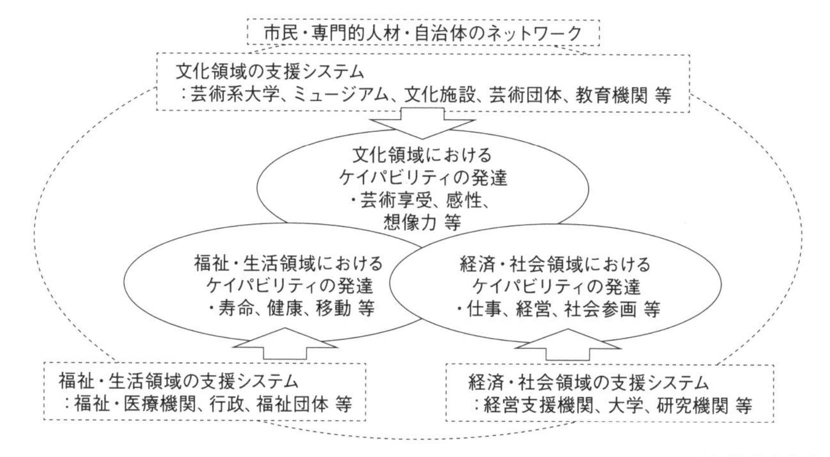

（出典）筆者作成

への指摘は、「国連人間開発計画」など経済発展支援の基本的な国際的枠組みとして位置づけられてきました[13]。

音楽文化を対象として文化の創造性を源泉とする地域の創造的発展を考察する本書の視点においては、音楽文化分野を中心とした人々の芸術享受、創造能力等のケイパビリティの発達と活動の成果が、専門的人材、支援機関等のネットワークのもとで、どのように、福祉、教育、経済等の人間生活の幅広い領域における活動と結びついて、地域をつくる総合的な力として発展していくかを探ることが重要な課題となります[14]。

筆者は前著において、人間発達の多面的な領域をおおむね３つの領域（文化領域、福祉・生活領域、経済・社会領域）の視点から概観し、個々の分野の支援ネットワークがその対象である市民において連携、総合化されることの重要性を指摘しました（図表9-2）。

地域の創造的発展の視点にたって、各分野の支援の取り組みを、地域、都市空間においてどのように総合化し、人々の多面的発達、文化的、科学的創造力の発展を支援し、地域におけるクリエイティブ経済、社会の担い手をどのように生み出していくのかということが重要な課題となります（図表9-2）。

この視点から、関市長における都市政策において強調された住宅政策を軸として都市政策、社会政策、地域経済政策を総合的に進めていく視点、文化的諸施設を、市民の都市生活において必須の「社会的共同生活手段」として位置づけ、強調した社会資本論の視点、梅棹文化政策論における自治体文化政策における「総合性」の重要性の指摘（第８章参照）は、今後の文化政策においても重要なポイントと考えられます。

この視点にたつとき、今日の重要な政策課題として、大学、文化施設、文化団体等の「参加と創造支援のネットワーク」の軸となる施設、機関、団体を、都市文化空間が有すべき「必須機関」として都市政策に明確に位置づけていくこと、高度成長期において都市中心部から郊外部へ移転した大学等の教育、研究機関の都市空間内への再配置、オーケストラ等芸術文化団体と公共ホールの連携、教育、福祉政策との連携等の推進が求められています[15]。

参加・創造的な活動支援ネットワークの多層性

第２の視点、今日のグローバルな経済、文化交流の発展をふまえた、支援ネットワークにおけるグローバル、ナショナル、リージョナルという多層性の視点にたった考察においては、経済政策分野における「イノベーション・システム」に関する考察が参照されます。

そこでは、グローバル経済化が進むもとでの各国、各地域の経済パフォーマンスの相違に着目し、その背景としての各国、各地域における諸制度の特性の検討に焦点があてられました。19世紀の経済先進国イギリスを中心とする経済のグローバル化に対抗してドイツ国民経済の確立に向け経済政策の方向を探求したフリードリッヒ・リストの考察がその源流として位置づけられ、今日の貿易、資本移動等のグローバルなネットワークのもとで、各国における金融、教育、労働等のナショナルな諸制度と、地域における大学、研究機関、自治体、支援機関等によるネットワークの複合が、それぞれの国、地域独自のイノベーション・システムを構成し、知的資産の生産、経済活動、産業のイノベーションに大きな影響を与えている働きが考察されてきました。すなわち「グローバル・ナショナル・リージョナル」というシステムの多層性をふまえつつ、特に地域におけるイノベーション・システムの研究においては、マーシャルにおける「産業地区」論の考察、地域産業発展の基盤としての地域における産業支援機関の集積、地域産業間のネットワークのありかたが着目されてきました[16]。

これらの先行の蓄積は、現代において、音楽分野における「参加と創造支援のネットワーク」の各国、各地域の特性をふまえた考察にも示唆を与えてくれます。本書においては、これらの考察をふまえて、音楽分野における「参加と創造支援のネットワーク」の考察にあたって、大阪に焦点をあてつつ、グローバルに展開する音楽文化、わが国におけるその受容と発展、地域における音楽文化関連機関、音楽文化資本の集積の検討という視点を重視してきました。

第１章「『サントリー１万人の第九』人々をむすぶ魔法の力 ── 世代をこえて市民が創造する合唱音楽空間」においては、「１万人の第九」という音楽活動を支える基盤となっている「参加と創造支援のネットワーク」が、大阪、京阪神、全国における近代の音楽文化創造への先人の取り組みのなかで蓄積されてきた成果、オーケストラ、指揮者、合唱指導者、合唱音楽団体、自治体文化事業、スポンサーシップの大きな蓄積とネットワークでした。

大阪における市民が参加する合唱音楽活動の伝統、それを支えてきた音楽指導者の厚い層、公共団体における音楽文化施設の整備と音楽普及事業の展開、民間における文化活動支援、スポンサーシップの伝統が、「１万人の第九」の40年に及ぶ活動の展開を支え、そこで形成されてきた合唱音楽に参加する市民の厚い蓄積は未来へと引き継いでいくべき貴重な音楽文化資本ということができます。

第２章「シンガーソングライターの活躍 ── アーティストと人々が創るライブの場」においては、人々の音楽参加と創造活動を支える基盤、「参加と創造支援のネットワーク」を構成しているのが、地域に蓄積された楽器店、レコードショップ、ライブハウス、音楽学校などの音楽文化資本です。明治期以来蓄積されてきた楽器店の活動は、楽器の販売にとどまらず、内外の音楽情報の提供、音楽創造活動の場の提供を通じて、音楽家の創造的な活動を支援し、市民の音楽享受に大きな役割を果たしてきました。

音楽学校、ライブハウス等における音楽文化の専門家の厚い層は、個々のアーティストの音楽活動を支えています。第２章では、その近年の特徴として、音楽活動を支える地域ネットワークの広がり、地域の商店街、自治体、企業等との連携の発展を指摘しています。

第３章「『音楽のある街』をめざす ── 大阪市大正区と高槻市の取り組

み」においては、大正区、高槻市2つの事例において音楽文化活動を支援し、その活動の基盤となっているのが、市民団体、公共団体、民間事業者、音楽文化団体などのネットワークの存在です。「大正区」における県人会や民間放送事業者と公共団体、「高槻ジャズストリート」での商店街事業者、音楽家と公共文化施設のネットワーク、グローバルな海外ミュージシャンとの連携がそれぞれの取り組みの基盤として大きな役割を果たしています。

第4章「音楽ホールと音楽文化団体との連携──門真市民文化会館ルミエールホールの取り組み」においては、市民の福祉、教育、文化活動支援に経験深いNPO法人の公共ホール指定管理者への参画、市民、音楽文化団体との連携が特徴的です。また地域の産業拠点として長い歴史を持つパナソニックにおける優れた吹奏楽団や合唱団の活動はホールとの連携によって市民に多様な音楽鑑賞の場を提供し、ホールと関西フィルハーモニー管弦楽団との連携は、音楽文化都市門真の新たな可能性を開きつつあります。

第5章「音楽文化資本の継承と地域創造──大阪芸術大学の幅広いチャレンジ」において、「参加と創造支援のネットワーク」の要としての芸術系大学の役割が特徴的です。大学は、芸術文化の各分野を学ぶ学生、地域住民、自治体等のネットワーク形成の軸として、その活動は、地域住民の知恵、教員の専門的知識と学生のエネルギーを結びつける役割を果たしています[17]。

第6章「『中之島をウィーンに』──都心を音楽文化創造の場に」においては、市民の文化活動、保存活動によって保全されてきた歴史的文化施設を守るネットワーク、御堂筋沿道の民間ビル事業者のまちづくりネットワークと音楽文化活動との連携が特徴的です。オーケストラ、市民、民間企業、公益団体、行政機関等のネットワークを通じて、地域に集積された都市施設、都市空間が幅広い音楽文化活動の場として活用され、地域の文化的風格を高め、大阪におけるより幅広い都市施設、都市空間の「音楽文化の参加、創造の場」としての活用に大きな可能性を展望しています。

第7章「大阪における音楽文化産業の発展」においては、グローバルな技術革新のもとで、音楽文化活動を支援、サポートする音楽文化関連産業のネットワーク、とりわけ、新聞・テレビ・出版等マスメディア産業、音楽機器等の製造事業の発展が考察されました。今日の技術革新のもとで「首都」経由だけではなく地域と世界を結ぶ音楽文化情報のグローバルな受発信を支援するデジタル時代のネットワークの充実が重要な課題となっています。

第８章「大都市圏大阪の形成と都市政策、文化政策の発展」においては、欧米における都市政策の展開に学び、大阪において取り組まれた都市政策、文化政策の特徴が考察されました。

関一市長におけるドイツ帝国首都ベルリンと対比されたミュンヘンの「自由市なる市民の気象」への感銘をふまえた公共団体と市民、民間事業者の分担と連携の視点、戦後期における社会資本論の視点にたった都市的共同生活手段の供給の確保の視点、梅棹文化政策論における情報集積拠点としての都市論、文化の創造性に着目する創造都市論の展開など、先導的な都市文化政策が形成されてきました。

各章における事例は、その多様な対象分野、参加者、活動を通じて、次の３点において共通する豊かな成果を生み出しています。

第１は、「市民の音楽参加と創造の場」が、音楽ホール等の伝統的な音楽拠点に限定されず、より幅広い都市空間の中に多様に展開されていること、

第２に、「市民の音楽参加と創造の場」の多様な広がりのもとで、人々の参加がその年代、地域、国籍等を超えてより多様な広がりを持って展開され、そのなかで、音楽の力が人々の生のさまざまな場面で、人々のこころを結び、生きる力を与え、その多面的な発達を促進し、地域の創造的発展の担い手を生み出す大きな可能性を示していること、

第３に、「参加と創造支援のネットワーク」においては、音楽専門家、音楽文化団体、音楽文化拠点、マスコミ等の蓄積に加えて、近年の特徴として、地域の商店街、企業、ビル、地方公共団体など、より幅広いメンバー、団体、地域拠点などの量的、質的な広がりが見られ、人々の多面的な発達支援と地域の創造的発展に貢献していることがあげられます（図表9-3）。

[図表9-3]「市民の音楽参加と創造の場」「音楽の力と人々の多面的な発達」「参加と創造支援のネットワーク」

	「市民の音楽参加と創造の場」	「音楽の力と人々の多面的な発達」	「参加と創造支援のネットワーク」
第1章 「サントリー1万人の第九」人々をむすぶ魔法の力 ── 世代をこえて市民が創造する合唱音楽空間	・「大阪城ホール」など1万人の市民が集う公演の場、練習の場としての公共、民間文化施設の活用 ・年齢、国、地域、職業等を超えた多様な市民の出会いと交流の空間	・中高年世代を中心とした小学生から90代に及ぶ幅広い合唱団。 ・中高年世代の創造的人生への貢献 ・若い世代への合唱音楽文化の継承	・大阪、京阪神圏、全国における「第九」合唱文化基盤（オーケストラ、指揮者、合唱団体、合唱指導者、文化施設、スポンサーシップ、自治体文化事業）の蓄積と継承
第2章 シンガーソングライターの活躍 ──アーティストと人々が創るライブの場	(ヒサ絵さん) ・お寺など地域の特色ある文化拠点と連携した魅力あるライブの場のプロデュース	(ヒサ絵さん) ・幅広い世代を結ぶ自らの作詞・作曲による歌の創造、魂の交流と再生の主題への幅広い共感	(ヒサ絵さん) ・歌い手、楽器演奏者等個性豊かなアーティストとのネットワークの創造
	(MISSIWさん) ・東京タワー、都心、全国各地域のライブハウスなど多様なライブの場のプロデュース	(MISSIWさん) ・ライブの場での観客の参加を通じた若者と中高年世代を結ぶパワフルな歌とダンスの力	(MISSIWさん) ・歌い手、楽器演奏者等個性豊かなアーティストとのネットワークの創造
	(KENT) ・都心、大阪ミナミ地域の魅力的なライブ空間 ・多様なポピュラー音楽分野の交流、創造の場	(KENT) ・ポピュラー音楽分野の多様なアーティストの交流	(KENT) ・マスターを軸とする多様なアーティストの交流ネットワーク
	(The MELODY) ・CD、ライブを通じた音楽情報提供、交流の拠点	(The MELODY) ・ポピュラー音楽分野のレジェンドと若い世代の交流、経験の継承	(The MELODY) ・マスターを軸とするアーティスト、市民のネットワーク
	(三木楽器) ・楽器、音楽文化情報の提供、都心、大阪ミナミ地域の音楽拠点	(三木楽器) ・音楽文化普及拠点としての長い伝統 ・音楽教室、各世代の音楽活動の促進	(三木楽器) ・楽器メーカー、音楽家、音楽団体、音楽教育専門家などのネットワークの軸
第3章 「音楽のある街」をめざす ── 大阪市大正区と高槻市の取り組み	(大正区) ・区民ホール、県人会館、公園などを活用した市民の音楽参加と創造の場の活性化 ・「第九」の伝統、沖縄音楽文化など地域の歴史的文化資本の継承、活用	(大正区) ・「エイサー祭り」での子どもたちへの沖縄音楽文化の継承 ・「区民の第九」での「第九」文化の継承と蓄積 ・「T-1ライブグランプリ」を支援する区民の参加。ライブ文化の蓄積	(大正区) ・大正区役所、アーティスト、音楽文化団体、沖縄県人会などの音楽による地域創造ネットワーク ・地域民間放送局との連携による音楽文化情報の発信

	(高槻ジャズストリート) ・駅前空間、商店街各店舗、公共ホール、寺院、神社など都市空間全体の音楽への参加と創造の空間としての活用	(高槻ジャズストリート) ・ジャズ音楽のレジェンド奏者と若者の舞台、セミナーにおける共演を通じたジャズ音楽の技と精神の継承	(高槻ジャズストリート) ・商店街事業企画者、ミュージシャン、市文化施設等のネットワーク
第4章 音楽ホールと 音楽文化団体との連携 ── 門真市民文化会館ルミエールホールの取り組み	(門真市民文化会館ルミエールホール) ・公共ホール、職域、駅前広場等を活用した音楽文化普及、参加、創造の場の創出	(門真市民文化会館ルミエールホール) ・市民の「第九」への参加 ・小中学生の音楽鑑賞、参加、学習機会の確保	(門真市民文化会館ルミエールホール) ・第9合唱団、パナソニックEW吹奏楽団、関西フィル等市民、音楽文化団体、専門家、NPO法人等の連携ネットワーク
第5章 音楽文化資本の継承と 地域創造 ── 大阪芸術大学の幅広いチャレンジ	(幅広い芸術文化分野における地域連携) ・専門家、学生の知、経験、パワーを活かす連携活動	(幅広い芸術文化分野における地域連携) ・学生の多分野体験による創造力、共感力の増進	(幅広い芸術文化分野における地域連携) ・芸術文化15分野の専門家の集積と活動
	(嵯峨谷神踊り) ・神社、自然空間など歴史的文化資本の場の活用	(嵯峨谷神踊り) ・伝統芸能への若い世代の参加、保存、世代を超える継承への活動	(嵯峨谷神踊り) ・芸術系大学教員、学生、地域住民、公共団体のネットワーク
第6章 「中之島をウィーンに」 ── 都心を音楽文化創造 の場に	(日本テレマン協会) ・重要文化財(市公会堂)を中心とした都市空間の音楽参加と創造の場としての活用	(日本テレマン協会) ・歴史的資産の価値、クラシック音楽文化の体験、継承	(日本テレマン協会) ・オーケストラ、市民、市中央公会堂のネットワーク
	(大阪クラシック) ・御堂筋を軸とするビル、寺院、公共ホールなど音楽参加、創造の場としての活用	(大阪クラシック) ・幅広い世代へのクラシック音楽の鑑賞機会の提供、次世代の音楽愛好者の育成	(大阪クラシック) ・オーケストラ、民間ビル企業、行政機関等による支援ネットワークの形成
第7章 大阪における 音楽文化産業の発展	・音楽家、音楽文化団体、レコード産業、放送、マスコミ等の幅広い音楽文化産業が蓄積。戦後期、家庭電器産業の発展など全国のなかで独自の個性をみせて発展 ・音楽文化分野における情報、評価、活動支援機能の発展		
第8章 大都市圏大阪の形成と 都市政策、 文化政策の展開	・都市計画、交通体系の整備を軸として、ストリート、公園、水辺空間整備など特徴ある都市文化空間を形成。 ・「自由市なる市民の気象」への感銘をふまえた都市文化政策における公共と民の連携の視点、社会資本論の視点にたった都市的共同生活手段の供給の視点、情報集積拠点としての梅棹都市文化論、文化の創造性に着目する創造都市論など先導的な都市文化政策論の発展。		

(出典)筆者作成

3. 都市文化政策の課題と展望

次に、これらの成果をふまえて、今後の都市文化政策における課題と展望について考察を進めましょう。市民が音楽活動へ参加し、「参加と創造支援のネットワーク」に支えられ、歴史のなかでグローバルに蓄積されてきた音楽文化資本を学び、楽しみ、自らの人生を創造的に生き、次世代に継承していくことは、同時に、市民が自覚した地域の担い手として創造的な社会を形成していくことにつながっています。

その活動が今後さらに発展し、都市が音楽文化創造都市として発展していくための重要な課題として、次の３つの点、第１に、都市空間の中での「市民の音楽参加と創造の場」の拡充に向けた積極的な取り組み、第２に、人々の多面的な発達と地域創造を支援する「参加と創造支援のネットワーク」の一層の強化、第３に、グローバルな音楽文化交流の積極的な促進があげられます。

1）「市民の音楽参加と創造の場」の拡充

第１の課題は、都市空間における「市民の音楽参加と創造の場」の拡充に向けた積極的な取り組みです。近代大阪の歴史のなかで培われてきた音楽文化資本を基盤として、さらに現代の視点からその蓄積と活用を促進していくことが望まれます。

「市民の音楽参加と創造の場」の充実に向けた取り組みにおいて重要な視点は、人々が世代、国、地域、職業等を超えて集い、それぞれの多様性を認め合いながら、互いの経験を持ち寄り、相互の理解、共感を深めて１つの取り組みを進めていく場の整備、すなわちライブの場、空間を、多様な個性を持つ人々が出会い、それぞれの個性が競い合い、互いに学ぶ場、多様な感性、座標軸を持って生きる人々の個性が交流する場として把握する視点です。

音楽の分野においては、多様な民族、音楽文化の「るつぼ」であった都市ニューオーリンズ、メンフィス、シカゴ、ニューヨーク等が、アメリカのジャズ、ロック、ブルース等独自の音楽世界の創造において果たした大きな役割がつとに指摘されてきました[18]。多様な人々が活動を展開し、交流する場としての「市民の音楽参加と創造の場」は、そこでの多様性、違いを認めつつ共存していく、相互の共感と対話、相互批評、理解を通じて人々の協働と新しい文化創造の基盤としての可能性を有しているのです。

この視点から、都市における「市民の音楽参加と創造の場」の拡充に向けた積極的取り組みにおいては、各章の事例においてその方向が示唆されているように、視野をホールや劇場など個別の文化施設、拠点にとどめるのではなく、都市の多様な場、空間を活用して、市民が身近に音楽に触れ、参加できる場を積極的につくりだし、音楽参加と創造の場を都市全体に拡張していくことが求められています。

道路、公園、緑地、河川の水辺空間など本来的なパブリックスペースの活用にくわえて、民間保有の施設なども視野に入れた政策形成が重要と考えられます[19]。

そのためには、「高槻ジャズストリート」「大阪クラシック」「1万人の第九」などの事例に先駆的に示されているように、各地域の特性、歴史のなかで蓄積されてきた文化資本の個性を活かしつつ、アーティスト、事業者、市民、公共団体等のネットワークにより、道路、街路空間、広場、公園空間、民間ビル等多様な都市施設、都市空間を、音楽活動のパブリックな空間として活用していく仕組みづくりが重要な課題となっています。

かつて、文化政策の創成期において、文化投資の促進に向けて、公共の事業における事業費の一定割合を文化への投資に向ける「1％システム」が提唱されたように、公共、民間の一定規模以上の建築物、空間について、スペースの一部、一定割合を「市民の芸術文化活動への参加と創造の場」としてその活用を促していく自治体条例の制定などの取り組みが望まれます。「市民の参加と創造の場」の都市空間全体への広がりは、人々の都市文化の価値への自覚と地域創造へのエネルギーを高めるとともに、歴史的文化的資産を生かした文化活動、経済活動等の発展につながっていきます[20]。

2）「参加と創造支援のネットワーク」の充実

第2の課題は、地域における音楽家、音楽系大学、市民、公共団体、音楽文化産業等により形成される「参加と創造支援のネットワーク」の一層の蓄積と活動の促進です。

その充実に向けた取り組みにおいて重要な視点の第1の視点が「参加と創

造支援のネットワーク」の国、自治体の芸術文化政策におけるその重要性の明確な位置づけであり、第２の視点が「参加と創造支援のネットワーク」における多層性、「グローバル」「ナショナル」「リージョナル・ローカル」各レベルのそれぞれの特色を活かしたネットワークの支援力の充実です。第３の視点が、創造活動を支援する芸術文化政策と地域イノベーション政策との架橋、連携です。

第１の視点について、「参加と創造支援のネットワーク」の持続性と一層の充実の確保に向けて、国、地域自治体における芸術文化政策におけるその重要性を政策体系のなかに明確に位置づけていくことが求められています。

今日、福祉、医療、教育など市民生活の多面的な分野において、その重要な課題として、人々の多様なケイパビリティ、発達可能性を守り発展させていく不可欠の基盤として市民、専門家、公共団体等による支援ネットワークの働きの重要性が認識されています[21]。

アマルチュア・センを中心として開拓されてきたケイパビリティ・アプローチはこの視点から医療、福祉、環境保全等各政策領域における課題を明らかにし、各政策の「人間発達支援」という視点にたった総合性、グローバルな比較という視点から各国、各地域における政策課題を提起してきました。

地域における多様な音楽文化活動の成果が、地域の文化資本の蓄積、人間発達支援に積極的に貢献していけるよう、音楽専門家、音楽団体、市民、民間事業者、文化施設等が参画する「参加と創造支援のネットワーク」の役割を自治体文化政策において明確に位置づけ、経済、産業、教育、福祉、まちづくりなど公共政策の多様な分野における事業推進に、地域文化資本の蓄積を活かした共同の取り組みを呼びかけ、促進していくことが重要な課題と考えられます。

第２の重要な視点が、「参加と創造支援のネットワーク」における多層性、「グローバル」「ナショナル」「リージョナル・ローカル」それぞれの特色を活かしたネットワークの支援力の充実です。

第２章でみたように、近年のグローバルな情報化の進展のもとで、世界的規模に成長している音楽コンテンツ産業と、ライブイベント、レコード、CDショップ、放送局等、地域の音楽文化の独自のコンテンツの空間的、時間的距離が短縮され、グローバルな音楽文化へのアクセス可能性の確保とそれをふまえた地域音楽文化の創造という視点がますます重要となっています。

そのなかで、都市、またその中の地域における音楽文化施設、音楽文化関連産業の集積が果たす役割は大きく、東京一極集中に対して地域自治体の芸術文化政策が果たすべき役割も大きくなっています(増渕[2010]参照)。

この視点から、地域における「参加と創造支援のネットワーク」推進の1つの柱となるのが、ネットワークのハブとして、グローバルな音楽文化情報、先進的な取り組みを情報提供し、人々の支援活動を担う専門的人材の厚い層の形成です。

幅広い世代を惹きつける音楽文化創造、中高年世代、先輩世代が蓄積してきた音楽の力量、ノウハウ、スピリッツを、グローバルな視点をふまえて次の世代に継承していくという目標設定とそのための音楽文化企画、プログラムの開発力の充実を図っていくうえで、各章における事例を通じて確認できるポイントが、各事業を推進していく中核を担って、専門性を活かしつつ多分野をブリッジしうる専門的人材が果たす大きな役割でした。

「高槻ジャズストリート」における商店街事業者とジャズミュージシャンの連携によるプログラム企画、公共団体ホール運営におけるNPO法人スタッフやオーケストラスタッフの参画、「大阪クラシック」におけるオーケストラ奏者の専門性を活かした演奏企画、ライブハウス、楽器店等地域音楽拠点における多様な専門的人材、芸術系大学教員や学生の取り組みなどの事例をふまえて、各地域、拠点機関において優れた音楽分野の識見と事業推進力を併せ持った人材の活動を支援し、その活躍の場を広げていくことが求められています。

とくに次の時代を担う人々を育てる学校教育の分野においては、若手音楽家の活躍の場の確保という視点も含めて、芸術系大学、音楽文化団体等との連携のもとに学校への音楽家、音楽学生の派遣、音楽鑑賞機会の増大などアウトリーチ活動の制度化が大きな役割を果たすことが求められています。次の世代を担う人々の芸術文化分野のケイパビリティの発達の促進に向けて、人々が優れた芸術文化を受けとめ得る能力、感受性の能動的形成という視点が重要であると考えられます。

そのなかで、「参加と創造支援のネットワーク」の活動を専門的視点からサポートしていく大学、図書館、音楽団体、文化施設、学会等専門機関、支援機関の果たす役割は重要です。

音楽文化における専門的知識、ノウハウの提供はもとより、より幅広い自然、社会、人文科学分野を含めた総合知を基盤とした人間の全面的な発達を促進する創造支援システムのネットワークにおいて、大学、図書館等専門機関、支援機関は、「市民の音楽活動参加と創造の場」に蓄積された文化資本と支援ネットワークをつなぐ中軸の拠点として、市民の発達と交流を専門的立場から支援していくことが求められます[22,23]。

音楽文化の分野においては、各章においてみたように、特に20世紀後半以降、過去の膨大な音楽文化資本の人々の享受を可能にするグローバルな情報ネットワーク基盤が急速に充実してきています。過去の名曲、音楽作品、演奏家データ、楽譜、演奏記録などかつてはなかなか入手困難であった情報の収集、活用が容易となり、同時に、音楽発信の面においても、アーティスト、市民の音楽演奏がそのまま地域から全世界に発信していける情報基盤づくりが進んできています。

市民、音楽家の音楽文化情報へのアクセスを支援し、その情報発信活動をサポートし、グローバルな情報ネットワークの潜在的可能性を地域において市民、音楽家、音楽団体がフルに活用しうる創造支援ネットワークを形成していくことが芸術文化政策の大きな課題となっています。

第3の政策課題は、芸術文化分野における創造活動の成果を、地域の産業、経済の発展に架橋していく文化政策と産業政策をつなぐ支援システムの充実です。

今日の知識経済のもとで、イノベーションの源泉として新たな製品を構想する設計力、構想力の重要性が指摘されています。コアとなる企業において斬新なアイデアのもとに新製品が企画され、製品を構成する各種部品、工程は、グローバルな情報、企業連携ネットワークのもとで調達、構成され、完成品が生み出されていくシステムが大きな役割を果たしています。ここでは新商品を設計する構想力が重要な役割を果たしています（明石［2019］参照）。

こうしたグローバル経済の流れのもとで、地域における文化の創造性を活かした地域イノベーションを展望していくうえでの重要な課題が、文化政策と産業政策の架橋、ネットワークです。

地域で展開される文化分野における多様な創造活動のなかで生み出され

［図表9-4］ 地域における音楽文化参加と創造支援ネットワークの構成主体

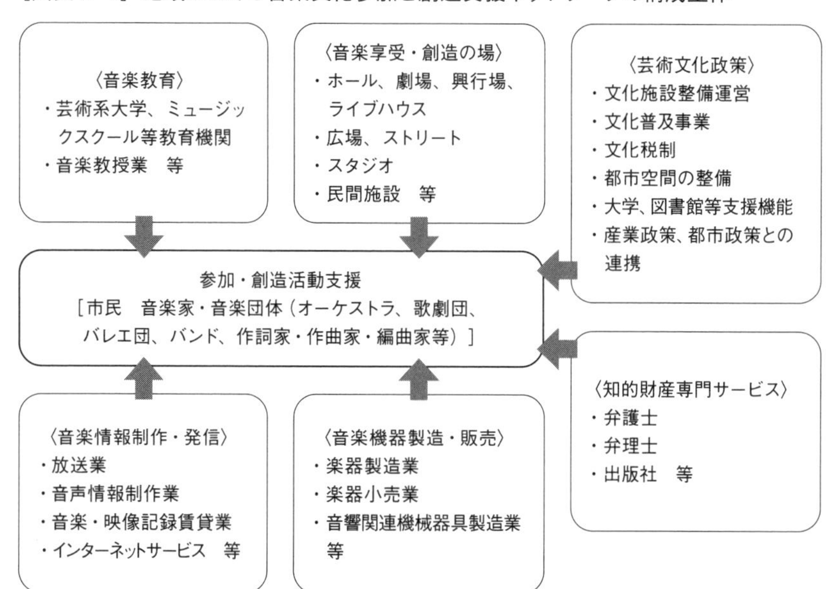

（出典）筆者作成

る地域における文化資本の新たな蓄積、魅力あるコンテンツ、アーティスト、市民の多面的な創造力の発展等の成果を、経済活動における発展の原動力として活かし、地域経済、社会の発展に結び付けていく支援ネットワークの充実が望まれています（第４章参照）。

そこで重要となるのが、文化政策における創造活動支援システムと地域産業政策における経済活動、産業支援システムの連携、情報の共有、多面的支援です。

地域産業政策においては、とくに2000年代以降、地域イノベーションの推進という視点にたって、地域の大学、研究者、企業、事業者、産業支援機関等の連携の場を創造し、情報交換、技術交流、共同研究の推進等のサポートを進める支援ネットワークが発展してきました[24]。

地域自治体の持つ総合性を活かし、文化政策と産業政策、都市政策の相互の交流を促進し、音楽文化都市の創造に向けた一体的な政策推進を図っていくことが望まれています。

3）グローバルな音楽文化の発信と交流の促進

第３の政策課題は、大都市圏大阪に蓄積された音楽文化資本を活かしたグローバルな音楽文化交流の促進です。

今後のわが国における地域創造の方向として、それぞれの地域が文化資本の特色を活かして個性的な地域創造に取り組んでくことが求められています。今日のわが国の音楽文化においては、アメリカにおける音楽コンテンツ産業の地域分散の状況[25]に対して、メジャーの東京への一極集中傾向が見られます。

コロナ禍はあらためて、東京一極集中の問題点、課題を浮き彫りにし、首都圏への過度の人口集中の抑制、地域分散、全国各地域の個性的発展の重要性を明らかにしました。

この方向をふまえるとき、今後の重要な課題として大阪、京阪神圏において蓄積されてきた多様な音楽文化基盤を活かし、音楽文化のグローバルな受発信を通じて、地域の特性、個性を活かした音楽文化創造都市圏の発展を展望していくことが求められています。

大阪における音楽文化資本の蓄積において、国際的な音楽文化交流は大きな役割を果たしてきました。

西洋音楽文化の最初の導き手となった開国以降のキリスト教の伝道、第１次世界大戦やロシア革命などの国際的な動乱が生み出した西洋音楽家の来訪、高度成長期、1970年万国博覧会などのイベントによる来日公演などを通じて、大阪における西洋音楽文化の発展は大きく促進されてきました。

合唱音楽の分野では、キリスト教伝道のために来日した牧師、音楽家に学んだ先達によって、わが国における多くの西洋合唱音楽の初演が行われました。戦前、戦後の関西の合唱音楽界で活躍した長井斉氏は、明治初期に大阪川口にあった外国人居留地で賛美歌に触れ、聖歌隊に加入しました。聖歌隊は、1927年（昭和２年）大阪コーラル・ソサエティに発展、ヘンデル「メサイア」の関西初演（指揮長井斉）を行います。さらに京都大学音楽部による「第九」公演にも合唱の主要メンバーとして参加しました（長井［1980］参照）。

また、20世紀の第１次世界大戦とロシア革命という世界史の激動は、多くの音楽家のわが国への来訪を促し、優れた演奏と音楽教育を通じてわが国の音楽家、音楽団体の発展に貢献しました。

わが国におけるベートーヴェン『第９交響曲』の記念すべき1918年（大正

7年）の初演を担ったのは、捕虜としてはじめ大阪市大正区の地に、のち徳島に滞在したドイツ兵の人々でした。またロシア革命の動乱を避け1926年（昭和元年）来日したエマヌエル・メッテル氏は、自らの指揮と教育で朝比奈隆氏、服部良一氏をはじめ多くの音楽家を育てました。第２次世界大戦の敗戦後、わが国に駐留した米軍を通じて、ジャズ、ポップス音楽の新たな動向が導入され多くのアーティストが育っています。

戦後の大阪において、クラシック音楽の分野における欧米の優れたアーティストの招聘に大きな役割を果たしたのが、フェスティバルホールを舞台として1958年（昭和33年）に開始された「大阪国際フェスティバル」です。とくに1967年（昭和42年）には世界で初めて「バイロイト音楽祭」を招聘し、ワーグナーの「楽劇」の普及に貢献しています。

また国際博覧会の開催も外国人音楽家の来訪、新たな音楽体験の大きなきっかけとなっています。1970年（昭和45年）の万国博覧会においては、カラヤンが率いるベルリンフィルハーモニー交響楽団による「ベートーヴェン・チクルス」公演、セル指揮のクリーブランド管弦楽団公演など多彩な音楽文化事業が実施されました。当時、万博クラシック音楽部門のマネジメントを担当した梶本音楽事務所代表梶本尚靖氏は、「空前絶後の催しだった。クラシックだけでも29種目、103公演を数え、二度と見たり聴いたり出来ないような顔ぶれが一堂に勢揃いした貴重な機会だった」と回想しています（梶本[2001]参照）。

キリスト教音楽における合唱の大きな役割、宝塚文化や戦後のフォークミュージックなど大阪に大きな影響を与えた欧米音楽文化は、近松と人形浄瑠璃、上方歌舞伎など近世の上方の音楽文化が文芸との強い結びつきのもとで発展してきた伝統とあいまって、大阪、京阪神圏における音楽文化における合唱音楽、オペラ、ミュージカル、フォークミュージックなど音楽文化のなかでの「歌」の比重の大きさ、総合舞台芸術への志向を特徴づけています。

今日の世界情勢のなかで、世界の多様な文明、文化の交流を促し、文化交流事業を通じて、人々の相互理解と共存の実現に向けて果たしていくべき役割は重要性を増しています。

2025年（令和７年）には大阪ベイエリアで「万国博覧会」の開催が予定されています。1970年大阪千里丘陵で開催された「万国博覧会」は、その後世に残る成果として、市民に開かれた緑豊かな公園と国立民族学博物館、国立国際美術館（のち大阪市内へ移転）などの国際文化交流、研究、相互理解の拠点を残し、博覧会運営のなかで生み出された剰余金はその後も万博基金として学術、文化団体の国際交流事業を支援する基金として長年活用されてきました。

2025年の「万博」においても、今日の状況にふさわしい国際音楽文化交流の機能を大阪に充実させていく機会としていくことが望まれます。

今日の世界において、戦争、相互の孤立、分断、敵対を克服しうる力がこれまでにも増して求められています。本書において考察してきた人々の相互の共感を促し、心を結ぶ音楽の力の可能性は、今日の世界において音楽文化が果たしうる大きな役割を示唆していると思われます。

「１万人の第九」公演においては、佐渡裕氏が指揮者をつとめるオーストリアのオーケストラが、現地で「500名の第九」演奏会を開催し、その合唱メンバーが、大阪の「１万人の第九」公演に参加するなどのグローバルなつながりが形成されています。

「１万人の第九」に代表される大阪、関西のオーケストラ、合唱などの豊かな音楽文化資本を活かして、世界の人々が参加し平和を求める「100万人の第九」への構想が求められています。2024年はウィーンにおける「第九」の初演から200周年の記念すべき年であり、大阪における拠点会場と世界各地の人々の参加をつなぐ情報通信ネットワークと公演の場の組み合わせによる世界各地の人々が参加する「第九」公演の実施は、グローバルな情報通信技術の基盤を活かし、ライブの場の特性も十分に発揮できる次世代の音楽文化への参加と創造の場の１つのモデルになると考えられます。

また、「万博」が次の世代に残す音楽文化資本、拠点として、国立民族学博物館、音楽系大学、芸術文化団体等との協働のもとに、オーケストラ、オペラ、ミュージカル、合唱、バレエ、舞踊など音楽文化の幅広い分野における世界の人々との国際交流、情報提供、研究、創造の拠点となる機関、施設（グローバル音楽文化交流拠点）の構想検討が望まれます。アーティストインレジデンスなどを通じた内外のアーティストと市民の交流は、21世紀の世界に望まれる多様性への共感と共存、相互理解の場として、大阪の世界の音楽文化への貢献として、いま何よりも望まれているものと考えられます。

大阪は古代の難波京以来、わが国の経済、政治、文化の拠点都市として発

[図表9-5] 都市文化政策の課題と展望

「市民の音楽参加と創造の場」の拡大に向けた積極的取り組み	「参加と創造支援のネットワーク」の充実	グローバルな音楽文化交流の促進
・多様な人々が共感と対話、理解を通じて、協働と新しい文化創造活動を展開し、交流する場として、「市民の音楽参加と創造の場」の拡充 ・道路、公園、民間施設、駅前広場等多様な都市空間の積極的活用 ・アーティスト、芸術文化団体、公共団体、民間事業者等による都市空間活用促進ネットワークの形成、ノウハウの共有 ・都市空間、都市施設における芸術文化活動を促進する自治体条例の制定	・「参加と創造支援のネットワーク」の制度的持続性の確保、自治体芸術文化政策推進体制として位置づけ ・「参加と創造支援のネットワーク」推進を担う専門的人材の厚い層の形成 ・「市民の音楽活動参加と創造の場」と「支援ネットワーク」をつなぐ中軸の拠点として大学、図書館等専門機関、支援機関を位置づけ、支援機能の充実 ・文化政策と産業政策、都市政策、教育政策、福祉政策の交流促進、一体的な政策推進	・「70年万博」の経験（緑豊かな公園、国立民族学博物館等拠点整備、国際文化交流事業の支援基金等）に学び、2025年「万博」を国際音楽文化交流機能の充実の画期に ・世界の人々が参加する「100万人の第九」 ・音楽文化の幅広い分野における国際交流、情報提供、研究、創造の拠点となる機関、施設（グローバル音楽文化交流拠点）の構想検討 ・アーティストインレジデンス等文化交流事業の推進

文化の創造性がイノベーションの源泉となる創造経済の時代を先導する
世界に開かれた音楽文化創造都市圏へ

（出典）筆者作成

展してきましたが、多様な分野でその担い手となった人々の多くは内外との交流のもとで大阪を訪れ、集い、活躍した人々でした。

今日のグローバル化のもとで、大阪の新たな発展を展望するうえで、広く世界の人々が大阪を訪れ、情報を世界に発信できる場、機会を積極的に創出していくという視点が重要です。文化の創造性がイノベーションの源泉となる創造経済（クリエイティブエコノミー）の時代の担い手は多様性の共存と交流のなかから生み出されてきます。大阪がそれを先導する広く世界に開かれた音楽文化創造都市圏を展望していくことが求められているのです。

大阪における音楽文化資本の蓄積は、19世紀後半期以来、民間の力の主導性、公共団体との連携、活発な国際的な音楽文化交流など、わが国のなかで特徴的な姿をみせつつ進められてきました。

イギリスの都市計画家、ピーター・ホールはその著『都市と文明』において、紀元前4世紀のアテネ、14世紀のフィレンツェ、16世紀のロンドン、19世紀のパリなど都市における芸術文化の飛躍的発展の時期、その「黄金時代」を可能にした社会的、経済的、文化的基盤を考察しました。彼が論じた都市における芸術文化の全盛期（「黄金時代」）が近現代大阪の音楽文化についていいうるのかどうかはさらなる検討が必要ですが、少なくとも、1920年代から1930年代にかけての近代都市大阪の形成期、大阪市域における活発な音楽文化資本の形成期、1970年「万博」の開催をはさむ1960代から80年代にかけての大阪大都市圏の成長の時期は、大阪における音楽文化資本の蓄積、音楽文化活動の展開の画期となった時期であったと言いうると考えられます。

ホールは、各都市の「黄金時代」に共通する特徴として、芸術文化を支援する富の蓄積、グローバルな交流と多様な才能の蓄積をあげるともに、その時期は、「安定期」ではなく、むしろ古い社会、経済システムと新しい社会、経済システムとが併存し、社会的、文化的価値観が緊張する「過渡期」「乱気流」の時期であったという側面を強調しています[26]。

この視点から見れば、大阪における音楽文化資本蓄積の第1期は、わが国の産業革命を先導した近代都市大阪の骨格の形成期として都市基盤の整備、住環境の整備など社会的課題に直面した都市政策形成の時期であり、第2の時期は、高度経済成長に伴う人口の急増、公害、環境対策、社会資本整備等社会的、経済的課題への対応を巡る大阪大都市圏における社会的緊張の時期、都市文化政策の発展期であったといえます。

経済のグローバル化、情報ネットワーク化、地球環境の保全への要請のもとで、わが国が産業集積の縮小と新たな発展基盤の模索の課題に直面し、少子化、人口減少社会への対応を迫られている時期である現在は、わが国と各都市、地域が直面する新たな過渡期であり、その限りでは、文化創造都市への潜在的な大きな可能性を持つ時期、都市文化政策の創造的発展と展開を期待しうる時期といえると思われます。

（注）

1 アーレントにおける全体主義の社会的、文化的基盤の探求という問題意識にもとづく「活動」「パブリックな領域」「社会の勃興」「誕生」等の概念構成について百木［2018］、本田［2020］参照。アーレントは、近現代における「公共領域」の衰退の結果、「公共領域」において確保されていた社会、政治についての多様な見方、「無数の遠近法（perspective）と側面（aspect）」（Arendt［1958］）が縮小、消滅し、人々はその主観的経験へ閉じ込められ、「あからさまに無関心な人々から成る大衆」が生み出されている過程を、全体主義の社会的、文化的基盤として重視し、「孤立化されたがいに切り離された人々」が全体主義の政治活動へ動員されていく状況を指摘しています。

2 Arendt［1958］参照。ハーバーマスは、アーレントのこの視点を受け継ぎ、近代社会の形成期、市民がカフェや新聞などの開かれた場において行う意見交換、相互批評を通じて公論が形成されてきた過程の重要性を強調し、言論、対話的理性の役割を強調して「市民的公共性」、「公共圏」の成立として位置づけました。そこでは「パブリックな空間」における市民の討議、熟議が、公共機関、政治を動かす原動力となっていく働きが強調されています（Habermas［1962/1990］）。また、バトラーは、両者の視点をふまえて、ジェンダー、国籍などが異なる多様な人々の交流という視点を強調し「パブリックな空間」の「平等の原理」の確認の場としての役割を強調しています（Butler［2015］）。

3 水田洋氏はスミス『道徳感情論』「解説」において、社会生活のルールは「諸個人が、自発的につくりあげる平和的共存の理論」であり、“public”の意義について「世論が一定の力をもつ社会において、世論をになうわれわれ自身が公共であって、公権力の運用者のことではない」ことを強調しています（Smith［1759］参照）。

4 Arendt［1958］参照。

5 植木［1996］は、この世代を通じた文化の継承の視点を「文化の社会的循環」の過程として重視しています。

6 アーレントはこの人間世界における「誕生」の意義を最も的確に表現した芸術作品としてヘンデル『メサイア』を高く評価し、『人間の条件』においては「（福音書の）言葉の中で、最も光栄ある、最も簡潔な表現で語られたのは、世界にたいするこの信仰と希望である。・・・『わたしたちのもとに子供が生まれた』」（Arendt［1958］p.247,邦訳 386ページ）と述べ、『全体主義の起源』においても「新しい誕生ごとに一つの新しい始まりが、一つの新しい自由が、一つの新しい世界が生じる」と論じています。

7 与謝野晶子の歌、「劫初（ごうしょ）よりつくりいとなむ殿堂にわれも黄金の釘一つ打つ」は、過去の世代から受け継がれてきた文化資本の総体に、この地上に生まれた１人の人間、芸術家として、ささやかであっても独自のものを付け加えていくという決意と自負を示しているといえます。

8「エイジング」（加齢）、高齢化の問題は人間存在の最も基本的な課題の１つであり、生物学的、医学的、社会的、文化的側面等からの多様な考察がなされています。2002年に世界保健機関（WHO）は、高齢者の健康維持について「生活の質」の向上に向けて「健康」「参加」「安全」という幅広い視点から把握する「アクティブ・エイジング（Active ageing）」の重要性を提起しました（WHO［2007］参照）。この視点をふまえてわが国における高齢者の実態調査を行った前田［2006］は高齢者の積極的な社会参加を推進する「積極的シチズンシップ」の理念の必要性を強調しています。
また、金子［2014］［2019］は、高齢者の「優雅な生き方（graceful ageing）」を支える自立志向の基盤について、７つの要因、①家族との良好な関係、②働くこと、③仲間の存在、④外出、⑤得意を持つ、⑥趣味を持つ、⑦運動、散歩を指摘しています。ここで自立志向の基盤として重視されている「働くこと」、就業状況についてみると、2018年の総就業者数は6,664万人と、2015年にくらべ263万人増加していますが、国は、この背景として女性、高齢者の社会進出をあげ、高齢者における就業者比率は24.3％と2015年に対し2.6％上昇していると指摘しています（国「第２期まち・ひと・しごと創生総合戦略」（2019年））。
文化政策論の分野において、高齢化社会の到来にともなう芸術文化政策に求められる課題について、「クリエイティブ・エイジング」という視点を明示した先駆的な考察として太下［2016］があります。そこで考察の枠組みとして提示されているのが、「高齢者の関与方法（主体か客体か）」「活動の場（高齢者施設内か外部か）」という２つの軸です。本書で注目したいのは、特徴的な２つの動向、第

１に高齢者が介護等の対象としての位置づけから、高齢者自らが創造の主体となっていくという、客体から主体への動向、第２に、活動の場が、福祉施設内からその外部へ、地域社会へと広がり発展していく動向についての指摘です。

9 Csikszentmihalyi [1996] 参照。

10 ベートーヴェンの交響曲について考察したゲックは、1800年の「第１番」から1824年の「第９番」に至るその９つの交響曲について、フランス革命とその波がヨーロッパに広がる時代に生きた音楽家が、ナポレオンという「時代精神」に対峙して音楽の分野での人類への貢献という自覚の展開として、ベートーヴェンの交響曲群を把握しています（Geck [2015] 参照）。近代市民社会の形成と「古典派」における音楽創造との関わりについて松田 [1985]、藤野 [2000b] 参照。

11 ベートーヴェン「第九」第４楽章における詩との結合は、歴史と社会のなかでの人間の役割を問いかけるだけではなく、より大きな広がりをも展望していると考えることができます。

音楽の力、歌の力が結ぶ人々の「結びつき」、共同性は３つの次元、「日常生活の次元」「社会、歴史をつくる主体の次元」「有限な人間存在としての永遠との対峙の次元」という視点から捉えることができます。

第１の結びつきは、日常性における生活のなかで生み出される喜怒哀楽などの多様な情感における結びつきです。日々の愛情、怒り、悲しみ、笑い、辛苦、嫉妬等の情感における他者への共感は、音楽の基盤であり、無数の音楽、歌が生み出されてきました。

第２の結びつきは、社会を構成し、歴史をつくる次元です。人々との結びつきのなかで、社会をつくり歴史の主体として歴史を動かしていく共同の主体としての情感の表現です。ともに働き、社会の基盤をつくり、ときには圧政に抵抗し、自らの社会を創っていく、１人ひとりの力が集まり、大きな力となっていくそのエネルギーを表現してきました。

第３の結びつきは、有限の生としての人間存在の永遠との関わりの次元です。人間は、一定の限られた生の時間のなかで、いやおうなく自らの生の有限性と、それと対比された永遠との対峙を余儀なくされます。有限の生としての人間の共同性と永遠との対話は、モーツァルト『レクイエム』やバッハのミサ曲など多くの宗教音楽の名作を生み出してきました。

「第九」第４楽章の音楽創造における特徴は、この第１、第２の歴史的、社会的次元の展開の過程と、第３の次元における永遠との対話の表現がベートーヴェンによる音楽創造において一体的、総合的に追及されている点にあると思われます。

「第九」第４楽章、バリトンソロの主題の提示と合唱の応答から始まる第１の部分は、自由の理念にもとづいて歴史を生み出していく人々の闘いを、フランス革命の市民を想起させる行進のテンポである２拍子の力強いリズムで表現しています。「駆けよ、兄弟よ」「喜びに満ちて勝利に進む英雄の如くその道を」。苦難の進軍を経て、最初の闘いは勝利し、第543小節からの全員の合唱でその歓びが歌いあげられます。その高揚の後、595小節から始まる第２の部分、Andante Maestoso（654小節まで）では、拍子が３拍子に、テンポがアンダンテへと一転します。行軍の夜営をおもわせる雰囲気のなかで人々の合唱は、天を仰いで「星の天蓋」の彼方の神に呼びかけます。これに先だつ部分で展開されてきた「自由」の理念は、再度、永遠の神の前で、その理念が再確認され、世界の人々に呼びかけられていきます。「星の天蓋」の下で、「百万人の人々よ　いだきあえ」「このくちづけを全世界に」と高らかに呼びかけが行われます。「星の天蓋の彼方には神が住まうに違いない」、631小節からの合唱の深い響き、女声の煌めく星々から天使が降るかのような美しい響きはベートーヴェンの深い祈りのこころを感じさせます。そして、続く部分では、この２つの次元、行進と祈り、歴史のなかで進む人々の像、歴史的過程への参画と永遠への問いかけ、永遠と対峙し祈りをささげる人々の像という２つの次元が、「二重フーガ」の２つの主題、第１の主題「Freude,schöner Götter funken…」と第２の主題「Seid umschlungen,Milionen…」として表現され、総合されて展開されていきます。

この音楽の理念の展開の過程を合唱団の一員として参加し歌い再現していくことは、作曲家がこの音楽に託した時代精神、歴史のなかで生きるありかたを200年後の現代に追体験し、自らの生の視野を広げていくという点で、「第九」は他の音楽作品にない独自性を有したものとなっているといえます（「第４楽章」の構成についてSchenker [1912]、小松 [1979] 参照）。

12 われわれが生きる世界の多様な姿を「歌の力」と結合することでより豊かに把握していくこの音楽の力は、市民、各分野の専門家における人々の人間の生活についての想像力、共感力をより高めることで、自然科学、社会科学の探求とそれにもとづく実践を、より人間生活に根ざしたものにすることに寄与します。

芸術文化が人々の想像力と共感能力を発展させ、学問研究の豊かな土台となっていくという視点については、わが国においてアダム・スミスを中心とした経済学史研究の先達として活躍するとともに、幅広い視野から学問と芸術の関連について考察した内田義彦の論考に多くを学んでいます（内田［1971］［1972］［1982］他参照）。芸術文化の享受、創造と人々の全面的な発達との関連について、内田は1972年の論考「学問と芸術」において社会科学的認識の深化に向けた「学問と芸術との協働」の必要性、重要性を強調しています。そこで芸術の役割として重視されるのが、想像力の働きです。芸術文化の享受、創造を通じて人々に形成される人間と社会について人々が持つ像の豊かさが社会科学的認識の発展における仮説の形成を豊かにし、かつそれに生活実践を基盤とする「重み」を与えるという点にポイントが置かれています。学問と芸術の協働を通じて「眼にうつらなかった事実が確かな手ごたえをもった事実として見える、そういう想像力」を養い、「仮説に仮説として必要な重さをあたえる」（強調：内田）としてその重要性が論じられています。

このことは、科学技術がその発展過程のなかで、道具的合理性のみを追求する世界への転落を防ぎ、より人間生活に根ざしたものにするという大事な役割を果たすことになるとも考えられます（内田［1971］［1972］、アサダ［2018］参照）。

13 Sen［1981］［1985］、宇沢［2000］、『国連人間開発計画』参照。

14 芸術文化の働きによる人間生活各領域における総合的な発達支援という視点にたった文化施設の取り組みとして「可児市文化創造センター」の活動が注目されます。2002年開館したセンターは人口10万人の同市において、幼児、高校生、高齢者などへの取り組み、多文化共生プログラム等の実施を通じて年間来館者は人口の５倍近い46万人に上っています（「創造都市政策セミナー」（2015年９月）における衛氏報告による。衛［1997］［2016］参照）。

15 先駆的な取り組みとして、京都市立芸術大学の郊外ニュータウンから都心部への移転、地域連携の促進の取り組み、徳島県まるごと高専における「15歳からテクノロジーとデザイン、起業家精神を一度に学ぶ」取り組み等があげられます。

16「イノベーション・システム」は、「その活動や相互作用が、新しい技術を開始し、輸入し、修正し、普及させるような、私的・公的セクターにおける諸制度のネットワーク」（Freeman［1987］）、「一国の企業のイノベーティブな成果を規定する諸制度とその相互作用」（Nelson［1993］）、として位置づけられ、そこでは「学習、イノベーション能力の相互学習と発展を支援」する諸制度の重要性が強調されています（Lundvall et al.［2003］）。

筆者は、この視点をふまえて、東大阪地域の中小事業者が、地域産業支援機関の活動と事業者の人的ネットワークのもとで、事業者が、企業経営における製品開発力、技術力、広報・宣伝力等の多面的なケイパビリティを拡充、発達させ、基盤技術・技とアートとの新結合により新たな事業展開に取り組みを進める過程を考察しています（本田［2014］）。

17 芸術系大学のアート分野における地域連携の中軸としての活動については本田［2016］参照。

18 都市、地域の空間と音楽創造との関わりについて、映画『エルヴィス』はプレスリーの故郷メンフィスにおけるゴスペル、R＆Bなどの黒人音楽との出会い、交流を通じた新しい音楽創造の状況を生き生きと描いています。また、福屋［2010］は、ビートルズの音楽創造においてその活動の拠点都市であったリヴァプール、ハンブルク、ロンドンの都市文化が与えた影響の大きさを強調しています。

19 水辺空間の再生について嘉名［2017］参照。

20 この点で、コンヴァンシオン学派の考察をふまえ、パリのファッション産業等の研究から産業集積の「価値づけ」、市場創造の場としての役割を強調し、「ファッション産業における制度・慣行・技術」と「さまざまな文化的・社会的動向が生まれ、相互作用し、刷新される」パリという都市空間の働きが相乗して、共通の知識基盤、コモンを形成していく過程を考察した立見［2019］の指摘は示唆的です。

21 Sen［1981］ほか参照。

22 オーケストラにおける教育プログラムスタッフ体制について赤木［2009］参照。ドイツの劇場においてプログラム企画、市への教育・普及を担う専門職の活動について藤野［2000a］［2005］参照。

23 グローバルな音楽ネットワークをふまえた市民への音楽情報提供の取り組みの事例として、大阪市立図書館における「ナクソス・ミュージック・ライブラリー」との連携による音楽情報提供サービスがあげられます。「ナクソス・ミュージック・ライブラリー」には、約1,000のレーベルが参加。約4万人の作曲家が収録されているといわれています。有料の配信サービスですが、図書館利用者は無料でアクセスが可能となっています。膨大なクラシック音楽コレクションを有するグローバルオンライン音楽図書館として、市民の音楽鑑賞機会の拡大、知識の普及に大きな可能性を有するサービスとなっています（https://www.oml.city.os.lg.jp 参照）。

24 地域のデザイン、映像、音楽、出版等の「クリエイティブ」分野で事業を営むクリエイターと企業の連携支援機関として2005年開設されたMEBIC（Media Business Innovation Center）の取り組みについてhttps://mebic.com 参照。

25 George [1988] によれば、アメリカにおいてリズム＆ブルースの発展の担い手となったインディーズレーベル30社のうち9社がロサンジェルスを本拠地としその他がヒューストン、メンフィス、ニューヨーク等に分散しています。

26 Hall [1998] 参照。

略年表

[近代大阪・京阪神圏における音楽文化資本の蓄積と音楽文化]

(各章関連項目を主に)

		近代大阪・京阪神圏における音楽文化資産の蓄積	グローバルな音楽文化潮流	政治・社会・経済・学術
19世紀		〈産業革命　英国の覇権とグローバル市場の発展〉 〈国民国家の発展〉〈オーケストラとオペラの世紀〉		
1824年			○ベートーヴェン『交響曲第9番』初演(ウイーン)	
1830年代			〈ブラスバンド主要楽器登場〉	○フリードリッヒ・リスト『経済学の国民的体系』
1842年			○サクソフォン開発 ○ワーグナー『さまよえるオランダ人』	○アヘン戦争、香港、イギリス植民地に
1850年代		(ペリー来航、開国、軍楽隊)	〈ヴェルディ『リゴレット』『椿姫』『イル・トロヴァトーレ』〉 〈フォスター「故郷の人々」「草競馬」〉	
1865年			○ワーグナー『トリスタンとイゾルデ』	○米、南北戦争終結
1866年				○大西洋海底通信ケーブル敷設
1867年		○明治維新	○ワーグナー『ニュルンベルクのマイスタージンガー』	○マルクス『資本論』
1868年	明治元年			○舎密局(のち京都移転、第三高等学校)開設
1869年	明治2年	(○薩摩藩士軍楽隊)	○ウイーン国立歌劇場開館	○造兵司(のち大阪陸軍造兵廠)設置
1870年	明治3年		○ウイーン楽友協会開館	
1871年	明治4年		○ヴェルディ『アイーダ』	○廃藩置県、府県知事設置、造幣寮(のち造幣局)開業
1872年	明治5年	(○陸海軍軍楽隊創設)		○ドイツ「社会政策学会」設立
1873年	明治6年			
1874年	明治7年			○大阪ー神戸間鉄道開通
1875年	明治8年	○同志社英学校(のち同志社大学)創立	○パリ、オペラ座開館	
1876年	明治9年		○バイロイト祝祭劇場開館、『ニーベルングの指輪』 ○ブラームス『交響曲第1番』	○ベル電話発明
1877年	明治10年		○エジソン「円筒式蓄音機」(フォノグラフ)開発	○西南戦争　○京都ー大阪間鉄道開通
1878年	明治11年			
1879年	明治12年	(○文部省音楽取調掛設置)		
1880年	明治13年			
1881年	明治14年			
1882年	明治15年	(○音楽取調掛編「小学唱歌集」初編刊)		
1883年	明治16年			○大阪紡績会社(のち東洋紡績株式会社)開業(現大正区)
1884年	明治17年			

1885年	明治18年			
1886年	明治19年		**○著作権ベルヌ条約締結**	
1887年	明治20年	(○音楽取調掛を東京音楽学校と改称)	○ヴェルディ『オテロ』 **○ベルリーナ「円盤型レコード」(グラモフォン)開発**	
1888年	明治21年	**○大阪第四師団軍楽隊配属** **○大阪毎日新聞創刊** **○三木佐助書店楽器部創設(のち三木楽器)**		
1889年	明治22年			○東京、京都、大阪3市市制特例(知事が市長兼任)
1890年	明治23年	(幸田延国費留学生としてウイーン留学)	〈レコード会社成立、発展ーグラモフォン、コロムビア、ビクター〉 ○ブラームス、エジソン蓄音器で自作録音	
1891年	明治24年		○ニューヨーク、カーネギーホール開館	
1892年	明治25年		〈ニューヨーク、音楽出版社集積:ティン・パン・アレー〉 ○「スーザバンド」発足	
1893年	明治26年		○エジソン「キネスコープ」完成 ○ヴェルディ『ファルスタッフ』 ○プッチーニ『マノン・レスコー』	
1894年	明治27年		○音楽情報誌『ビルボード』創刊	○日清戦争(~95年)
1895年	明治28年		○マーラー『交響曲第2番』	
1896年	明治29年		○プッチーニ『ラ・ボエーム』	
1897年	明治30年		〈ラグタイム流行〉	
1898年	明治31年		○マーラー、ウイーン・フィル指揮者就任	○大阪市長選挙
1899年	明治32年	○関西学院グリークラブ創設 **○鳥井商店(のちサントリー)創立**		
1900年	明治33年	**○『鉄道唱歌』出版(三木楽器)**	〈エンリコ・カルーソー、レコード初ミリオンセラー〉 ○プッチーニ『トスカ』	○パリ万博
20世紀		**〈電子・通信技術革新と音楽産業〉** **〈米国の覇権、音楽のグローバルな多様性〉** **〈シンガーソングライタースタイルの発展　バンドと歌の世紀〉**		
1901年	明治34年		〈ニューオーリンズ、ジャズ誕生〉 ○「ビクタートーキングマシン」社設立	〈シカゴ都市成長〉
1902年	明治35年		〈ルイ・アームストロング〉	
1903年	明治36年	○第5回内国勧業博覧会開催(茶臼山周辺、約33ha、入場者530万人)	〈ディキシーランドスタイル〉	○大阪市電開業
1904年	明治37年	○同志社グリークラブ創設 ○大阪図書館(のち大阪府立中之島図書館)開館	○プッチーニ『蝶々夫人』 ○ニューヨーク「タイムズスクエア」命名	○日露戦争(~05年)
1905年	明治38年			
1906年	明治39年			
1907年	明治40年	○箕面有馬電気軌道設立	〈ハリウッド、映画産業集積〉	

1909年	明治42年	○天王寺公園開園（博覧会跡地東部分）	○マーラー、ニューヨーク・フィル指揮者就任	○フォード「モデルT」生産開始。大量生産方式
1910年	明治43年	（○日米蓄音機製造川崎工場、国産蓄音機第1号）	○プッチーニ『西部の娘』 ○マーラー『交響曲第8盤』	○韓国併合
1911年	明治44年			
1912年	明治45年 大正元年	○大阪三越少年音楽隊、大丸京都店少年音楽隊設立 ○新世界、ルナパーク開業（博覧会跡地西部分） ○吉本吉兵衛、せい夫妻天満「第二文芸館」（のち天満花月）寄席経営開始		
1913年	大正2年	○宝塚唱歌隊（のち宝塚少女歌劇団、宝塚歌劇団）結成	○ストラヴィンスキー『春の祭典』	
1914年	大正3年	○宝塚第1回公演 ○大阪三越少年音楽隊結成（○中山晋平、松井須磨子「カチューシャの唄」）		○第1次世界大戦（～18年） ○関一大阪市助役就任
1915年	大正4年	**○大阪音楽学校開学（のち大阪音楽大学）** ○第1回全国中等学校優勝野球大会（主催大阪朝日新聞社）	〈ハワイアンブーム、ウクレレ普及〉 〈ジャズ、ブルース、ゴスペルレコード普及〉	
1916年	大正5年	〈浅草オペレッタ〉		
1917年	大正6年	○アサヒコーラス創設		○ロシア革命
1918年	大正7年	**○大阪市中央公会堂開館** **○松下電器器具製作所（のちパナソニック）創設** **○「第9」日本初演（徳島県坂東俘虜収容所）（ハンゼン指揮）**		○米騒動 ○公設小売市場、市営住宅、職業紹介書等社会事業
1919年	大正8年	○宝塚音楽歌劇学校設立	○世界初のラジオ局（ピッツバーグ）	
1920年	大正9年	○日東蓄音器設立	○ヴィラ・ロボス「ショロス第1番」	○第1回国勢調査（府人口258万人、市125万人）
1921年	大正10年	○「大阪市歌」制定（作詞掘沢周安、作曲中田章）	〈電気録音技術普及〉	**○大阪市第1次都市計画事業開始（御堂筋、淀屋橋、大江橋ほか）**
1922年	大正11年	○松竹楽劇部（のちOSK日本歌劇団）創設 ○バレエ、アンナ・パブロワ来日公演	○フルトヴェングラー、ベルリンフィル常任指揮者就任	○全国水平社創立
1923年	大正12年	○大阪市音楽隊（のち大阪市音楽団）設立 ○出雲屋少年音楽隊結成、服部良一入隊 ○大阪道頓堀松竹座完成 ○井田一郎、ジャズバンド結成	〈デューク・エリントンバンド〉	○関東大震災 ○関一大阪市長就任
1924年	大正13年	○宝塚大劇場開館 ○鳥取春陽「籠の鳥」、ニットーレーベル ○阪神甲子園球場開館 ○大阪倶楽部開館 ○「第九」日本オケ初演（東京音楽学校管弦楽団、グスタフ・クローン指揮）	○ガーシュイン『ラプソディー・イン・ブルー』	

1925年	大正14年	**○社団法人大阪放送局（のち日本放送協会大阪放送局）開局** （○山田耕筰、日本交響楽協会設立） ○「大大阪記念博覧会」（主催毎日新聞社） **○「三木ホール」開館** **○声楽書『コールユーブンゲン』出版（三木楽器）**	〈レコード制作、ラジオ局、映画産業の連携システムの発展〉 〈サンバ〉 ○プッチーニ『トゥーランドット』	○普通選挙法、治安維持法 **○大阪市市域拡張、東成郡、西成郡編入（4区→13区）** ○第2回国勢調査（府305万人、市211万人）
1926年	大正15年 昭和元年	**○エマヌエル・メッテル来日** ○大阪放送局「オペラの夕」放送（露西亜大歌劇団「カルメン」） （○新交響楽団設立） ○宝塚交響楽団第1回定期演奏会（ヨーゼフ・ラスカ指揮） **○朝日会館開館**		
1927年	昭和２年	○大阪放送局「宝塚少女歌劇『モン・パリ』」放送 （○日本ビクター蓄音器設立） ○「ミュージック・オリンピック・ゲーム」第1回開催（宝塚大劇場） ○大阪コーラル・ソサエティヘンデル『メサイア』関西初演 ○普久原朝喜、「丸福レコード」設立	○初のトーキー映画『ジャズ・シンガー』 ○『ショー・ボート』 ○ショパン国際ピアノコンクール開始	
1928年	昭和3年		○ヴァイル、ブレヒト『三文オペラ』 **○米議会図書館「アメリカン・フォークソング・アーカイブ」開設**	○大阪商科大学（のち大阪市立大学）創設
1929年	昭和４年	**○『第九』関西初演（新交響楽団、近衛秀麿指揮）**		○大恐慌始まる
1930年	昭和5年			
1931年	昭和６年	○大阪城天守閣竣工 ○大阪帝国大学開校 ○帝国蓄音器商会（のちテイチク）設立	〈エレキギター普及〉	○金本位制停止
1932年	昭和７年	○京都放送局開局 ○大阪歌舞伎座開館		
1933年	昭和８年	○「大阪ラジオオーケストラ」（のち大阪放送管弦楽団）設立		○ドイツ、ヒトラー内閣成立 ○ハンナ・アーレント亡命 ○ルーズベルト大統領就任、ニューディール政策
1934年	昭和9年			
1935年	昭和10年	○貴志康一、ベルリンフィルと自作曲録音	○ガーシュイン『ポーギーとベス』	○関一大阪市長死去
1936年	昭和11年	**○京都大学音楽部創立20周年記念演奏会『第九』（主に関西人による初演）（京都宝塚劇場、朝日会館）（メッテル指揮）** ○大阪放送会館（大阪市東区馬場町）開館 ○貴志康一、新交響楽団『第九』演奏	〈ジャズ、ビッグバンド〉 〈スウィングジャズ〉 〈フランス、シャンソン、ピアフ、トレネ登場〉	○スペイン内乱 ○ケインズ『雇用・利子・貨幣の一般理論』 ○大阪市立美術館開館

1937年	昭和12年	○JOBKコドモ唱歌隊（のち大阪放送児童合唱団）発足 ○全関西吹奏楽連盟結成 ○法村友井バレエ団設立		○盧溝橋事件、日中戦争 **○「御堂筋」完成**
1938年	昭和13年	○JOBK唱歌隊（のち大阪放送合唱団）発足	○ベニー・グッドマンオーケストラ、カーネギーホール演奏会	
1939年	昭和14年	○大阪高等工業学校（のち浪速大学、大阪府立大学）開校	○『ブルーノート』レーベル設立	○ドイツ、ポーランド侵攻、第2次世界大戦（～45年） ○大阪堂島米穀取引所解散
1940年	昭和15年	○大阪放送局専属劇団員（のち大阪放送劇団）養成開始		○日独伊三国同盟
1941年	昭和16年	（○音楽挺身隊結成）		○対米英宣戦布告
1942年	昭和17年		〈ビパップ〉〈コンボ編成〉	
1943年	昭和18年	（○ジャズ等英米楽曲演奏禁止）	〈フォークミュージック、ウディ・ガスリー、ピート・シーガー〉 ○ロジャース、ハマースタインコンビ『オクラホマ!』	
1944年	昭和19年			
1945年	昭和20年	○大阪大空襲（3月～8月）		○原爆投下（広島、長崎） ○終戦
1946年	昭和21年	**○関西合唱連盟設立** ○NHKラジオ「のど自慢」開始	○フランス、イブ・モンタン登場	
1947年	昭和22年	**○関西交響楽団（のち大阪フィルハーモニー交響楽団）設立。第1回定期演奏会（朝日会館）**	〈ジャズ、ビバップ〉	○日本国憲法施行 ○インド、パキスタン独立
1948年	昭和23年	○関西交響楽団『第九』（朝比奈隆指揮） （○全日本合唱連盟設立、全日本合唱コンクール開始）		○国会図書館開館、日本学術会議法公布
1949年	昭和24年	**○大阪勤労者音楽協議会（大阪労音）（のち大阪新音楽協会）設立** ○関西歌劇団第1回公演『椿姫』	〈リズム&ブルース〉	○中華人民共和国成立 ○大阪市立大学開学
1950年	昭和25年	○大阪府民劇場事業発足		○朝鮮戦争
1951年	昭和26年	○大阪放送児童劇団（のちNHK大阪児童劇団）発足 （○日本民間放送連盟設立） **○新日本放送（のち毎日放送）、朝日放送、京都放送（のちKBS京都）開局**	○イタリア、サンレモ音楽祭第1回	○サンフランシスコ講和会議、日米安全保障条約
1952年	昭和27年	○サンケイホール、大阪府府立体育会館開館	○イエペス『禁じられた遊び』テーマ曲	
1953年	昭和28年	（○NHK、民間テレビ本放送開始）		
1954年	昭和29年	○大阪放送局テレビ本放送開始 ○NHKラジオ『お父さんはお人好し』開始（～65年）	〈ファド〉	
1955年	昭和30年	○関西歌劇団『赤い陣羽織』（大栗裕作曲）初演	〈LPレコード普及〉〈タンゴ〉 ○カラヤン、ベルリンフィル首席指揮者・音楽総監督就任	

1956年	昭和31年	○梅田コマスタジアム開館 **○大阪テレビ放送開局** **○京都市交響楽団設立**	〈ラジオ、ディスク・ジョッキー活躍〉 〈ロックンロール誕生〉 ○プレスリー「ハートブレイクホテル」 ○『マイ・フェア・レディ』	○日ソ国交回復
1957年	昭和32年	○NHKFM放送開始	○バーンスタイン『ウエスト・サイド・ストーリー』	○ソ連人工衛星打上げ
1958年	昭和33年	**○大阪音楽大学開学** **○フェスティバルホール、毎日ホール、大阪新歌舞伎座開館** **○大阪放送（のちラジオ大阪）、関西テレビ放送開局**	〈ボサノーヴァ〉	
1959年	昭和34年	**○大阪教育テレビジョン放送開始** ○大阪市中央体育館開館 **○「松下電工吹奏楽団」（のちパナソニックEW吹奏楽団）創設**	○「ニューポート・フォーク・フェスティバル」開始 ○『サウンド・オブ・ミュージック』 〈デトロイト「モータウン」レーベルほか各地にインディーズレーベル〉 ○マイルス・デイヴィス『カインド・オブ・ブルー』、〈モードジャズ〉	
1960年	昭和35年	○東京・大阪中央放送局、民間放送4社カラーテレビ本放送開始 ○京都会館（のちロームシアター京都）開館 **〈府域自治体における市民会館、ホール整備（60～70年代）〉**		○日米新安全保障条約 ○欧州自由貿易連合条約 〈アフリカ諸国独立〉
1961年	昭和36年		○モーリス・ベジャールバレエ団「ボレロ」	
1962年	昭和37年	○大阪労音フロイデ合唱団設立 ○音楽クリティック・クラブ賞創設 ○吉原治良「グタイピナコテカ」開館（中之島）	**○ビートルズ、デビュー** ○ニューヨーク、リンカーン・センター開館	
1963年	昭和38年	**○テレマン・アンサンブル（のち日本テレマン協会）設立**	○ボブ・ディラン、アルバム『The Freewheelin'』	
1964年	昭和39年	**○浪速芸術大学（のち大阪芸術大学）開学**	○モーリス・ベジャールバレエ団「第九」 ○『屋根の上のヴァイオリン弾き』	○東京オリンピック ○米公民権法
1965年	昭和40年		○マルタ・アルゲリッチ「ショパンコンクール」優勝 ○『ラ・マンチャの男』	○日韓基本条約 ○米軍北爆開始
1966年	昭和41年	（○ビートルズ日本武道館公演） （○国立劇場開場）		○中国「文化大革命」
1967年	昭和42年	○宝塚歌劇団『オクラホマ』本邦初演 ○大阪国際フェスティバル「バイロイト音楽祭」招聘公演 **〈関西フォークの発展〉**		○公害対策基本法
1968年	昭和43年	○大阪厚生年金会館開館（のちオリックス劇場） （○文化庁発足）		○ソ連チェコ侵入

1969年	昭和44年	○全日本フォークジャンボリー（中津川）第1回公演	○ウッドストックフェスティバル	○アポロ11号月面着陸
1970年	昭和45年	**○ヴィエール室内合奏団（のち関西フィルハーモニー管弦楽団）設立** ○万博記念公演（ベルリンフィル、クリーブランドフィルほか） 〈レコード会社専属外フリーアーテイスト増加〉 〈音源制作機能外部化の進展〉	〈ロック多様化、ハード、プログレッシブほか〉 〈カラオケ〉〈レゲエ〉	○日本万国博覧会
1971年	昭和46年	**〈「府民劇場事業」大阪フィルハーモニー交響楽団、市民合唱団「第九」公演（堺市、東大阪市ほか）〉** ○「第1回春一番」（天王寺音楽堂）	○ロイド＝ウエーバー『ジーザス・クライスト・スーパースター』	
1972年	昭和47年			○沖縄施政権返還 ○日中国交回復
1973年	昭和48年	**○大阪フィル第9合唱団（のち大阪フィル合唱団）設立**		○ヴェトナム和平協定 ○OPEC石油価格引き上げ
1974年	昭和49年	○宝塚歌劇団『ベルサイユのばら』初演 ○『おおさかカンタータ』（作詞喜志邦三、阪田寛夫、作曲服部良一）初演	○ピアソラ「リベルタンゴ」	
1975年	昭和50年	**○大正区「エイサー祭り」開始（関西沖縄の集いがじまるの会主催）**	〈PAシステム普及、コンサートツアー活発化〉 ○『コーラス・ライン』、「ワン」 ○クイーン「ボヘミアン・ラプソディー」	
1976年	昭和51年	（〈ニューミュージックの時代〉）	〈ディスコ〉〈AOR〉〈パンク〉	
1977年	昭和52年		〈ウォークマン〉	
1978年	昭和53年	（〈YMO、テクノポップ〉）		
1979年	昭和54年			○米中国交樹立 ○イラン・イラク戦争
1980年	昭和55年	**○大阪シンフォニー（のち大阪交響楽団）設立**	〈メガミュージカルのグローバル商品化〉 ○『エヴィータ』、「アルゼンチンよ泣かないで」	
1981年	昭和56年		〈CD開発、普及〉	
1982年	昭和57年	**○「大阪21世紀協会」設立** ○大阪城音楽堂開館	○『キャッツ』、「メモリー」 ○マドンナ、デビュー〈音楽広報へのMV普及〉 ○マイケル・ジャクソン『スリラー』	
1983年	昭和58年	**○大阪城ホール開館** **○「サントリー1万人の第九」第1回公演（合同オーケストラ、山本直純指揮）**	○『フラッシュ・ダンス』〈ブレイクダンス〉	
1984年	昭和59年			
1985年	昭和60年		○『レ・ミゼラブル』 ○「ライブエイド」（クイーン、エルトン・ジョン他）	
1986年	昭和61年		○『オペラ座の怪人』	
1987年	昭和62年		〈ラップ〉	

1988年	昭和63年		○ボビー・ブラウン「エブリー・リトル・ステップ」	
1989年	昭和64年 平成元年		バーンスタイン『第九』ベルリン公演	○ベルリンの壁崩壊
1990年	平成2年	○いずみホール開館 ○メルパルクホール開館 **○大阪センチュリー交響楽団（のち日本センチュリー交響楽団）設立**		○ドイツ統一
1991年	平成3年	○大阪フィルハーモニー会館開館		○ゴルバチョフ大統領辞任、ソ連邦解体
1992年	平成4年	○梅田芸術劇場開館 （○安室奈美恵デビュー）	〈K-POP〉	○EC欧州連合創設条約
1993年	平成5年	**○門真市民文化会館ルミエールホール開館**		
1994年	平成6年			
1995年	平成7年	○ザ・フェニックスホール開館 ○京都コンサートホール開館		○阪神・淡路大震災
1996年	平成8年			
1997年	平成9年	○大阪MBS劇場開館 ○大阪ドーム開館 〈大規模屋外フェス〉 ○Fuji Rock Fes	〈ディズニー発ミュージカルの発展〉 『ライオン・キング』	○香港返還、特別行政区
1998年	平成10年	○滋賀県立芸術劇場びわこホール開館 （○MISIA、宇多田ヒカルデビュー）	〈ピアソラ、スペイン語ロックなどラテン系音楽〉	
1999年	平成11年	**○「高槻ジャズストリート」開始**	〈ジュークボックスミュージカル〉	〈創造都市論の展開〉
2000年	平成12年		○『マンマ・ミーア!』	
21世紀		**〈テロ、パンデミック、震災、不況を克服する人間発達、持続可能性、多様性、創造の世紀〉への希望**		
2001年	平成13年	○NHK大阪ホール開館 〈歌とダンスの融合〉 （○EXILEデビュー）	〈音楽コンテンツネットワーク化〉 ○iTunes開始	○アメリカ同時多発テロ
2002年	平成14年			
2003年	平成15年			○イラク戦争
2004年	平成16年		○Facebook開始	○ユネスコ創造都市ネットワーク開始
2005年	平成17年	○兵庫県立芸術文化センター開館 ○大阪四季劇場開館 〈アイドルグループ〉 (○AKB48ほか)	○YouTube開始	
2006年	平成18年	**○「大阪クラシック」事業開始**	○METライブビューイング開始 ○Twitter開始	
2007年	平成19年	（○ボーカロイド開始）		
2008年	平成20年	○サンケイホールブリーゼ開館		○世界金融危機（リーマンショック）
2009年	平成21年	**○大正区「T-1グランプリ」事業開始**		

2010年	平成22年	○新歌舞伎座、上本町に新劇場開館		
2011年	平成23年			○東日本大震災
2012年	平成24年	○オリックス劇場開館		
2013年	平成25年	○（新）フェスティバルホール開館 **○大正区「RIVER大正エイサー祭」開始（沖縄県人連合会主催）**		
2014年	平成26年	○大阪市音楽団民営化、2015年Osaka Shion Wind Orchestra名称変更		○ロシア、クリミア占領
2015年	平成27年		〈サブスクリプションサービス普及〉	
2016年	平成28年			○イギリスEU離脱国民投票
2017年	平成29年	○大阪府立登美丘高校ダンス部全国優勝	○Tiktok	
2018年	平成30年			
2019年	平成31年 令和元年			
2020年	令和2年	**○「新型コロナウイルス」感染拡大。各分野音楽公演中止等大きな影響** ○「TUGBOAT_TAISHO」開設 ○「隠れ里『嵯峨谷』を未来へつなぐ架け橋プロジェクト」開始 ○門真市、関西フィルハーモニー管弦楽団「ホームタウンパートナー協定」		

（注）〈　〉：おおむねの時期、（　　）：全国、東京事項で大阪、京阪神圏にも関わり深い事項、『　』：アルバム、オペラ、ミュージカル、映画作品名、「　」：曲名、事業名、固有名詞等

（出典）学校法人大阪音楽大学[1988]、NHK大阪放送局[2005]、大阪フィルハーモニー交響楽団[1997]、杉本[2019]、朝尾[1962]、歴史学研究会[1995]、田中編著[2015]、三井他編[2000]、小山内[2016]等にもとづき作成

エピローグ

この本を手に取り、読んで下さりありがとうございます。音楽の力は、共に同じ時代を生きている人々を結び、過ぎ去った時代を生きた人々をも結びます。

音楽の体験は、生きる力をより豊かにし、仲間をつくり、若者、次の世代、地域や国を超えた人々とのこころの交流を深め、生きることにより大きなエネルギーとよろこびを与えてくれます。

1950年生まれの著者にとって音楽との出会いは、1960年代から70年代、ビートルズなどのロック、フォーク、わが国におけるポピュラー音楽の新たな展開との出会いの時期であり、それはギターやピアノを弾き語り、自らの創作曲を歌うシンガーソングライターのスタイルとの出会いの時でもありました。

新しい音楽との出会いは、それまでにない新鮮な印象と自らも取り組んでみたいという強いモチベーションを与えてくれました。ギターを購入し、基本のコードを覚え、自らも下宿で歌い、勤め始めてからは職場の友人とともに歌いました。しかし、仕事が多忙になるなかで、音楽活動への参加は途絶え、その間、自治体の文化政策に携わり、オーケストラの創設や府民劇場事業などの業務に取り組むことを通じて、音楽文化への関心は持ち続けたものの、自らの音楽への取り組みは、数十年間、中断していました。

それが復活したのは60代になった定年後です。かねての念願であった「サントリー１万人の第九」に参加を決意し、ともに「大阪城ホール」のスタンドでバスパートとして並び歌った方は90代でした。また、モーツァルト「レクイエム」でともに歌った合唱団のパートリーダーの方は80代でした。たくさんの先輩世代の方々の生き生きとした姿を見て、人生は、はるかに豊かで多様な可能性を持っていることを痛感してきました。

さらに、ライブハウスでの多彩なインディーズのアーティストの音楽活動を体験することで音楽体験はより幅広く広がっていきました。ライブハウスで出会うシンガーの多くは筆者の子どもたち、時には孫たちの世代ですが、そのエネルギーと歌と人生への取り組み姿勢にはたくさんのことを学ばされます。

筆者は、その歌が人々のこころに届きこころを動かす多くのアーティストに出会い、自らの音楽活動への思い、意欲を強くしました。「第九」合唱やシンガーソングライターのライブの場においては、若者と中高年世代が１つの音楽の場でともに歌い、応援してライブを楽しむ音楽空間が成立しています。それは、職業、年代、地域を超えたアーティスト、ファン、愛好者の交流が行われる「市民の音楽参加と創造の場」です。

音楽活動への参加の過程で筆者は多くを学びました。クリエイティブに生きようとすることはたゆまぬ努力が要りますが、それぞれの分野での先達、年齢を超える友人、仲間とともに活動するよろこびは、また、活動の成果の発信を通じてささやかであっても自分の活動や作品にこころ打たれたと言っていただける方々がおられるよろこびは何より代えがたいものです。日々のよろこびを感じ、次の時代をつくる子どもたち、孫たちの世代との交流のなかから若いエネルギーを学び、自らの経験を継承し、その活動を支援していくことは、「老いの将に至らんとするを知らざるなり」（『論語』）という先達の言葉を体感し、歴史のなかで蓄積されてきた音楽文化資本の価値を実感しその継承を試みる過程でもあることを認識してきました。

本書がクリエイティブ・エイジングを生きる方々、次の時代を担う若い方々の日々の活動のご参考となれば、さらに人々の多様な創造活動を支援し「市民の音楽参加と創造の場」と「参加と創造支援のネットワーク」の充実を通じて地域の文化資本の継承と蓄積、都市の創造的な発展を展望する自治体文化政策、事業者の方々の取り組みの発展に少しでも寄与することができれば幸いです。

本書執筆段階でのコロナウイルスの急速な感染拡大は、本書で取り上げた音楽文化活動、合唱活動、オーケストラにおける演奏会の中止や延期、シンガーソングライター、ライブハウスの活動への影響、地域音楽イベントの中止など、歌の世界、音楽の世界、さらに文化活動全体に大きな影響を与えました。

多くの合唱公演、地域音楽イベントは中止、延期を余儀なくされました。シンガーソングライターの音楽活動においても、多くのミュージシャン演奏、活動の場が奪われています。

こうしたなかで、アーティスト、音楽団体においては、「ツイキャス」や「YouTube」などSNS、ネット空間を活用する電子配信、情報ネットワークの活用を用いて、観客にその演奏を届けようとする試みも積極的に試みられ、人々に音楽を届け音楽文化活動の持続的な発展にむけての懸命の努力が行われています。

通信ネットワーク技術を活用した音楽の提供は新しい享受形態と鑑賞の機会を生む可能性を持ち、オーケストラはじめ音楽団体の活動支援の体制を強化する可能性を秘めていますが、他方で、ライブの場自体に全面的に代替することはできません。

ライブの場、生演奏の空間は、演奏者、観客、人々の出会いの空間であり、それぞれの個性が競い合う場、多様な感性、座標軸を持って生きる全体的な人間としての交流の場として不可欠の存在です。

人間が生きることと、息をすること、歌うことはほとんど一体のものであり、音楽が表現する多様な世界が人間のいのち、生のエネルギーに直結し、人々の情感に働きかけ多くの人々のこころを結びいのちと生活を励ましていく役割は、１人ひとりの人間にとって、また社会全体の視点からも欠かすことができません。歌の世界、市民の音楽参加と創造の場におけるライブの世界がより新しい姿で、より豊かな地平を切り開いてよみがえり、さらに発展していくことを信じ、願ってやみません。

謝辞

本書の執筆にあたっての取材、調査に際して、アーティスト、合唱団、オーケストラ、ライブハウス、テレビ局、企業、芸術系大学、自治体、地域音楽イベント主催者などたくさんの方々に貴重なご教示、コメントを賜りました。厚くお礼申し上げます。

また、多くの先行研究文献、業績に学ぶとともに、コロナ禍のもと佐々木雅幸教授の主宰によりZOOMの活用により継続開催されたピーター・ホール『都市と文明』輪読会は本書の構想検討にあたって貴重な刺激、学びの場となりました。

本書出版にあたり、ご助言を賜った水曜社仙道弘生代表に心から感謝申し上げます。

執筆にあたっては現状の的確な把握と理論的構成に努めましたが、広範な音楽文化と都市文化政策にまたがる試みであり、各位の忌憚のないご批評、ご意見を賜れば幸いです。

阿部勘一[2001]「『ブラバン』の不思議―〈ブラスバンド〉の社会史をひもとく目的と視点」、阿部他[2001] 所収
阿部勘一、細川周平、塚原康子、東谷護、高澤智昌[2001]『ブラスバンドの社会史―軍楽隊から歌伴へ』、青弓社
赤木舞[2009]「プロオーケストラの教育／地域プログラムにおける一考察―ヴァージニア交響楽団の事例研究を通して」、『昭和音楽大学研究紀要』第29号、昭和音楽大学
明石芳彦[2019]『進化するアメリカ産業と地域の盛衰』、御茶の水書房
アサダワタル[2018]『想起の音楽―表現・記憶・コミュニティ』、水曜社
朝比奈隆 [1949]「第9交響曲についての断片」、朝比奈 [2000] 所収
朝比奈隆 [1980]「『第9』―この不可思議なるもの」、朝比奈[2000] 所収
朝比奈隆 [2000]『この響きの中に』、実業之日本社
朝比奈隆、矢野暢 [1985/2002]『朝比奈隆 わが回想』、徳間書店
朝比奈隆他[1995]『朝比奈隆のすべて』、芸術現代社
朝日カルチャーセンター編 [2009]『永遠の響き―フェスティバルホールの半世紀』、朝日新聞社、朝日ビルディング
麻倉怜士[2021]「名曲を育んだ『スタジオマジック』」、『東京人』、april 2021、no.438、都市出版
朝尾直弘[1962]『大阪労音十年史―勤労者芸術運動の一つの歩み』、大阪勤労者音楽協議会
生明俊雄[2016]『二〇世紀日本レコード産業史―グローバル企業の進攻と市場の発展』、勁草書房
美留町義雄[2018]『軍服を脱いだ鷗外―青年森林太郎のミュンヘン』、大修館書店
部落解放同盟大阪府連合会編[2022]『大阪の部落解放運動―100年の歴史と展望』、部落解放同盟大阪府連合会
衛紀生[1997]『芸術文化行政と地域社会―レジデントシアターへのデザイン』、テアトロ
衛紀生、本杉省三編[2000]『地域に生きる劇場』、芸団協出版部
衛紀生[2016]「『地方創生』と『一億総活躍社会』が内包する人間的社会への危機意識―経済成長優先から包摂型の生活重視社会へのパラダイムチェンジへ」、『文化経済学』第13巻第2号、文化経済学会〈日本〉
藤本典嗣[2010]「音楽産業都市の課題」、『都市政策研究』第10号、福岡アジア都市研究所
藤野一夫 [2000a]「ヨーロッパにおける演奏会制度の成立と日本の現状 ― 市民主体の音楽文化のために」、『近代』第85号、神戸大学近代発行会
藤野一夫[2000b]「〈第九〉と近代市民社会―ベートーヴェン神話の源流を探る」、『音楽現代』第30巻第12号、芸術現代社
藤野一夫 [2005]「ドイツ語圏の公共劇場における教育・普及の歴史と現状」、『演劇人』第21号、舞台芸術財団演劇人会議
藤野一夫編[2011]『公共文化施設の公共性―運営・連携・哲学』、水曜社
藤原書店編集部編[2014]『内田義彦の世界―生命・芸術そして学問』、藤原書店
福屋利信[2010]『ビートルズ都市論―リヴァプール、ハンブルグ、ロンドン、東京』、幻冬舎
後藤和子[1998]『芸術文化の公共政策』、勁草書房
後藤和子、奥山雅之[2011]「東京都におけるクリエイティブ産業の集積―理論と政策へのインプリケーション」、『文化経済学』第8巻第1号、文化経済学会〈日本〉
萩原雅也[2014]『創造の場から創造のまちへ―クリエイティブシティのクオリア』、水曜社
羽仁五郎[1939]『ミケルアンジェロ』、岩波書店
半澤誠司[2014]「日本のコンテンツ産業の特徴と立地」、『地理・地図資料1学期号』、帝国書院
半澤誠司[2016]『コンテンツ産業とイノベーション―テレビ・アニメ・ゲーム産業の集積』、勁草書房
橋寺知子[2017]「建物にみる御堂筋の80年」、『大阪の歴史』第86号、大阪市史編纂所

橋爪節也[2003]「忘れられた近代大阪都市風景―雑誌『道頓堀』に描かれた大正の道頓堀と宗右衛門町」、『大阪の歴史』第62号、大阪市史編纂所

服部良一[1993]『ぼくの音楽人生―エピソードでつづる和製ジャズ・ソング史』、日本文芸社

樋口幸弘、戸田直夫、三宅孝典[2023]『創立百周年記念誌　Osaka Shion Wind Orchestra』、大阪市音楽団

樋口隆一[2000]『バッハの四季―ドイツ音楽歳時記』、平凡社

平井章一編著[2004]『「具体」ってなんだ？―結成50周年の前衛美術グループ18年の記録』、美術出版社

本田安次[1991]『沖縄の祭と芸能』、第一書房

本田洋一[1978]「大阪における文化振興―その現状と課題」、『自治大阪』Vol.29,No.5、大阪府地方自治振興会

本田洋一[1992]「大阪センチュリー交響楽団と国際現代造形コンクール」、『第10回近畿文化大学校講演録』、大阪府生活文化部文化課

本田洋一[2005]「大都市圏文化政策の蓄積と継承 ― 大阪府における1980年代までの文化政策の展開から」、『文化経済学』第4巻第3号、文化経済学会〈日本〉

本田洋一[2012]「1970-80年代大阪における文化政策の考察 ― 文化システム・市民運動・政策形成」、『文化政策研究』第6号、日本文化政策学会

本田洋一[2014]「ものづくりの技とアートの新結合―大阪府東部地域ものづくり企業におけるイノベーション」、『文化政策研究』第7号、日本文化政策学会

本田洋一[2016]『アートの力と地域イノベーション―芸術系大学と市民の創造的協働』、水曜社

本田洋一[2020]「『クリエイティブ・エイジング』に向けた芸術文化活動の意義―ハンナ・アーレントの『パブリックな領域における活動』論を手がかりとして」、『文化経済学』第17巻第1号、文化経済学会〈日本〉

本渡章[2004]「夢を追った出版人たち―明治・大正・昭和初期の大阪出版界」、『大阪人』Vol.58、大阪都市協会

細川周平[2020]『近代日本の音楽百年―黒船から終戦まで 第1巻洋楽の衝撃　第2巻デモクラシイの音色　第3巻レコード歌謡の誕生　第4巻ジャズの時代』、岩波書店

伊福部昭[1951/2016]『音楽入門』、KADOKAWA

伊木稔[2016]『文化を支えた企業家たち―「志」の源流と系譜』、ミネルヴァ書房

池上惇、植木浩、福原義春編[1998]『文化経済学』、有斐閣

池上惇[2003]『文化と固有価値の経済学』、岩波書店

池上惇[2017]『文化資本論入門』、京都大学学術出版会

池上惇[2022]『池上四郎の都市計画―大阪市の経験を未来に』、京都大学学術出版会

デジタルコンテンツ協会 [2016]『デジタルコンテンツ白書2016』、デジタルコンテンツ協会

石田一志他[2007]「Ⅱ．戦後世代の台頭1951-1957」、日本戦後音楽史研究会編[2007]（上）

石川幹子[2004]「オルムステッドとニューヨーク、セントラルパーク」、『都市をつくった巨匠たち―シテイプランナーの横顔』、新谷洋二、越澤明監修、都市みらい推進機構編集、ぎょうせい

磯山雅[2019]『マタイ受難曲』、筑摩書房

糸川燿史[2006]『グッバイ・ザ・ディランⅡ―歌が駆けぬけた！69―74　糸川燿史写真集』、ビレッジプレス

嘉名光市[2017]「都市の忘却空間の再生―世界の水都再生と水都大阪の挑戦」、大阪市立大学都市研究プラザ編[2017]

梶本尚靖[2001]『音と人と　回想の五十年 ―音楽家、聴衆と共に歩んだ道』、中央公論事業出版

加賀哲郎、加賀俊裕[2023]『ME ～御津と三津寺のこれまでとこれから』、LLCインセクツ

垣花義盛[2019]「エイサーと祭りと神々―ゆたかな精神世界」、がじまるの会・エイサー祭り実行委員会、『第45回エイサーまつり』

亀井俊介[2002]『ニューヨーク』、岩波書店
金子勇[2014]『日本のアクティブエイジング』、北海道大学出版会
金子勇[2019]「『少子化する高齢社会』の構造と課題」、金子編[2019]所収
金子勇編[2019]『変動のマクロ社会学―ゼーション理論の到達点』、ミネルヴァ書房
金城厚[2006]『沖縄音楽入門』、音楽之友社
金城馨[2019]『沖縄人として日本人を生きる―基地引き取りで暴力を断つ』、解放出版社
金成玟[2018]『K-POP 新感覚のメディア』、岩波書店
河西秀哉[2016]『うたごえの戦後史』、人文書院
カスクーナ,マイケル、油井正一[1987]『ブルーノートJAZZストーリー』、新潮社
加藤晃規[2008]「千里ニュータウンの成熟と再生」、大阪市街地再開発促進協議会編[2008]所収
加藤周一[1975]『日本文学史序説』、筑摩書房
川井田祥子[2013]『障害者の芸術表現―共生的なまちづくりにむけて』、水曜社
河合恭平[2019]「H・アーレントの社会学上の意義―社会学批判と理念型としての『活動』概念」、『東京女子大学社会学年報第7号』、東京女子大学
河島伸子[2009]『コンテンツ産業論―文化創造の経済・法・マネジメント』、ミネルヴァ書房
菊池清麿[2013]『評伝服部良一―日本ジャズ&ポップス史』、彩流社
岸井大輔[2019]『あそびとつくりごと1　戯曲は作品であると東京の条件とそのほかの戯曲』、PLAYS and WORKS
岸政彦[2013]『同化と他者化―戦後沖縄の本土就職者たち』、ナカニシヤ出版
北中正和[2003]「普久原朝喜―マルフクを設立した沖縄音楽のパイオニア―“チコンキーふくばる”」、田中宏一編『沖縄音楽ディスクガイド』、TOKYOFM出版
小林一三[2016]『逸翁自叙伝』、講談社
小松雄一郎[1979]『ベートーヴェン 第九―フランス大革命に生きる』、築地書館
国立劇場編[1976]『国立劇場十年のあゆみ』、国立劇場
江弘毅[2017]『いっとかなあかん店 大阪』、140B
小山仁示[1989]『改訂大阪大空襲』、東方出版
MBS「サントリー1万人の第九」事務局[2019]『「サントリー1万人の第九」プログラム』、MBS「サントリー1万人の第九」事務局
前田祥丈、平原康司編著[1993]『日本のフォーク&ロック・ヒストリー①60年代フォークの時代』、シンコー・ミュージック
前田信彦[2006]『アクティブ・エイジングの社会学―高齢者・仕事・ネットワーク』、ミネルヴァ書房
増淵敏之[2005]「インディーズ音楽産業の創造現場―国内地域での産業化の可能性」、『文化経済学』第4巻第3号、文化経済学会〈日本〉
増淵敏之[2006]「国内地方都市における音楽の産業化過程―福岡市の場合」、『ポピュラー音楽研究』Vol.9、日本ポピュラー音楽学会
増淵敏之[2010]『欲望の音楽―「趣味」の産業化プロセス』、法政大学出版局
増淵敏之[2018]『ローカルコンテンツと地域再生―観光創出から産業振興へ』、水曜社
毎日新聞社[2016]「『1万人の第九』のつくりかた」(構成：西田佐保子)(『毎日新聞』2016年8月7日〜12月30日、16回連載)
馬飼野元宏監修、秋葉新太郎編[2014]『日本のフォーク完全読本』、シンコーミュージックエンタテイメント
牧村憲一、藤井丈司、柴那典[2017]『渋谷音楽図鑑』、太田出版
牧村憲一、泉麻人 [2021]「対談 僕らの『シティ・ミュージックの時代。』、『東京人』、april 2021、no.438、都市出版
松岡弘之[2010]「解題」、大阪市史編纂所編[2010]所収

松田智雄[1985]『音楽と市民革命』、岩波書店
松永和浩[2019]『佐治敬三"百面相"大阪が生んだ稀代の経営者』、大阪大学出版会
三上泰生[1983]『残響2秒―ザ・シンフォニーホールの誕生』、大阪書籍
三木楽器株式会社社史編纂委員会監修、田中智晃編著[2015]『三木楽器史―Our Companyを目指して』、大阪開成館
三村浩史[2005]『地域共生の都市計画第二版』、学芸出版社
南田勝也、木島由晶、永井純一、平石貴士[2021]『コロナ禍のライブをめぐる調査レポート[聴衆・観客編]』、日本ポピュラー音楽学会
三井徹、小出斉共編[1995]『ブルーズの世界』、冨山房
水野真彦[2011]『イノベーションの経済空間』、京都大学学術出版会
宮入恭平[2008]『ライブハウス文化論』、青弓社
宮入恭平、佐藤生実[2011]『ライブシーンよ、どこへいく―ライブカルチャーとポピュラー音楽』、青弓社
宮本憲一[1967]『社会資本論』、有斐閣
宮本憲一[1999]『都市政策の思想と現実』、有斐閣
宮本憲一[2016]『日本の地方自治―その歴史と未来』、自治体研究社
宮本又郎[2015]『商都大阪をつくった男 五代友厚』、NHK出版
宮本直美[2016]『コンサートという文化装置―交響曲とオペラのヨーロッパ近代』、岩波書店
宮本直美[2022]『ミュージカルの歴史―なぜ突然歌いだすのか』、中央公論新社
水田洋[2003]「解説」、Smith[1759]所収
茂木健[1996]『バラッドの世界―ブリティッシュ・トラッドの系譜』、春秋社
百木漠[2018]『アーレントのマルクス―労働と全体主義』、人文書院
毛利眞人[2006]『貴志康一―永遠の青年音楽家』、国書刊行会
モラスキー、マイク[2005]『戦後日本のジャズ文化』、青土社
森川輝一[2010]『〈始まり〉のアーレント―「出生」の思想の誕生』、岩波書店
諸富徹[2020]『資本主義の新しい形』、岩波書店
村元武[2016]『プレイガイドジャーナルへの道1968～1973―大阪労音-フォークリポート-プレイガイドジャーナル』、東方出版
長井斉[1980]『み翼のかげに―合唱音楽と共に歩んで』、大阪コーラル・ソサエテイ
長崎励朗[2013]『「つながり」の戦後文化誌―労音、そして宝塚、万博』、河出書房新社
なぎら健壱[2021]『関西フォークがやって来た!―五つの赤い風船の時代』、筑摩書房
NHK大阪放送局編[1983]『近代大阪年表―明治元年(1868)～昭和57年(1982)』、日本放送出版協会
NHK大阪放送局・七十年史編集委員会編[1995]『NHK大阪放送局七十年―こちらJOBK』、日本放送出版協会
中丸美繪[2012]『オーケストラ、それは我なり―朝比奈隆　四つの試練』、中央公論新社
中村政人[2021]『アートプロジェクト文化資本論―3331から東京ビエンナーレへ』、晶文社
中村とうよう[1999]『ポピュラー音楽の世紀』、岩波書店
中山康樹[2014]『ロックの歴史』、講談社
なつかしの大阪朝日会館編集グループ編[2004]『なつかしの大阪朝日会館 ― 加納正良のコレクション』、LEVEL
鳴海邦碩、橋爪紳也編[1990]『大阪の空間文化―商都のコスモロジー―』、阪急コミュニケーションズ
日本ポピュラー音楽学会[2020]「新型コロナウイルスと音楽産業　JASPM緊急調査プロジェクト2020」
日本戦後音楽史研究会編[2007]『日本戦後音楽史(上)(下)』、平凡社
西岡幹雄[2013]「関一における企業家論の意義と『経済的国是ノ確立』」、『経済学論叢』、Vol.65,No.2、同志社大学経済学会

沼野雄司[2021]『現代音楽史―闘争しつづける芸術のゆくえ』、中央公論新社
野田邦弘[2014]『文化政策の展開：アーツ・マネジメントと創造都市』、学芸出版社
野沢敏治[2002]「解題一」、『内田義彦著作集』補巻所収
岡田暁生[2012]『楽都ウィーンの光と陰―比類なきオーケストラのたどった道』、小学館
岡本澄[2012]「OSK日本歌劇団の九〇年」、『大阪の歴史』第79号、大阪市史編纂所
小川理子[2017]『音の記憶―技術と心をつなげる』、文藝春秋
小倉孝[2003]「朝日会館からフェスティバルホールへ―洋楽史画す中之島の殿堂」、『大阪の歴史』第61号、大阪市史編纂所
大木裕子[2008]『オーケストラの経営学』、東洋経済新報社
大阪文化振興研究会編[1974]『大阪の文化を考える』、創元社
大阪文化振興研究会編[1975]『都市と文化問題』、創元社
大阪フィルハーモニー協会[1997]『大阪フィルハーモニー交響楽団50年史』、大阪フィルハーモニー協会
大阪毎日新聞社編[1925]『大阪文化史』、大阪毎日新聞社
大阪府文化問題懇話会[1981]『世界に開かれた文化都市圏大阪をめざして―大阪府文化問題懇話会の提言』、大阪府企画部府民文化室
大阪府文化問題懇話会[1983]『地球時代の大阪文化―国際文化都市・大阪へ飛翔のための提言と座談会』、ブレーンセンター
大阪府企画部教育文化課[1968]『大阪府民劇場のあゆみ』、大阪府
大阪府企画部教育文化課[1969]『大阪府文化行政の現状』、大阪府
大阪府企画部府民文化室[1981]『大阪府民劇場 30 年のあゆみ』、大阪府
大阪府文化振興財団 [1992]『大阪府民劇場500回のあゆみ』、大阪府文化振興財団
大阪文化団体連合会編[1979 ～ 2008]『大阪府文化芸術年鑑』、大阪文化団体連合会
大阪俘虜収容所研究会、大正ドイツ友好の会編[2008]『大阪俘虜収容所の研究―大正区にあった第一次大戦下のドイツ兵収容所』、大正区役所
大阪音楽大学 [1975]『大阪音楽界の思い出』、大阪音楽大学
大阪音楽大学 [1988]『大阪音楽大学70年史―楽のまなびや』、大阪音楽大学
大阪市[1951]『昭和大阪市史』、大阪市
大阪市街地再開発促進協議会編 [2008]『都市再生・街づくり学―大阪発・民主導の実践』、創元社
大阪市史編纂所[2003]『大阪の歴史』第62号、「道頓堀特集」、大阪市史編纂所
大阪市史編纂所編[2010]『関一の手帖　大阪市史史料第75輯』、大阪市史料調査会
大阪市立大学都市研究プラザ編[2017]『包摂都市のレジリエンス―理念モデルと実践モデルの構築』、水曜社
大阪都市環境会議編・高田昇監修[1990]『中之島・公会堂―よみがえる都市の鼓動』、都市文化社
大島里美[2009]「音楽産業構造の変化によるアーティスト自立および地方再生の可能性」、『創造都市研究e』 4(1)、大阪市立大学大学院創造都市研究科
沖縄市企画部平和文化振興課[1998]『エイサー360°―歴史と現在』、沖縄全島エイサーまつり実行委員会
小山内伸[2016]『ミュージカル史』、中央公論新社
太下義之[2016]「Creative Agingのための文化政策」、『季刊政策・経営研究』2016 Vol.4、三菱UFJリサーチ&コンサルティング
大谷幸三[1992]『響け！歓喜の歌声―ドキュメント「一万人の第九」』、ティビーエス・ブリタニカ
大和田俊之[2011]『アメリカ音楽史―ミンストレル・ショウ、ブルースからヒップホップまで』、講談社
相良真理子[2012]「大正期の道頓堀五座と菊池幽芳」、『大阪の歴史』第79号、大阪市史編纂所
佐々木雅幸[1997]『創造都市の経済学』、勁草書房

佐々木雅幸[2001/2012]『創造都市への挑戦：産業と文化の息づく街へ』、岩波書店
佐々木雅幸総監修[2019]『創造社会の都市と農村―SDGsへの文化政策』、水曜社
佐々木隆爾編著[1965]『大阪労音15年史』、大阪勤労者音楽協議会
沢井実[2013]『近代大阪の産業発展―集積と多様性が育んだもの』、有斐閣
杉本貴志[2019]「大阪におけるオーケストラ：20世紀中盤までの社会における歩み」、『なにわ大阪研究』第1号、関西大学なにわ大阪研究センター
サントリーオールド1万人の「第九」実行委員会[1983]「サントリーオールド1万人の『第九』プログラム」、サントリーオールド1万人の「第九」実行委員会
生明俊雄[2004]『ポピュラー音楽は誰が作るのか』、勁草書房
関一[1923]『住宅問題と都市計画』、弘文堂
関一[1925]「大阪の現在及び将来」、大阪毎日新聞社編[1925]所収
関一研究会編[1986]『関一日記―大正・昭和期の大阪市政』、東京大学出版会
関秀雄[1936]「関一小伝」、関博士論文集編集委員会編[1966]所収
関博士論文集編集委員会編[1966]『都市政策の理論と実際』、都市問題研究会
関一[2010]「Ⅰ．留学日記」、大阪市史編纂所編[2010]所収
芝村篤樹[1998]『日本近代都市の成立―1920・30年代の大阪』、松籟社
芝村篤樹[1999]『都市の近代・大阪の20世紀』、思文閣出版
塩津洋子[2006]「明治期関西の音楽事情―軍楽隊と民間音楽隊をめぐって」、津金澤聰廣、近藤久美編[2006]所収
十河厳 [1975]「関西楽壇は朝日会館から生れた」、大阪音楽大学 [1975] 所収
杉原達[2023]『越境する民―近代大阪の朝鮮人史』、岩波書店
住谷一彦、八木紀一郎[1998]『歴史学派の世界』、日本経済評論社
田川建三[2019]『G.F.ヘンデル　オラトリオ・メサイア　歌詞対訳に対する解説と訳注―大阪コレギウム・ムジクムによる全曲演奏会のために』、大阪コレギウム・ムジクム
高田昇[2008]「歴史的都市の保全と再生―中之島から富田林へ」、大阪市街地再開発促進協議会編[2008]所収
高橋美樹[2006]「沖縄音楽レコード制作における〈媒介者〉としての普久原朝喜―1920-40年代・丸福レコードの実践を通して―」、『ポピュラー音楽研究』Vol.10、日本ポピュラー音楽学会
高石友也、岡林信康、中川五郎[1969]『フォークは未来をひらく―民衆がつくる民衆のうた』、社会新報
高増明[2013]『ポピュラー音楽の社会経済学』、ナカニシヤ出版
瀧井敬子[2004]『漱石が聴いたベートーヴェン―音楽に魅せられた文豪たち』、中央公論新社
田辺聖子[1998/2000]『道頓堀の雨に別れて以来なり―川柳作家・岸本水府とその時代』、中央公論新社
田中秀臣[2014]「内田義彦の音楽論」、藤原書店編集部編[2014]所収
田中智晃[2021]『ピアノの日本史―楽器産業と消費者の形成』、名古屋大学出版会
立見淳哉[2019]『産業集積と制度の地理学―経済調整と価値づけの装置を考える』、ナカニシヤ出版
寺西俊一[1979]「社会資本についての一考察―基礎的諸範疇の再検討を中心に」、『一橋研究』4巻2号
長木誠司[2010]『戦後の音楽―芸術音楽のポリティクスとポエティクス』、作品社
塚田健一[2019]『エイサー物語―移動する人、伝播する芸能』、世界思想社
塚田孝[2002]『歴史のなかの大坂―都市に生きた人たち』、岩波書店
戸田直夫[2013]「大阪市音楽団の系譜」、戸ノ下達也編[2013]所収
戸ノ下達也[2011]「合唱の昭和史」、戸ノ下、横山編[2011]所収
戸ノ下達也、横山琢哉編[2011]『日本の合唱史』、青弓社

戸ノ下達也編[2013]『日本の吹奏楽史―1869-2000』、青弓社
津金澤聰廣[2006]「小林一三による新しい"歌・舞・伎"構想とその後」、津金澤聰廣、近藤久美編[2006]
津金澤聰廣、近藤久美編[2006]『近代日本の音楽文化とタカラヅカ』、世界思想社
植木浩[1998]「文化政策の展開」、池上、植木、福原編[1998]
梅田茂樹[2001]「ローカル・ジュークボックス：音楽の地方市場で形成される『生産の文化』について」、『ポピュラー音楽研究』Vol.5、日本ポピュラー音楽学会
梅棹忠夫[1991]『梅棹忠夫著作集第14巻情報と文明』、中央公論社
梅棹忠夫[1993a]「都市と文化開発の30年」、『梅棹忠夫著作集第21巻都市と文化開発』、中央公論社
梅棹忠夫[1993b]「都市神殿論」、『梅棹忠夫著作集第21巻都市と文化開発』、中央公論社
梅棹忠夫[1993c]「『地球時代の大阪文化』―まえがき」、『梅棹忠夫著作集第21巻都市と文化開発』、中央公論社
内田樹[2020]『コモンの再生』、文藝春秋
内田義彦[1971]『社会認識の歩み』、岩波書店、『内田義彦著作集』第4巻
内田義彦[1972]「学問と芸術―フォルシュングとしての学問」、『思想』9月号(579号)、岩波書店、『内田義彦著作集』第6巻
内田義彦[1982]「音楽　この不思議なもの」(対談・谷川俊太郎)、『広告批評』4月号、『内田義彦著作集』第7巻
宇沢弘文[2000]『社会的共通資本』、岩波書店
八木良太[2007]『日本の音楽産業はどう変わるのか―ポストiPod時代の新展開』、東洋経済新報社
八木良太[2020]『それでも音楽はまちを救う』、イースト・プレス
矢羽々崇[2018]『第九 祝祭と追悼のドイツ20世紀史』、現代書館
矢羽々崇[2022]『日本の「第九」―合唱が社会を変える』、白水社
山田充郎、村田公一、大塚融[2005]「大大阪とJOBK」、『大阪の歴史』第67号、大阪市史編纂所
山田真一[2011]『オーケストラ大国アメリカ』、集英社
山形政昭[2005]「『大大阪時代』の建築」、『大阪の歴史』第67号、大阪市史編纂所
山口篤子[2006]「宝塚交響楽団と関西の合唱運動」、津金澤聰廣、近藤久美編[2006]所収
山崎整[1997～99]「関西発レコード120年」、『神戸新聞』、神戸新聞社
山崎怜[2014]「内田義彦における音楽」、藤原書店編集部編[2014]
読売日本交響楽団編[2017]『オーケストラ解体新書』、中央公論新社
横山好三[2011]『大阪　都市形成の歴史』、文理閣
横山琢哉[2011]「現代の合唱」、戸ノ下、横山編[2011]
吉本秀純[2023]「半径100メートルの中に密集するミュージック・スポット」、加賀哲郎、加賀俊裕[2023]所収
渡辺裕[2004]『マーラーと世紀末ウィーン』、岩波書店
財団法人大阪21世紀協会[1982]『「大阪21世紀計画」の概要』、大阪21世紀協会
財団法人大阪城ホール[1994]『一万人の感動―大阪城ホール10周年記念誌』、大阪城ホール
全日本合唱連盟[1967]『全日本合唱連盟20年史』、全日本合唱連盟

Adorno,T.W. [1962] Einleitung in die Musiksoziologie,Surkamp Verag(『音楽社会学序説』、高辻知義、渡辺健訳、平凡社、1999年)
Arendt, H. [1958] The Human Condition, The University of Chicago Press(『人間の条件』、志水速雄訳、中央公論社、1973年、筑摩書房、1994年)
Arendt, H. [1960] Vita activa oder Vom tätigen Leben, Kohlhammer(『活動的生』、森一郎訳、み

すず書房、2015年)
Arendt, H. [1951] The Origins of Totalitarianism, Secker & Warburg(『全体主義の起源』、大久保和郎、大島かおり訳、みすず書房、2017年)
Arendt, H. [1968] Men in Dark Times, Harcourt, Brace & World, Inc(『暗い時代の人々』、阿部齊訳、筑摩書房、2005年)
Arendt, H. [2002] DENKTAGEBUCH 1950-1973, Edited by Ursura Ludz and Ingeborg Nordmann, Piper Verlag GmbH(『思索日記Ⅰ、Ⅱ』、青木隆嘉訳、法政大学出版局、2006年)
Arendt, H., Blücher, H.[1996] Hannah Arendt / Heinrich Blücher BRIEFE 1936-1968, Piper Verlag GmbH(『アーレント=ブリュッヒャー往復書簡　1936-1968』、大島かおり、初見基訳、みすず書房、2014年)
Baumol,W.J.,Bowen,W.C.[1966] Performing Arts The Economic Dilemma, MIT Press (『舞台芸術芸術と経済のジレンマ』、池上惇、渡辺守章監訳、芸団協出版部、1994年)
Bekker, H. [1998] Art Worlds, University of California Press(『アート・ワールド』後藤将之訳、慶應大学義塾出版会、2016年)
Bekker, P. [1926] Die Musikgeschichite als Geschichte der musikalischen Formwandlungen (『西洋音楽史』、河上徹太郎訳、河出書房新社、2011年)
Bekker, P. [1936/1963] The Orchestra, the Norton Library(『オーケストラの音楽史—大作曲家が追い求めた理想の音楽』、松村哲哉訳、白水社、2022年)
Berlioz, E.-Strauss, R. [1905] Instrumentationslehre(『管弦楽法』、小鍛冶邦隆監修、広瀬大介訳、音楽之友社、2006年)
Bernstein,L.[1983] FINDINGS, TBS The Book Service(『バーンスタイン　わが音楽的人生』、岡野弁訳、作品社、2012年)
Boudieu, P. [1979-82] La Distinction. Critique sociale de judement, Les Editons de Minuit(『ディスタンクシオン—社会的判断力批判』、石井洋二郎訳、藤原書店、1990年)
Burnett, R. [1996] The Global Jukebox: The international music industry. Routledge, London
Butler, J. [2015] Notes toword a Performative Theory of Assembly, Harvard University Press(『アセンブリ—行為遂行性・複数性・政治』、佐藤嘉幸、清水知子訳。青土社、2018年)
Caves, E. [2000] Creative industries: Contract between art and commerce, Harvard University Press
Cohen, R.ed.[2005] Alan Lomax Selected Writings 1934-1997,Rouledge Taylor & Francis Groupe (『アラン・ローマックス選集—アメリカン・ルーツ・ミュージックの探求1934—1997』、柿沼敏江訳、みすず書房、2007年)
Csikszentmihalyi, M. [1996] Creativity—Flow and the Psychology of Discovery and Invention, Harper Collins(『クリエイティヴィティ—フロー体験と創造性の心理学』、浅川希洋志監訳、須藤祐二、石村郁夫訳、世界思想社、2016年)
Dankworth, A. [1968] Jazz: An Introduction to its Musical Basis, Oxford University Press(『ジャズの音楽的基礎入門』、真崎義博訳、音楽之友社、1983年)
Freeman, C. [1987] Technology Policy and Economic Performance: Lessons from Japan,Pinter Publisher(『技術政策と経済パフォーマンス—日本の教訓』、大野喜久之輔監訳、新田光重訳、晃洋書房、1989年)
Geck, M. [2012] WAGNER Biographie, Siedler Verlag(『ワーグナー』、岩井智子、岩井方男、北川千香子訳、岩波書店、2013年)
Geck,M. [2015] Die Sinfonien Beethovens. Neun Wege zum Ideenkunstwerk, Hildesheim (『ベートーヴェンの交響曲—理念の芸術作品への九つの道』、北川千香子訳、音楽之友社、2017年)
George, N. [1988] THE DEATH OF RHYTHM & BLUES(『リズム&ブルースの死』、林田ひめじ訳、早川書房、1990年)
Habermas, J. [1962/1990] Structurwandel der Öffentlichkeit—Untersuchungen zu einer

Kategorie der bürgerlichen Gesellschaft, Neuwied(Luchterhand)（『公共性の構造転換―市民社会の一カテゴリーについての探求』、細谷貞雄、山田正行訳、未来社、1973年、1994年）

Hanes,J.[2002] The City as Subject: Seki Hajime and the Reinvention of Modern Osaka(『主体としての都市―関一と近代大阪の再構築』、宮本憲一監訳、勁草書房、2007年）

Hanson, M. [1985] Musical Life in Biedermeier Vienna、Cambridge University Press(『音楽都市ウィーン―その黄金期の光と影』、喜多尾道冬、稲垣孝博訳、音楽之友社、1988年）

Hall, P. [1998] Cities in Civilization Culture, Innovation, and Urban Order, Weidenfield & Nicolson（『都市と文明―文化・技術革新・都市秩序Ⅰ～Ⅲ』、佐々木雅幸監訳、藤原書店、2019 ～ 2022年）

Heiden, D. [1995] The Power of Place: Urban Landscapes as Public History（『場所の力―パブリック・ヒストリーとしての都市景観』、後藤春彦、篠田裕見、佐藤俊郎訳、学芸出版社、2002年）

Hunt, L. [1984] Politics, Culture, and Class in the French Revolution, University of California Press（『フランス革命の政治文化』、松浦義弘訳、筑摩書房、2020年）

Jankélévitch, V. [1961] LA MUSIQUE ET L'INEFFABLE, Editions Armand Colin(『音楽と筆舌に尽くせないもの』仲沢紀雄訳、国文社、1995年）

Kresh, P. [1988] An American Rhapsody The Story of George Gershwin, Lodestar Books/E.P.Dutton(『アメリカン・ラプソディ―ガーシュインの生涯』、鈴木晶訳、晶文社、1989年）

Kurabayashi, Y., Matsuda, Y. [1988] Economic and Social Aspects of The Performing Arts in Japan: Symphony Orchestras and Opera, Kinokuniya Company Ltd.

Mosse, G.L. [1975] The Nationalization of the Masses ; Political Symbolism and Mass Movements in Germany from the Napoleonic Wars through the Third Reich, Howard Fertig（『大衆の国民化―ナチズムに至る政治シンボルと大衆文化』、佐藤卓己、佐藤八寿子訳、柏書房、1994年、筑摩書房、2021年）

Nelson, R. ed. [1993] National Innovation Systems: A Comparative Analysis, Oxford UniversityPress

Negus, K. [1996] Popular Music in Theory: An Introduction, Polity Press(『ポピュラー音楽理論入門』、安田昌弘訳、水声社、2004年）

Nettl, B. [1985] The Western Impact on World Music: Change, Adaptation,and Survival, SchirmerBooks(『世界音楽の時代』、細川周平訳、勁草書房、1989年）

Olsen,D.J.[1986] THE CITY AS A WORK OF ART：LONDON,PARIS, VIENNA, Yale University Press（『芸術作品としての都市―ロンドン、パリ、ウィーン』、和田旦訳、芸立出版、1992年）

Päffgen, P. [1988] Die Gitarre, B.Schott's Söhne(『図説ギターの歴史』、田代城治訳、現代ギター社、1997年）

Parker, R. ed. [1994] The Oxford Illustrated History of Opera, Oxford University Press(『オックスフォード　オペラ史』、大崎滋生監訳、平凡社、1999年）

Raynolds, N., McCormick, M. [2003] No Fixed Points. Dance in the Twentieth Century(『20世紀ダンス史』、松澤慶信監訳、慶應義塾大学出版会、2013年）

Roland, G. [1977] The fabulous phonograph, London: Cassell(『レコードの歴史：エディソンからビートルズまで』、石坂範一郎訳、音楽之友社、1981年）

Ross, A. [2007] The Rest is Noise: Listening to the Twentieth Century, Ferrar,Straus and Giroux（『20世紀を語る音楽』、柿沼敏江訳、みすず書房、2010年）

Sassen, S. [1991] The Grobal City: New York, London, Tokyo, Princeton University Press(『グローバル・シティ―ニューヨーク・ロンドン・東京から世界を読む』、伊豫谷登士翁監訳、大井由紀、高橋華生子訳、筑摩書房、2008年）

Sen, A. [1981] Poverty and Famines: An Essay on Entitlement and Deprivation, International Labour Organization(『貧困と飢饉』、黒崎卓、山崎幸治訳、岩波書店、2000年）

Sen, A. [1985] Commodities and capabilities, Elsevier Science Pub.（『福祉の経済学―財と潜在能

力』、鈴村興太郎訳、岩波書店、1988年)

Sen, A. [1999] Development as Freedom, Alfred A Knopf,Inc.(『自由と経済開発』、石塚雅彦訳、日本経済新聞社、2000年)

Schenker, H. [1912] Beethovens neunte Sinfonie, Wien und Leipzig Universal-Edition(『ベートーヴェンの第9交響曲―分析・演奏・文献』、西田紘子、沼口隆訳、音楽之友社、2010年)

Schmoller, G. von[1911] Volkswirtschaft, Volkswirtschaftlehre und-Methode(『国民経済、国民経済学および方法』、田村信一訳、日本経済評論社、2002年)

Schumpeter,J.A. [1914] Epochen der Dogmen-und Methodengeschichte(『経済学史―学説ならびに方法の諸段階』、中山伊知郎、東畑精一訳、岩波書店、1980年)

Scott, A.J. [2000] The Cultural Economy of Cities, SAGE Publications Ltd

Smith, A. [1759] The Theory of Moral Sentiments(『道徳感情論』、水田洋訳、岩波書店、2003年)

Throsby, D. [2001] Economics and Culture, Cambridge University Press(『文化経済学入門』、中谷武雄、後藤和子監訳、日本経済新聞社、2002年)

Throsby, D. [2010] The Economics of Cultural Policy, Cambridge University Press(『文化政策の経済学』、後藤和子、阪本崇監訳、ミネルヴァ書房、2014年)

Tolinski,B., Di Perna,A.[2016] Play it Loud:An Epic History of the Style,Sound, and Revplution of the Electric Guitar(『エレクトリック・ギター革命史』、石川千晶訳、リットーミュージック、2018年)

Tschmuck, P. [2017] The Economics of Music, Agenda Publishing

Van, G, de. [2000] L'opera italien, Coll.《Que sais-je? 》,P.U.F (『イタリア・オペラ』、森立子訳、白水社、2005年)

Wallerstein, I. [1974] The Modern World-System: Capitalist Agriculture and the Origins of the European World-economy in the Sixteenth Century, Academic Press(『近代世界システム―農業資本主義と「ヨーロッパ世界経済」の成立』、川北稔訳、岩波書店、1981年)

Weber, M. [1921] Die rationalen und soziologischen Grundlagen der Musik(『音楽社会学』、安藤英治、池宮英才、角倉一朗訳、創文社、1967年)

WHO[2007]『WHO「アクティブ・エイジング」の提唱―政策的枠組みと高齢者にやさしい都市ガイド』、日本生活協同組合連合会医療部会翻訳・編集、萌文社

Wood, E. [1996] GEORGE GERSHWIN : HIS LIFE & MUSIC(『ガーシュイン―我、君を歌う』、別宮貞徳監訳、ヤマハミュージックメディア、1998年)

Young-Bruehl, E. [1982] HANNAH ARENDT: For Love of the world, Yale University Press(『ハンナ・アーレント伝』、荒川幾男、原一子、本間直子、宮内寿子訳、晶文社、1999年)

本田 洋一（ほんだ・よういち）

大阪公立大学大学院都市経営研究科客員研究員。博士（創造都市）。1950 年生まれ。京都大学経済学部卒、大阪府庁入庁、産業、文化政策等に従事。元奈良県斑鳩町参与（内閣府地方創生専門家派遣）。著書に『アートの力と地域イノベーション―芸術系大学と市民の創造的協働』（水曜社）、共著に『創造農村』（学芸出版社）、『創造社会の都市と農村』（水曜社）、『フィールド科学の入口―創造する都市を探る』（玉川大学出版部）。音楽分野においては、『第九』等合唱ほかシンガーソングライターとして活動。

音楽の力と市民 ――協創の文化資本

発 行 日　2024 年 12 月 1 日　初版第一刷発行

著　　者　本田 洋一
発 行 人　仙道 弘生
発 行 所　株式会社 水曜社
〒 160-0022 東京都新宿区新宿 1-31-7
TEL.03-3351-8768　FAX.03-5362-7279
URL suiyosha.hondana.jp
装　　幀　清水 翔太郎（tokyo zuan）
D T P　小田 純子
印　　刷　日本ハイコム株式会社

ISBN 978-4-88065-571-0　C0036